智能粮食物流装备与专用车辆技术

主 编 张博强
副主编 高军华 王亚飞 张 涛
        孙 朋 冯天培

华中科技大学出版社
中国·武汉

内容简介

物流装备在现代物流体系中起着重要的作用,先进的物流装备是粮食转运全过程高效、优质、低成本运行的保证。本书聚焦智能粮食物流装备与专用车辆设计、生产、制造、运维等粮食物流装备产品全生命周期,结合具体粮机装备应用场景介绍了智能粮食装车机、智能粮食转运车、智能粮仓清扫车和智能粮库平仓车等粮食物流关键装备的应用现状、发展趋势、核心工艺、关键技术与技术难题等内容。

本书可作为高等院校机械工程、车辆工程、物流管理等专业学生的教材,也可作为粮食物流装备与专用车辆相关科研院所、企业技术人员的参考书。

图书在版编目(CIP)数据

智能粮食物流装备与专用车辆技术/张博强等主编.—武汉:华中科技大学出版社,2023.4
ISBN 978-7-5680-9372-9

Ⅰ.①智… Ⅱ.①张… Ⅲ.①智能技术-应用-粮食-物流管理-设备管理 Ⅳ.①F724.721-39

中国国家版本馆 CIP 数据核字(2023)第 061508 号

智能粮食物流装备与专用车辆技术
ZHINENG LIANGSHI WULIU ZHUANGBEI YU ZHUANYONG CHELIANG JISHU

张博强 主编

策划编辑:俞道凯　胡周昊
责任编辑:杨赛君
封面设计:廖亚萍
责任监印:周治超

出版发行:华中科技大学出版社(中国·武汉)　　电话:(027)81321913
　　　　　武汉市东湖新技术开发区华工科技园　　邮编:430223
录　　排:武汉市洪山区佳年华文印部
印　　刷:武汉开心印刷有限公司
开　　本:787mm×1092mm　1/16
印　　张:12
字　　数:290千字
版　　次:2023年4月第1版第1次印刷
定　　价:49.80元

本书若有印装质量问题,请向出版社营销中心调换
全国免费服务热线:400-6679-118　竭诚为您服务
版权所有　侵权必究

前　言

至 2021 年,全国粮食总产量已连续 7 年保持在 1.3 万亿斤以上,体量巨大的粮食生产背后,需要以强大的、系统的粮食物流网为支撑来完成收购、集并、储运、加工、配送、信息处理等任务,需要以完备的粮食物流装备与专用车辆体系为基础来保障跨储粮生态区的公铁水多式联运和绿色仓储关键环节的高效展开。2022 年中央一号文件《中共中央　国务院关于做好 2022 年全面推进乡村振兴重点工作的意见》指出,要统筹做好重要农产品调控。加强智能粮库建设,促进人防技防相结合,强化粮食库存动态监管。坚持节约优先,落实粮食节约行动方案,深入推进产运储加消全链条节粮减损。强化粮食安全教育,反对粮食浪费。我国"十四五"规划聚焦"数字粮储"建设,进一步加快 5G、人工智能、大数据等新一代信息技术与粮食的产、购、储、加、销深度融合,实施"上云用数赋智",推动数据赋能粮食全产业链协同转型。"科技赋能"已成为我国"粮安工程"的重要标签,应充分运用云计算、物联网、人工智能等新一代信息技术,加大对绿色科技储运技术和装备的研发力度,推动智能粮食物流转运车、智能粮食装车机在公铁水多式联运和智慧仓储的落地应用,促进粮食储运物流体系的智能化升级,筑牢粮食安全底座。

智能粮食物流装备与专用车辆技术基于传统物流装备与专用汽车技术,面向以跨储粮生态区的公铁水多式联运和智慧粮库为核心的现代化粮食产后储运全产业链,融入成套化、系列化、模块化、智能化的云计算、物联网、5G 等高新技术,突破高端物流装备和智能网联汽车技术落地于粮食储运场景的技术瓶颈,有利于大幅度降低粮食物流成本和粮损率,提高粮食物流效率,藏粮于技,"守护大国粮仓""端稳中国饭碗"。

本书共 7 章,着重讲解智能粮食装车机、智能粮食转运车、智能粮仓清扫车、智能粮库平仓车及其数字化设计技术、高精建图、定位导航、路径规划、运动控制关键技术等方面的内容。

本书以智能粮食物流装备与专用车辆技术为出发点,力求体系框架清晰、重点突出,案例具有实际参考价值。

本书由河南工业大学张博强担任主编,由郑州新基业汽车电子有限公司高军华,上海交通大学王亚飞,河南工业大学张涛、孙朋、冯天培担任副主编,具体编写分工如下:张博强负责全书统稿工作,并编写第 1 章和第 4 章;高军华编写第 3 章 3.3 节、第 6 章 6.2 节;王亚飞编写第 3 章 3.4 节、3.5 节和第 6 章 6.1 节;张涛编写第 3 章 3.1 节、3.2 节和第 5 章;孙朋编写第 2 章;冯天培编写第 7 章;大连中车集装箱有限公司周雪编写了集装箱部分内容,郑州新基业汽车电子有限公司郭文明编写了第 6 章部分内容;上海交通大学研究生李若尧,河南工业大学研究生高天智、陈新明、张文博、刘畅、申浩浩、李家澳、郭晓静、李东鼎、高衡、张成龙、郭红阳参与了部分文字的修订工作。

智能粮食物流装备与专用车辆技术涉及知识面较广,目前仍在高速发展中,由于编者水平有限,书中难免有不足和疏漏之处,欢迎读者批评指正。

编 者

2022 年 12 月

目　　录

1 绪论 …………………………………………………………………………… (1)
 1.1 粮食物流装备概述 ……………………………………………………… (1)
  1.1.1 我国粮食物流总体状况 ………………………………………… (1)
  1.1.2 粮食物流转运 …………………………………………………… (1)
  1.1.3 常见粮食物流装备现状 ………………………………………… (2)
  1.1.4 我国粮食散装运输现状 ………………………………………… (8)
 1.2 常见粮食物流装备及专用车辆 ………………………………………… (9)
  1.2.1 固定式粮食物流装备 …………………………………………… (9)
  1.2.2 移动式粮食物流装备 …………………………………………… (12)
  1.2.3 粮食水路运输装备 ……………………………………………… (19)
  1.2.4 粮食运输专用车辆 ……………………………………………… (23)
 1.3 常见粮食物流中存在的问题和发展趋势 ……………………………… (26)
  1.3.1 粮食铁路运输存在的问题 ……………………………………… (26)
  1.3.2 粮食水路运输存在的问题 ……………………………………… (26)
  1.3.3 粮食仓库装卸装备存在的问题 ………………………………… (27)
  1.3.4 粮食集装箱运输存在的问题 …………………………………… (28)
  1.3.5 我国粮食物流问题的对策 ……………………………………… (30)
  1.3.6 粮食物流装备发展趋势 ………………………………………… (32)
  1.3.7 粮食物流专用车辆发展趋势 …………………………………… (33)
 习题 ………………………………………………………………………… (34)

2 粮食物流装备数字化设计新技术 ………………………………………… (35)
 2.1 数字化设计方法 ………………………………………………………… (35)
  2.1.1 虚拟调试技术 …………………………………………………… (35)
  2.1.2 数字孪生技术 …………………………………………………… (38)
 2.2 数字化设计案例 ………………………………………………………… (44)
  2.2.1 智能粮食物流装备的数字化设计案例 ………………………… (44)
  2.2.2 智能粮食物流专用车辆的数字化设计案例 …………………… (46)
 习题 ………………………………………………………………………… (48)

3 智能粮食物流装备底层通用技术 ………………………………………… (49)
 3.1 运动学几何基础 ………………………………………………………… (49)
  3.1.1 常用参考坐标系 ………………………………………………… (49)
  3.1.2 坐标系转换 ……………………………………………………… (50)

3.1.3　空间点和姿态的描述 …………………………………………………… (52)
　3.2　状态估计方法 …………………………………………………………………… (59)
　3.3　智能化硬件架构 ………………………………………………………………… (63)
　　　3.3.1　视觉传感器 …………………………………………………………………… (63)
　　　3.3.2　激光雷达传感器 ……………………………………………………………… (66)
　　　3.3.3　其他硬件设备 ………………………………………………………………… (68)
　3.4　环境感知方法 …………………………………………………………………… (68)
　　　3.4.1　主要感知传感器 ……………………………………………………………… (69)
　　　3.4.2　粮仓重要场景分析 …………………………………………………………… (69)
　　　3.4.3　针对视觉摄像头的感知方法 ………………………………………………… (70)
　　　3.4.4　针对激光雷达的感知方法 …………………………………………………… (71)
　3.5　规划与决策方法 ………………………………………………………………… (72)
　　　3.5.1　全局规划方法 ………………………………………………………………… (72)
　　　3.5.2　局部规划方法 ………………………………………………………………… (74)
　　　3.5.3　覆盖式清扫路径规划方法 …………………………………………………… (77)
　习题 ……………………………………………………………………………………… (78)

4　智能粮食装车机 …………………………………………………………………… (80)
　4.1　粮食装车机概述 ………………………………………………………………… (80)
　　　4.1.1　汽车粮食装车机 ……………………………………………………………… (80)
　　　4.1.2　火车粮食装车机 ……………………………………………………………… (84)
　4.2　智能粮食装车机设计 …………………………………………………………… (88)
　　　4.2.1　汽车粮食装车机设计 ………………………………………………………… (88)
　　　4.2.2　火车粮食装车机及其结构 …………………………………………………… (96)
　习题 ……………………………………………………………………………………… (105)

5　智能粮食转运车 …………………………………………………………………… (106)
　5.1　总体结构设计 …………………………………………………………………… (106)
　　　5.1.1　底盘结构设计 ………………………………………………………………… (106)
　　　5.1.2　动力电池 ……………………………………………………………………… (111)
　5.2　智能粮食转运车自动驾驶技术的实现 ………………………………………… (113)
　　　5.2.1　智能控制系统架构设计 ……………………………………………………… (113)
　　　5.2.2　智能粮食转运车控制技术 …………………………………………………… (113)
　习题 ……………………………………………………………………………………… (118)

6　智能粮仓清扫车 …………………………………………………………………… (119)
　6.1　总体结构设计 …………………………………………………………………… (119)
　　　6.1.1　底盘结构设计 ………………………………………………………………… (119)
　　　6.1.2　上装结构设计 ………………………………………………………………… (128)
　6.2　智能粮仓清扫车专用控制系统设计 …………………………………………… (134)

6.2.1　智能控制系统架构设计 …………………………………… (134)
　　6.2.2　智能粮仓清扫车控制技术 ………………………………… (136)
　习题 ……………………………………………………………………… (142)
7　智能粮库平仓车 …………………………………………………………… (143)
　7.1　总体结构设计 ………………………………………………………… (144)
　　7.1.1　底盘结构设计 ………………………………………………… (144)
　　7.1.2　上装结构设计 ………………………………………………… (162)
　7.2　智能粮库平仓车专用控制系统设计 ………………………………… (174)
　　7.2.1　智能控制系统架构设计 ……………………………………… (174)
　　7.2.2　智能粮食平仓车控制技术 …………………………………… (175)
　习题 ……………………………………………………………………… (179)
参考文献 ……………………………………………………………………… (180)

1 绪 论

1.1 粮食物流装备概述

粮食物流是指粮食从生产布局到收购、储存、运输、加工到销售整个过程中的商品实体运动,以及在流通环节中的一切增值活动。它是包括粮食运输、仓储、装卸、包装、配送和信息应用的一条完整的环节链。粮食运输是指粮食实体在生产、收购和销售过程中在各地区之间的转运和流通。

1.1.1 我国粮食物流总体状况

根据国家发展改革委发布的《粮食物流业"十三五"发展规划》的数据,我国粮食物流总量由 2011 年的 3 亿吨增长到 3.65 亿吨,其中省内粮食物流量由 1.5 亿吨增长到 2 亿吨,跨省粮食物流量由 1.5 亿吨增长到 1.65 亿吨。据统计,我国目前粮食流通状况主要呈现"北粮南运"的态势,如表 1-1 所示。粮食的流动方向主要是东北的玉米、稻谷和大豆流向华东、华南和华北地区,黄淮海的小麦流向华东、华南和西南地区,长江中下游的稻谷流向华东、华南地区。在粮食跨省运输中,铁路运输比例约为 50%,水路运输约为 40%,公路运输约为 10%。随着国内粮食物流业的发展,汽车散粮、内河船舶散粮运输方式的粮食物流量正在快速增加。

表 1-1 2016 年我国主要粮食流通情况(本表不含香港、澳门、台湾地区数据)

序号	地区	粮食流通量
1	东北	粮食调出 5000 万吨
2	京津	粮食调出 900 万吨
3	华北	粮食调出 1800 万吨
4	长江流域	粮食调出 1500 万吨
5	华东	粮食调出 2100 万吨
6	华南	粮食调出 4000 万吨
7	西南	粮食调出 2300 万吨
8	青藏	粮食调出 140 万吨
9	新疆	粮食调出 200 万吨
10	西北	粮食调出 400 万吨

1.1.2 粮食物流转运

粮食运输主要有铁路、公路和水路运输三种方式。铁路运输主要承担从收纳库到终端库的粮食转运,运量大、连续性强,且在发达国家占有较高的比重。公路运输主要承担粮站库到收纳库之间的粮食转运。水路运输主要承担由中转库向终端库集并的粮食转运和出口粮食的转运。

粮食运输是保证粮食供需的重要环节。在生产环节,农户将收获的粮食移向堆场、储存点,要靠运输来完成。在流通环节,产区收纳库收到农户交来的粮食后经过储存、中转移向销区粮库、加工厂,再移向销售网点和用户,也要靠运输来完成。其间,还要利用火车、轮船、汽车等运输工具实现粮食在空间上的转移。粮食在生产、流通、销售领域的各环节都需依靠运输才能实现粮食的使用价值,保证人们对粮食的需求。

粮食输送机作为重要的粮食物流装备广泛应用于现代化的各种工业企业中,如冶金、化工、铸造、建材等行业的输送和生产流水线以及水电站、建设工地和港口等大宗散货的输送和装卸,在我国国民经济中占有主要地位。随着社会经济的发展,粮食输送机的发展趋势如下:大运输能力、大带宽、大倾角,单机长度和水平转弯半径增加,合理使用胶带张力,降低物料输送能耗,优化清理胶带的方法等。特别是大倾角皮带输送机,在现实生产中变得越来越重要。

1.1.3 常见粮食物流装备现状

1.1.3.1 粮食公路运输及装卸装备现状

1. 公路运输现状

粮食公路运输主要承担粮站库到收纳库之间的粮食转运。目前我国粮食公路运输主要以短途为主,基本上在 50~100 km,一般不超过 500 km。运输中粮食有包粮、散粮(包括汽车散粮、集装箱散粮)两种形态。目前我国市场上用于散粮运输的汽车类型主要有社会通用货车、集装箱半挂车和专用散粮汽车。

2. 社会通用货车

社会通用货车有普通货车和液压自卸车。普通货车和液压自卸车装粮主要使用粮食发放塔或带式输送机,普通货车卸粮使用液压翻板,液压自卸车自带液压卸车装备,它可直接向卸粮坑或输送装备卸粮。通用货车运输散粮简单易行,回程空驶率低,使用成本低,但是倘若没有专用卸粮坑,其卸粮机械化程度和效率低,劳动强度大。

3. 集装箱半挂车

集装箱半挂车是载运集装箱的专用运输挂车。集装箱半挂车装载部位的尺寸按标准集装箱尺寸确定,并在相应于集装箱底部四角的位置上设有固定集装箱的扭锁装置。根据我国公路高度建设标准和通用集装箱额定载重限制,以及考虑粮食运输的经济性,集装箱半挂车采用 2 个串联排列的 20 in(1 in=2.54 cm)标准集装箱来运输散粮。

4. 专用散粮汽车

专用散粮汽车有罐式散粮汽车和厢式散粮汽车两种。罐式散粮汽车目前很少使用。厢式散粮汽车有敞开式货厢散粮运输半挂车(见图 1-1 和图 1-2)和厢式货厢散粮运输半挂车。厢式散粮汽车卸粮采用自带的液压侧翻卸料装置,上部进料,下部设有手动卸料门,接料装置一般由皮带输送机加装一定的辅助装置组成。专用散粮汽车优点是装粮方便,配置合理的卸料坑可以实现高速卸粮,效率高。但是其缺点也很明显,如投入资金大,专用性强,回程空驶率高,只适用于运量充足的企业。

图 1-1 敞开式货厢散粮运输自卸半挂车

图 1-2 敞开式货厢散粮运输半挂车

1.1.3.2 粮食铁路运输及装卸装备现状

1. 国外粮食铁路运输及装卸装备现状

美国铁路货车的发展一直是以重载为主,即大轴重的货车运用较多,目前货车轴重基本为 32.43 t,一般钢制粮食漏斗车总重为 129.8 t,自重为 28 t 左右,其容积为 145.8 m^3 左右。粮食漏斗车采用耐候钢、低合金钢和铝合金材料,其结构主要是圆弧包板形式,通常配备连续槽形的装货口以便能够快速装货,装货口盖形式较多,数量一般为 4 个,材质为钢材、铝合金或非金属复合材料,但钢材占大多数。粮食漏斗车依靠自重进行卸货,卸货底门配备由齿轮控制的滑动式卸货口,卸货底门的开闭可由地面漏斗底门开门器控制,也可以由人工手动控制。卸货底门由定点厂家生产并形成系列产品。卸货口尺寸和卸货底门数量根据用户要求及地面设施而定,卸货口尺寸以 30 in×30 in 居多。卸货口数量一般为 3 个,漏斗角度为 40°或 45°。

美国粮食漏斗车、加拿大铝合金漏斗车、加拿大粮食漏斗车见图 1-3~图 1-5。

图 1-3 美国粮食漏斗车

图 1-4 加拿大铝合金漏斗车

图 1-5 加拿大粮食漏斗车

澳大利亚粮食漏斗车品种较多,主要以运输小麦为主,其轴重在 21~30 t,其中 25 t 轴重较多,轨距分为窄轨、准轨、宽轨三种,车体较多采用耐候钢制造。装货口盖多采用风动控制开闭,卸货底门采用风动和手动控制两种,主要以风动控制为主,在装卸粮处大多配有地面风源。以阿尔斯通公司给澳大利亚制造的粮食漏斗车(见图 1-6)为例说明,其载重 75 t,自重 24.5 t,容积 98 m³,采用圆弧包板结构的全钢车,卸货底门采用风动和手动控制两种方式,装货口盖为通长的整体结构,由风动控制开闭。根据环保要求,澳大利亚粮食漏斗车一般车体内部不涂任何油漆。

图 1-6　阿尔斯通公司为澳大利亚制造的粮食漏斗车

法国从 1973 年开始生产圆弧包板结构的粮食漏斗车,其中仅阿雷贝尔集团就生产 5000 余辆圆弧包板的漏斗车。该公司的粮食漏斗车不仅出口到欧洲其他国家,还远销叙利亚和突尼斯等国。阿雷贝尔集团生产的粮食漏斗车总重为 80 t,自重 20.59 t,载重 59 t,容积为 80~84 m³,通长装货口,装货口盖是整体通长式,采用机械方式开闭卸货底门,其数量根据用户需求而定,有 3 个或 4 个,见图 1-7。

图 1-7　法国阿雷贝尔集团生产的粮食漏斗车

2. 国内粮食铁路运输及装卸装备现状

粮食在铁路上的运输主要分为散装运输和袋装运输,袋装运输装备主要是铁路棚车和敞车,在货场以人工加机械作业的方式进行装卸料(见图1-8、图1-9),但该种作业方式由于人工成本较高且工作效率低,已慢慢被淘汰。

图1-8 铁路棚车、敞车装卸粮食现场

图1-9 L_{18}铁路敞车、棚车装卸粮食现场

为了提高铁路运输能力和竞争力,提升铁路装备技术水平,铁路相关部门对散装粮食运输专用车辆技术的发展十分重视,早在20世纪70年代L_{17}型粮食漏斗车(见图1-10)就研制完成并成功运用。1995年根据铁道部科技发展计划将L_{18}型粮食漏斗车的研制列入

图1-10 L_{17}型粮食漏斗车

计划中,由中车齐车集团有限公司研制并形成批量生产。如图 1-11 所示,该车采用圆弧包板结构,有连续式装货口,满足定点装货和边走边装的要求,既可满足粮食专用码头、现代化粮库的快速装货要求,同时还符合原有粮库、港口定点装粮的要求。该车载重 60 t,容积为 85 m³,漏斗板角度为 40°、42°。后来,随着我国铁路货车技术水平的提高,以及新技术、新材料的应用,通过借鉴美国、加拿大、澳大利亚及欧洲等国家粮食漏斗车的成功经验,我国铁路货车研发单位在 L_{18} 型粮食漏斗车基础上提出了研制新型 21 t、25 t 两种轴重的粮食漏斗车方案,最后成功研发并批量生产了 L_{70} 型粮食漏斗车(见图 1-12)。到目前为止,全国铁路散粮货车大约 5800 辆,分别归属于 8 家车主单位,大部分用于东北地区。

图 1-11 L_{18} 型粮食漏斗车

图 1-12 L_{70} 型粮食漏斗车

1.1.3.3 粮食水路运输装备现状

粮食水路运输包括海运和河运(内河)。粮食海运主要承担国外来粮及国内环海的粮食运输,目前已形成北良港、大连港、鲅鱼圈港、锦州港、秦皇岛港及丹东港等环渤海湾至东南沿海各主要港口散粮运输班轮航线。此类粮食装卸港口建设规范,规划合理,设施完备;吃水深,可停泊5~10万吨进口粮食海运远洋货轮;工艺合理,装备配置比较齐全;信息化程度比较高,管理比较规范。海运方面,粮食海运技术发展快,设施较完备,基本上能够满足现有需求。而粮食河运(内河)方面问题比较多,例如设备制造精度低,能耗大,粮食装卸作业强度大,粮食抛撒严重,作业时对环境污染严重;同时,内河粮食码头缺乏整体流向布局,系统性的成套粮食设施建设、装卸技术、装卸工艺、标准规范及相应装备研究仍处于空白状态。

1.1.4 我国粮食散装运输现状

随着国家"四散化"(即粮食散存、散运、散装、散卸)运输的推进,散装粮食运输成为粮食主要流通形式,其中散粮集装箱运输所占比例也越来越高。澳大利亚的Champ博士指出:随着各国国有粮食流通体系逐步公司化,现代运输体系的设备逐步更新,小批量运输的需求量越来越多,集装箱运输正是解决这一问题的好方法,粮食物流系统将会实现各种形式的自动化和集装箱单元化。

纵观集装箱散粮运输的装卸现状可以发现,港口集装箱码头和大型粮食企业可以装备集装箱专用装卸设备,但是这些设备单台价格都在几百万元到几千万元不等,非常昂贵,中小粮食企业难以承受,并且受工作场地局限,也难以使用。而集装箱车辆所需的专用卸粮翻板和集装箱液压装卸平台,也由于集装箱车辆数量有限而难以配备到中小粮食企业,难以普及使用。移动式集装箱卸箱机和便携式集装箱装箱机、卸箱机,投资较少,适用于中小型散粮物流节点,但卸粮效率较低,每小时装卸2~3箱。因此,很多中小粮食企业只能采用箱不离车的办法,用人力解决集装箱散粮卸货问题。而随着劳动人口的紧缺、人员工资上涨等一系列问题的出现,中小粮食企业生产中的卸粮难问题突出,对其生产和发展都产生了极大的影响。

集装箱转运作业如图1-13所示。

图1-13 集装箱转运作业

1.2 常见粮食物流装备及专用车辆

1.2.1 固定式粮食物流装备

1.2.1.1 斗式提升机

斗式提升机是通过料斗把物料从下面的储藏室中舀起,随着输送带或链的移动,料斗被提升到顶部,绕过顶轮后向下翻转,并将物料倾入接收槽内。带传动的斗式提升机的传动带一般采用橡胶带,装在下面或上面的传动滚筒和改向滚筒上。链传动的斗式提升机一般装有两条平行的传动链,上面或下面有一对传动链轮和一对改向链轮。斗式提升机一般都装有机壳,以防止粉尘飞扬。

斗式提升机适用于低处往高处提升物料的场景,供应物料通过振动台投入料斗后机器自动连续运转向上运送。斗式提升机由料斗、驱动装置、顶部和底部滚筒(或链轮)、胶带(或牵引链条)、张紧装置和机壳等组成,如图1-14所示。料斗可分为圆柱形斗、浅料斗、深料斗、三角形斗和尖角形斗五种。牵引构件有橡胶带、链条和链轮。斗式提升机上的传动链轮与节链环或缆索上节距准确的块体相啮合,是一种实心或带辐条的齿轮,与滚子链啮合以传动。

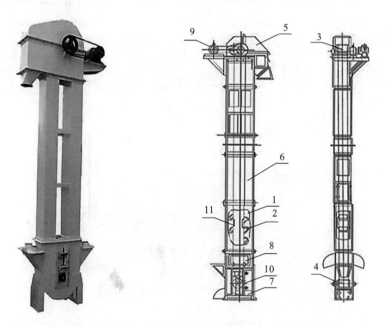

图1-14 斗式提升机结构

1—胶带;2—料斗;3—驱动滚筒;4—张紧滚筒;5—机壳的上部;6—机壳的中段;
7—机壳的机座;8—观察孔;9—驱动装置;10—张紧装置;11—导向轨板

斗式提升机主要特点如下:

(1)驱动功率小,采用流入式喂料、诱导式卸料,大容量的料斗密集布置,在物料提升时几乎无回料和挖料现象,因此无效功率小。

(2) 使用范围广,对物料的种类、特性要求少,不但能提升一般粉状、小颗粒状物料,而且可提升磨琢性较大的物料,密封性好,对环境污染小。

(3) 运行可靠性高,设计原理和加工方法先进,保证了整机运行的可靠性,无故障运行时间超过 2 万小时。斗式提升机运行平稳,因此可达到较高的提升高度。

(4) 使用寿命长,斗式提升机的喂料采取流入式,无须用斗挖料,物料之间很少发生挤压和碰撞现象。斗式提升机在喂料、卸料时少有物料撒落现象,减小了机械磨损。

1.2.1.2 刮板输送机

刮板输送机是一种有挠性牵引机构的连续输送机械。刮板输送机主要用于长壁采煤工作面,也可用于采区顺槽、联络眼、采区上下山及掘进工作面,承担煤炭运输任务。刮板输送机由于要承受拉、压、弯曲、冲击、摩擦和腐蚀等多种作用,因此要求其应有足够的强度、刚度、耐磨和耐腐蚀特性,传动部分必须安全、隔爆。

刮板输送机有很多类型,现以最为经典的 SGB-630/150C 型为例说明。如图 1-15 所示,刮板输送机主要由机头部及传动装置、机尾部、溜槽与附件、刮板链及拉紧装置、防滑与锚固装置构成。

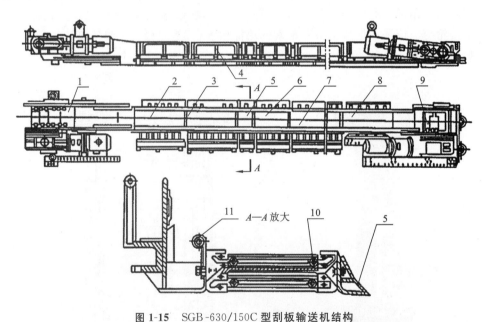

图 1-15 SGB-630/150C 型刮板输送机结构
1—机头部;2—机头连接溜槽;3—中部标准溜槽(中间槽);4—挡料板;5—铲料板;
6,7—调节溜槽;8—机尾连接溜槽;9—机尾部;10—刮板链;11—导向管

传动装置由电机、减速机、联轴器组成,是刮板输送机的动力部分。传动装置的布置有垂直型和水平型两种基本形式,也可以根据现场位置调整。为便于安装,传动装置下方设计有安装电机、减速机的底架。

刮板链由链条、连接环和刮板组成。刮板通过连接环连接和固定在链条上,刮板的推动或拉动可实现物料运输。中间槽是刮板输送机机身的主体,有支撑物料和给刮板链导向的功能。

机尾部主要用于支承尾轮组件和拉紧装置。尾轮组件由轴、链轮、轴承组成。拉紧装置的主要作用是通过丝杠拉动尾部链轮轴承座,使尾部链轮后移张紧刮板链。

刮板输送机的优点如下。

(1) 同胶带输送机相比,刮板输送机不需安装众多的滚珠轴承和昂贵的橡胶带,具有结构简单、质量轻、体积小等优点,其制造、安装、使用和维修都很方便。

(2) 由于机槽密闭,物料不会飞扬,因而物料损耗小,工人劳动环境好。

(3) 与输送量相同的其他类型输送机相比,其机槽截面小,占地面积小,既能多点加料,也能多点卸料(最好是一个点卸料),还不需要诸如卸料小车等卸料装置。

(4) 由于机槽是封闭箱形,因此这种输送机刚度大,不需要支承机槽的框架,当跨度大时,只需设置简易的支承台。

(5) 与螺旋输送机特别是气力输送装置相比,其功率小。

刮板输送机的缺点如下:物料在运送过程中容易被挤碎或压实成块,机槽和刮板磨损大,功率消耗较大。因此,刮板输送机的运输长度一般不宜超过 50~60 m,运输能力不大于 150~200 t/h。

1.2.1.3 螺旋输送机

螺旋输送机(screw conveyer)是一种利用电机带动螺旋叶片回转来推移物料以实现输送目的的机械,如图 1-16 所示。它不适宜输送易变质的、黏性的和易结块的物料。

图 1-16 螺旋输送机

螺旋输送机使用的环境温度为 −20~50 ℃,输送机的倾角 $\beta \leqslant 20°$,输送长度一般小于 40 m,最长不超过 70 m。

螺旋输送机一般由输送机本体、进出料口及驱动装置三大部分组成。螺旋输送机的螺旋叶片有实体螺旋面、带式螺旋面和叶片式螺旋面三种形式,其中叶片式螺旋面应用相对较少,主要用于输送黏度较大和可压缩的物料,这种螺旋面类型在完成输送作业的同时具有对物料进行搅拌、混合等功能。

螺旋输送机的类型有水平固定式螺旋输送机、垂直式螺旋输送机。水平固定式螺旋输送机是最常用的一种类型。垂直式螺旋输送机用于短距离提升物料,输送高度一般不大于8m,螺旋叶片为实体螺旋面,它必须水平螺旋喂料,以保证必要的进料压力。

1.2.2 移动式粮食物流装备

1.2.2.1 移动式胶带输送机

移动式胶带输送机广泛应用于物流、粮食、电子电器、机械、烟草、邮电等行业。移动式胶带输送机输送能力强,输送距离远,结构简单,易于维护,能方便地实行程序化控制和自动化操作,如图1-17所示。

图1-17 移动式胶带输送机

移动式胶带输送机由机架、传动滚筒、改向滚筒、输送带、张紧装置组成,具体结构如图1-18所示。

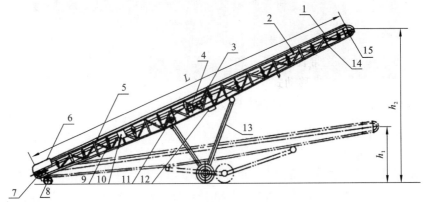

图1-18 移动式胶带输送机结构示意图

1—上托辊;2—输送胶带;3—换向轮;4—驱动轮;5—后机架;6—进料斗;7—张紧装置;8—转向轮;
9—下托辊;10—电控箱;11—主电机;12—升降装置;13—撑架及行走轮;14—前机架;15—头轮

1. 机架

机架采用优质钢板或铝型材连接而成,其上装有皮带辊筒、托辊等,用于带动和支承输送带。

2. 传动滚筒、改向滚筒

(1) 传动滚筒　带动输送带转动的滚筒,又称为驱动滚筒,由电机通过减速器驱动,一般都装在卸料端,以增大牵引力,有利于拖动输送带。

(2) 改向滚筒　仅用于改变输送带运动方向的滚筒。

传动滚筒和改向滚筒的结构,应根据承载能力选择。滚筒的结构形式选择:大功率胶带输送机宜选用铸焊结构;中小型胶带输送机宜选用钢板卷制结构;短距离、小运量的输送机也可选用带驱动装置的电动滚筒。

滚筒的表面形式应符合以下要求:

① 当传动的圆周力较大,工作环境较差时,应采用有"人"字形沟槽或菱形沟槽的胶面滚筒,双向运行的传动滚筒必须选用有棱形沟槽的滚筒。

② 传动的圆周力较小、工作环境较好的小型输送机,可采用光面传动滚筒。

③ 工作环境差或与输送带承载面接触时,改向滚筒也可采用胶面滚筒。

3. 输送带

输送带在胶带输送机中起承载和运送物料作用,依靠传动滚筒与输送带之间的摩擦力拖动。输送带在胶带输送机中既是牵引机构又是承载机构。它不仅应有足够的强度,还要有相应的承载能力。输送带有普通型橡胶带、塑料带和钢丝绳芯胶带。其中,塑料带具有耐磨、耐酸碱、耐油、耐腐蚀等优点,特别适用于温度变化不大的场合,而且其原料国内就可以供应,大有发展前景。

对于橡胶带,推荐采用硫化接头,该接头强度可达橡胶带本身强度的 85%～90%。机械接头采用卡子连接,其强度相当于橡胶带本身强度的 35%～40%。而塑料带为整芯结构,工艺简单、生产率高、成本低、质量好。塑料带的接头方式有机械和塑化两种,其机械接头与橡胶带相似,安全系数取 $m=18$;其塑化接头的强度能达到塑料带本身强度的 75%～80%,安全系数取 $m=9$。因此,整芯塑料带采用塑化接头是极为必要的。

4. 张紧装置

张紧装置的作用是使输送带具有足够的张力,保证输送带与传动滚筒之间产生摩擦力,防止输送带打滑,使输送带正常运行。张紧装置分为螺旋式、车式和垂直式3种。

张紧装置应根据输送带长度、布置和要求来确定,并应满足以下要求:

① 有足够的行程,满足移动式拉紧滚筒在各种工况下位置变化的要求;

② 保证输送带各点具有必需的张力,满足启动、制动、逆止和输送带垂直度要求。

移动式胶带输送机若装设伸缩装置,就成为移动式伸缩胶带输送机,如图 1-19 所示。

1.2.2.2　移动式转向胶带输送机

移动式转向胶带输送机(见图 1-20)包括输送部分和底盘部分。对于输送部分,主机架与底盘后用铰链连接,前用油缸连接,整个底盘处于输送机架下部后方,输送机后端配有配重块,后端上面有接料斗;机架上方装有承载托辊,前、后部有头部滚筒及尾部改向滚筒,机架后部中间装有驱动电机、过桥轴、主动滚筒、改向滚筒、输送带、回程托辊部件。对于底盘部分,底盘架下方前面安装有万向轮,后面安装有行走轮,前端设有拉手,中下方装

图 1-19 移动式伸缩胶带输送机

图 1-20 移动式转向胶带输送机

有行走电机,中间安有液压泵及电控箱,上方有转盘。移动式转向胶带输送机结构示意图如图 1-21 所示。

移动式转向胶带输送机除具有普通胶带输送机一切优点外,还可以实现平面转向、上山转向、下山转向,方便输送。

1.2.2.3 汽车散粮接收胶带输送机

1. 结构简介

汽车散粮接收胶带输送机主要由机架、输送带、主动轮、万向轮、传动机构、行走轮、托辊等组成,如图 1-22、图 1-23 所示。

2. 功能

本输送机主要用于汽车散粮卸运接收入库,可与后续各类输送设备组合使用。

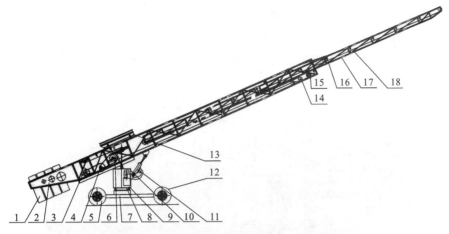

图 1-21　移动式转向胶带输送机结构示意图

1—配重块；2—固定机架；3—输送带驱动电机；4—传动输送带；5—行走轮；6—驱动滚筒；
7—移动机架；8—回转支承机构；9—回转锁定装置；10—回转支承筒；11—俯仰机构；12—万向轮；
13—接料斗；14—张紧轮；15—伸缩驱动轮；16—托辊组；17—伸缩机架；18—输送带

图 1-22　汽车散粮接收胶带输送机

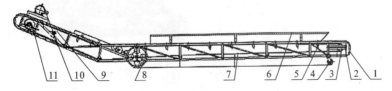

图 1-23　汽车散粮接收胶带输送机结构示意图

1—机架；2—张紧轮；3—张紧螺杆；4—万向轮；5—托辊组；6—接料斗；
7—输送带；8—行走轮；9—输送带传动轮；10—驱动电机；11—驱动滚筒

1.2.2.4 移动式集装箱装粮专用胶带输送机

1. 结构简介

移动式集装箱装粮专用胶带输送机由主机身结构架、输送带、粮食皮带输送机托辊、滚筒、行走装置、驱动装置以及升降装置组成,如图1-24所示。

图1-24 移动式集装箱装粮专用胶带输送机

2. 功能

移动式集装箱装粮专用胶带输送机用于集装箱粮食的装卸。

1.2.2.5 移动式升降输送机

1. 结构简介

移动式升降输送机由机身大架、行走轮、万向轮、升降装置等组成。其中,机身大架通常情况下用钢管制作,以减轻自身质量,提高输送机的移动性和轻便性;升降装置为电动形式,减少人工升降带来的危险以及降低作业强度。移动式升降输送机及其结构示意图如图1-25、图1-26所示。

图1-25 移动式升降输送机

2. 功能

移动式升降输送机为一般用途的散状物料连续输送设备,它采用的是具有波状挡边和横隔板的输送带,因此其特别适于大倾角及垂直90°输送,可用于煤炭、化工、冶金、电力、轻工、粮食、港口等行业,可在工作环境温度为−15～40℃下输送堆积比重为0.5～

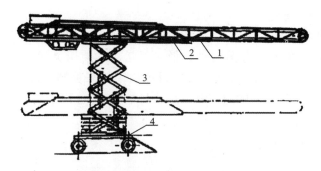

图 1-26 移动式升降输送机结构示意图

1—可移式水平输送机架；2—固定水平机架；3—液压升降台；4—移动式底盘

4.2 t/m³ 的各种散状物料。对于有特殊输送要求的物料，如高温，具有酸性、碱性或含有油类物质、有机溶剂等成分的物料，需采用特殊的输送带。

1.2.2.6 扒粮机

1. 结构简介

扒粮机是粮食流通领域解决高大平房仓、浅圆仓及露天粮堆出仓清理作业的专用设备，也是搬运粮堆时的配套机械。扒粮机按照进料方式，可分为翼轮式扒粮机和刮板式扒粮机两种。刮板式扒粮机主要由刮板扒粮装置、升降机构、旋转机构、输送装置、行走机构和除尘装置 6 部分组成。扒粮机及其结构示意图如图 1-27、图 1-28 所示。

图 1-27 扒粮机

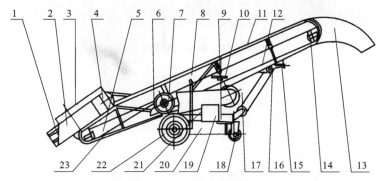

图 1-28 扒粮机结构示意图

1—翼轮；2—扒粮机壳；3—防护罩；4—扒粮传动部分；5—尾轮滚筒；6—改向滚筒；7—驱动滚筒；8—离合器操纵杆；
9—上托辊组；10—转向盘；11—机壳；12—输送机机架；13—出料嘴；14—头部滚筒；15—升降摇把；16—升降装置；
17—输送机电机；18—转向轮；19—电气箱；20—行走电机及传动机构；21—机座；22—驱动轮；23—下托辊

2. 功能

扒粮机是一种农用机械设备,用于散粮收装和倒仓,使用时与输送机配合还可以完成堆囤、装车任务,可在180°范围内进行散粮扒送。它使用灵活、操作方便,且扒粮部分可控制高度,当存粮面高度变化时,可通过控制手轮来控制升降以调整工作高度;灵活的转向使其工作范围扩大;输送部分既可输送散粮,也可用于灌包。因此本机使用十分方便。

1.2.2.7 移动式吸粮机

1. 结构简介

移动式吸粮机包括运送管、闭风器、除尘器、风机、分离筒、电控箱等部件。移动式吸粮机及其结构示意图如图1-29、图1-30所示。其中,风机为串联式离心高压风机,主要由风机壳体、叶轮、轴承和电机等部件构成,用三角带传动,为体系供给运送动力。风量调节阀由指针、调节片、扭力弹簧、止动簧、表盘和管体等构成。风量调节阀指针处于表盘绿色方位表明阀门关闭,处于黄红色方位表明阀门开启。分离筒是物料与气流分离的设备,中心设有筛网筒,起过滤作用。闭风器由壳体、闭风器端盖、叶轮、密封胶板等零件构成,叶轮轴输入端装有轻型减速器,由电机经过三角带传动,驱动闭风器叶轮转动。

图1-29 移动式吸粮机

2. 功能

移动式吸粮机用于粮食等各种小颗粒物料的散装输送作业,利用管道布局可以水平、倾斜、垂直输送物料,具有大小行走轮,操作简单、便捷,能够单机独立完成输送任务;还可独自吸送、压送和吸压混杂保送。

1.2.2.8 移动式抛粮机

移动式抛粮机专门用于散粮的输送、码垛、仓储等多种作业,抛粮机移动后可进行小颗粒物料的抛扬,有自动升降功能,具有自锁性能良好、安全性高、工作面宽、输送量大等特点,可进行不同高度的作业。

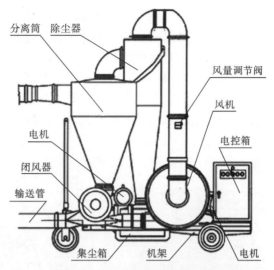

图 1-30 移动式吸粮机结构示意图

抛粮机在装仓的时候,可直接移动粮食朝着空旷的地方抛粮装仓,省去人工均匀分料。移动式抛粮机如图 1-31 所示。

图 1-31 移动式抛粮机

移动式抛粮机结构特点如下:① 输送量不小于 50~100 t;② 输送带宽度为 400~1000 mm;③ 输送带长度为 10~20 m;④ 输送功率为 3.0 kW、4.0 kW、5.5 kW、7.5 kW;⑤ 电机功率为 4 kW。

1.2.3 粮食水路运输装备

1.2.3.1 海运卸船机

海运卸船机用于船舶散粮卸料,有连续式散粮卸船机(有夹带式、链板式、波纹挡边带式、气力式等)和间歇式散粮卸船机(有带斗门式和普通门式)。目前我国港口使用较多的大产量粮食卸船机主要是连续式散粮卸船机,它具备能耗低、质量轻、维修费用少、清舱量较低等优点。在间歇式散粮卸船机中,带斗门式散粮卸船机工作效率高,适合散粮作业,因而使用较多,如图1-32所示;而普通门式散粮卸船机因机型老旧,工艺较为落后,散粮作业时(粮食及灰尘)泄漏比较严重,装载速度比较慢,目前相对较少使用。表1-2是我国部分海港码头及粮食中转库应用的连续卸船机。目前,在大产量粮食卸船机方面,我国港口使用较多的主要是夹带式散粮卸船机(见图1-33)和波纹挡板带式散粮卸船机,这两种设备具有能耗低、质量轻、维修费用少、清舱量较低等优点。产量200 t/h以上的气力式散粮卸船机,主要用于海港码头卸船作业,产量100 t/h的气力式散粮卸船机主要用于内河码头或粮食中转库物流作业。

图1-32 带斗门式散粮卸船机

表1-2 我国部分海港码头及粮食中转库应用的连续卸船机

用户	机型	生产能力/(t/h)	制造商	备注
大连北良港	埋刮板	1000	布勒(瑞士)	散粮
大连港	夹带式	750	西蒙(英)	散粮
防城港国家粮食储备库	波纹挡边带式	800	日立(日)	散粮
广东新沙港	夹带式	750	西蒙(英)	散粮
上海良友外高桥粮食物流园	埋刮板	1000	GBS(意)	散粮
天津港	夹带式	750	西蒙(英)	散粮
秦皇岛港	波纹挡边带式	600	三菱(日)	散粮

图 1-33 夹带式散粮卸船机

1.2.3.2 海运装船机

海运装船机用于船舶散粮装料,有移动式和固定式两种机型,图 1-34 所示为移动式散粮装船机。

图 1-34 移动式散粮装船机

装船机以国内产品占主要市场。流通量较小的粮食码头及中转库,也可用普通门式起重机完成装船作业。

1.2.3.3 河运船舶

根据国内水系,粮食内河运输主要集中在湖北、浙江、江苏等地,以包粮和散粮为主。承担散粮运输的船型主要有 3 种:专用散粮船舶(见图 1-35)、非专用散货船舶(见图 1-36)和集装箱船舶(见图 1-37)。

图 1-35 专用散粮船舶

图 1-36 非专用散粮船舶

图 1-37 集装箱船舶

专用散粮船舶在两舷布置底边舱并加高舱口围板以保证满舱。两舷布置底边舱便于清舱；加高舱口围板，使货物沉降后的表面局限在货舱口范围内。为了减小自由面效应，专用散粮船舶通常装设止移板，并储备有一部分添注粮，或在散粮的表面压包粮。同时，船上安装相应的粮食温度、湿度和水分监控设备，以便及时调整货舱环境条件，保证粮食安全。

非专用散粮船舶也就是装载散装谷物的普通货船，船体结构设计上没有考虑散粮的特殊要求，尤其没有考虑散装谷物流动性对船舶平稳性的影响。这些非专用散粮船舶大多船龄大、吨位小、平稳性差。目前绝大多数非专用散粮船舶在运输粮食时，只是简单地在粮食上铺盖一层油布，不仅不能控制粮食温度，反而会使粮食温度升高，造成微生物大量滋生，影响粮食安全。

与其他运输方式相比，集装箱船舶运输优势如下：节约装卸劳动力，减小货物损耗，提高装卸效率，可实行"门到门"服务。

截至2014年，长江干线完成集装箱吞吐量1296万TEU（TUE为国际标准箱单位）。南京集装箱近洋运输以600 TEU船型为主，中上游口岸始发直达船型集装箱吞吐量在400~600 TEU，下游直达船型在250~400 TEU，内支线船型在200~450 TEU，内贸干线代表船型为400 TEU，内贸支线代表船型为200 TEU，长江支流船型在50~100 TEU。

1.2.3.4 河运装、卸船装备

图1-38～图1-40所示是我国目前部分常用的河运装、卸船装备。

图1-38 散粮组合装船装备

由于内河流通量较小，卸船时散粮常用100 t/h的吸粮机，包粮常用图1-41所示的包粮起重机。

1.2.4 粮食运输专用车辆

1.2.4.1 粮食漏斗车

粮食漏斗车主要由车体、转向架、制动装置、车钩缓冲装置等组成。车体为无中梁全

图 1-39　移动式散粮装船机(一)

图 1-40　移动式散粮装船机(二)

钢焊接整体承载结构,由底架、侧墙、端墙、车顶及开门机构等组成。底架由牵引梁、枕梁、侧梁、漏斗、大横梁及端梁等组成。侧墙为圆弧包板结构,由侧板及隔板组成。端墙为板梁结构,主要由端板、端梁、横带、顶弯梁等组成。车顶为弧形板梁结构,在其顶部设有一个通长装货口,可实现边走边装。

图 1-41 包粮起重机

每个漏斗底部设有由齿轮、齿条传动的抽拉式卸货底门。卸货底门处设有手动底门开闭机构,门板与卸货口边框加装密封垫进行密封,卸货底门处预留风动开闭机构的安装位置。卸货底门设有专用锁闭机构,以提高底门安全性。

粮食漏斗车装卸货须在专用线上进行,并配备专用的装货和卸货设施,装货设施通常由料仓、装车栈桥、固定输送装备、装车装置等构成。与装车作业相关的物流装备一般包括埋刮板机等输送装备、自动批量秤、伸缩溜管、公铁两用车或牵引绞盘等。移动式装车设施借助移动式皮带输送机搭接,直接装车。

散装粮食漏斗车卸货配套设施一般设有底仓,散粮通过车辆的底门直接卸到底仓中,并通过底仓内的传送带传送到粮仓中。也有少量不具备底仓卸料的库区采用移动式卸料设施卸货,主要使用移动式接料机、移动式皮带输送机等装备组合作业。

1.2.4.2 底卸式散粮运输车

不论是矩形车厢、梯形车厢还是多边形车厢的底卸式散粮运输车,其结构均由车厢、卸料舱门、篷布、牵引盘(销)、轮架、悬挂、轮轴、支腿、电路、气路等组成。底卸式散粮运输车因其结构的限制,其轴距较大,转弯半径也较大,完全符合北美"十八轮大卡车"的典型特点。该类车型卸货速度快,卸货残留率低,能实现司机一人操控便可独立完成卸货作业,是北美散粮运输的首选车型。带有输送带的底卸式散粮运输车如图1-42所示。

图 1-42　带有输送带的底卸式散粮运输车

1.3　常见粮食物流中存在的问题和发展趋势

我国目前粮食流通运输方式主要为铁路运输、水路运输和公路运输,部分联运。运输的粮食有包粮和散粮。下面分别从粮食铁路、水路、仓库装卸装备及集装箱运输存在的问题加以阐述。

1.3.1　粮食铁路运输存在的问题

目前国内粮食铁路运输中存在的问题如下。

(1) 散粮铁路运输缺少协调统一性,专用车数量少,回空情况严重。

当前我国粮食物流跨省运输呈现"北粮南运"趋势,国内散粮专用车主要集中在东北地区,因为铁路运力及回程运量不足,并且车主都独立运营,所以散粮铁路运输统一协调性差,造成散粮专用车回程空车问题较严重。

(2) 散粮铁路运输装卸存在问题。散粮专用车升级换代快,粮车单节长度增加 2 m,对现有火车接发设施特别是装车设施的作业造成较大影响,装车时间延长,效率下降明显。

(3) 铁路运输部门与粮食部门关注度不同,致使目前不同运输方式粮食装卸技术及装备的研究处于相对空白状态或不同部门间研究脱节,即使具有铁路专用线的粮食企业,相应设施、装卸工艺及装备也比较落后。

(4) 目前铁路运输的粮食主要还是包粮,现行基本采用麻袋、塑料编织袋等包装方式,不仅要防止包装破损而撒漏粮食,而且要防止害虫、微生物的危害和自身的酸败、劣变、霉变。包装简陋或者包装过度都会造成粮食的损失浪费(正常损失率约为 3%),在储存环节拆包散存,到中转和运输环节又要包装,装卸、运输当中粮食的抛撒以及包装物中粮食遗留造成的损失率高达 5% 以上(国外粮食撒漏损失率仅 1% 左右),大大高于散粮集装箱运输和散粮专用火车运输的损失率。

1.3.2　粮食水路运输存在的问题

目前国内大型港口粮食装卸装备门类齐全,技术比较成熟,但主要是国外装卸装备,尤其是大产量粮食装卸装备,几乎全部为国外产品。国外公司拥有控制系统的核心技术,可实现设备的控制、数据监测、数据处理、数据传送功能,单台设备价格及维修费用高。国产粮食装卸装备尽管价格低,但是一般产量小,可靠性差,控制系统和信息技术落后,而且国产产品控制系统的核心技术和软硬件基本依靠国外公司。可见在该技术领域,我国亟须打破国外产品技术和价格的垄断。

现有卸船机作业时需人工辅助作业,灰尘大,工作强度大,工作条件恶劣;缺少独立运行的防尘集料系统,设备的防尘、防腐、降噪、无污染等方面研究匮乏。

对于港口散料装备设计,国外都已有相关设计规范,如国际ISO标准、德国DIN标准、欧洲FEM标准、日本JIS标准等,并不断完善和更新。而我国的《起重机设计规范》(GB/T 3811—2008)至今缺乏散料装备设计部分有关规定,我们通常采用FEM标准,对其他最新设计标准的理解、应用远不及国外公司。

在粮食内河运输方面,由于我国内河水系条件不同,运输粮食的船舶没有统一的标准形式(吨位、结构等),简陋的粮食码头及运粮船舶不仅对粮食安全不利,同时还对环境造成污染,导致不必要的粮食浪费;设备制造精度低,能耗大,粮食装卸作业强度大,粮食抛撒严重;内河粮食码头缺乏整体流向布局,系统性的成套粮食设施建设、装卸技术、装卸工艺、标准规范及装备研究处于空白状态。

1.3.3　粮食仓库装卸装备存在的问题

目前我国粮食仓库有平房仓、浅圆仓、立筒仓及楼房仓等。浅圆仓和立筒仓进出粮工艺及装备相对比较成熟。平房仓、楼房仓进出粮装备主要有皮带输送机、吸粮机、扒粮机、集装箱装载发放装备、补仓机、码垛机等,主要利用各单台(套)设备单独或多台(套)搭接进行装卸粮作业,如图1-43、图1-44所示。

图1-43　散粮汽车卸粮作业(一)

粮食仓库作业及装卸装备存在的问题如下。

(1) 缺少粮食物流节点装备作业匹配合理性系统研究。目前粮食装卸作业时,粮食

图 1-44　散粮汽车卸粮作业(二)

进出仓是依靠各单台设备刚性搭接作业,缺少系统匹配的合理性研究,不仅粮食抛撒严重,同时,由于现有设备缺少密封、降尘功能,环境污染严重,作业环境极差,不符合"降本增效行动"及绿色发展要求。

(2)装备整体落后。目前仓储装备普遍制造精度低,设计观念落后,缺少新技术、新方法的引进,缺少先进的制造技术、传感器和人工智能技术的应用,不能实现网络化和信息化。

(3)设备通用性差。仓型不同,粮食进出仓工艺不同,因而同一台设备不能在不同仓型使用。

(4)装备使用受仓储工艺制约。现在的平房仓和浅圆仓均采用地笼通风技术,在输送粮食时,作业机械无法行走。

1.3.4　粮食集装箱运输存在的问题

与国外发达国家的散粮流通技术相比,我国的粮食现代流通技术还处在发展阶段。发达国家在粮食散装储运设备的理论研究和实际应用方面已经走在世界的前列。加拿大从 1975 年开始研究粮食集装箱运输,全国已有 5% 的粮食通过集装箱装运出口,到 2025 年,加拿大粮食集装箱运输量占粮食总运量的比重将是现在的两倍。日本铁路基本上把全部适箱货物都用集装箱运输,货物总发送量中集装箱占 1/3,货物周转总量中集装箱占 2/3。美国双层集装箱运输开始于 1984 年,目前占集装箱总运量的 70% 以上。1987 年,美国至少有 12 家铁路公司和 11 家海运公司开展了双层集装箱铁路运输业务。美国铁路开展双层集装箱运输后,其运输能力增加了 35%~40%,运输成本降低了 25%~40%。1985 年底,加拿大国家铁路在东部地区也开行了双层集装箱列车。

我国散粮集装箱运输发展成绩斐然,2013 年锦州港和营口港集装箱粮食运输数量超过 1300 万吨。但是,我国粮食物流多数采用传统的麻袋、编织袋等进行包装,各储运环节需大量的人力进行装卸搬运,机械化程度低,损耗大,物流效率低,且各储运环节对接不协调,需多次灌包拆包,包装成本较高。此外,我国散粮火车专用线较少,散粮专用汽车处于起步阶段,专业的散装散卸设施建设较落后,散粮运输受到诸多的限制而无法大力推广。

由于集装箱散粮运输在我国发展较晚,有关其装卸技术研究也不成熟,所以集装箱、集装箱运输装备及装卸装备各式各样,装卸工艺各不相同。不仅集装箱容量不足,而且装卸装备与装卸工艺的不匹配导致生产效率低,粮食损耗增加,企业经济效益低,不利于安全文明生产。集装箱装、卸粮作业如图 1-45～图 1-48 所示。

图 1-45 集装箱装粮作业(一)

图 1-46 集装箱粮食装粮作业(二)

图 1-47 集装箱卸粮作业（一）

图 1-48 集装箱卸粮作业（二）

1.3.5 我国粮食物流问题的对策

尽管我国粮食物流装备有了比较大的发展，但是与国家对粮食物流技术及装备发展的要求仍有很大差距，这存在宏观层面和技术层面的原因。

1. 宏观层面的对策

由国家发展改革委协调财政、交通、科技、水利、环保等不同部门、不同行业,成立调研(科研)小组,由国家粮食和物资储备局统筹管理沟通,针对目前粮食物流行业装备进行宏观的全面的调研、分析,做好顶层设计,编写我国粮食物流装备发展规划,列出重大专题,组织高等院校、科研院所和大型骨干企业进行联合攻关,向全社会进行课题招标,从而打破制约粮食物流业发展的技术瓶颈。

2. 技术层面的对策

(1) 按照系统工程构建节点粮食物流体系。

① 运用经济学、工程学模型系统研究不同粮食运输方式的合理衔接方式、关键节点处设施建设、关键节点处装备种类及数量、关键节点处粮食装卸工艺及标准等内容,实现不同运输方式的无缝、柔性、经济性衔接。

② 针对铁路基于大数据进行粮食物流精益化综合研究。

深入挖掘铁路粮食物流数据,量化分析运输规律,建立有效预测模型,探索运输效益、路线调运、专用车数量等多目标下的优化结果;针对专用车回空多等典型问题,基于大数据进行粮食物流精益化综合策略研究。

③ 开展平房仓散粮装卸工艺及专用装卸装备成套化研究与开发。进行平房仓散粮装卸工艺标准研究;研究和分析影响平房仓散粮装卸效率的各种因素,研究平房仓散粮进出仓工艺及散粮专用装备的衔接匹配问题。

④ 加强公路、铁路和水路散粮集装化运输装卸工艺系统研究与开发。研究站台、码头、车辆、装卸装备、库场、劳动力等因素对公路、铁路和水路散粮装卸效率的影响,提出适合我国国情的散粮集装化装卸工艺参数;研究与开发适合公路、铁路和水路的散粮集装化运输装卸工艺。

⑤ 进行散粮集装化装卸专用装备开发。研究与开发满足我国公路、铁路和水路散粮集装化运输装卸要求、绿色环保、不同产量的专用成套散粮装卸装备。

(2) 加强节点标准化建设。

① 制定内河粮食码头建设规范和标准,制定内河水运粮食船舶设计标准。

② 进行水运与其他运输方式衔接节点处的装卸工艺研究及相应规范(规程)制定。

③ 在快速中转仓、横向通风平房仓配套快速进出仓技术、专用运输工具和先进散粮接发设施等物流新装备、新技术、新工艺研究工作的基础上,编制相关标准,以利于管理散粮运输,规范散粮装卸工艺,开发定型散粮运输汽车及装卸装备。

④ 结合国内外具体情况,制定粮食物流相关标准,从规则惯例和硬件设备两个方面实现规范化,如统一的专业术语、统一的包装尺寸、统一的机械设备、统一的运输设备、统一的作业规范等,使整个粮食物流流程标准化。

(3) 注重自主科技创新,加强具有自主知识产权的新产品开发。

① 开发适用于内河码头粮食装卸的装备产品,研发内河大产量粮食装、卸单机(成套)装备,实现散粮装卸装备的大型化、单元化、柔性化、模块化、系列化、信息化及智能化;加强信息技术、互联网技术在粮食运输及装卸过程中的应用。

② 开发定型散粮专用船舶,并应用测试技术、传感器技术、卫星定位技术等,实现在途粮情动态智能监测、管理,保证粮食安全。

③ 针对南方高水分稻谷不易烘干及北方玉米、大豆易碎等情况，进行相关技术研究并开发相应烘干装备。

④ 进行双层集装箱装载技术及装备研究与开发。

⑤ 增强绿色设计理念。现有粮食物流工艺及装备在使用时会造成环境污染，故相关设施及装备应设计独立运行的防尘集料系统。

（4）加强信息化、智能化、网络化等技术的应用。

① 推动粮食物流装备网络化、信息化、自动化、智能化。整合不同行业、不同系统信息资源，实现全国粮食物流信息实时共享。开发粮食作业机器人，提高散粮作业效率。将先进的制造技术、传感器技术、信息技术、人工智能技术引入粮食装卸输送装备的设计、制造中。

② 研发适合散粮集装化运输的连续高效称量技术与装备，保证集装箱粮食装卸过程的连续性、高效性、准确性，提高散粮的装、卸称量精度，间接减小粮食损耗，提高作业速度。

③ 进行散粮集装箱在途粮情动态智能监测和管理系统的研究与开发。应用现代数字测试技术、传感器技术、射频识别技术、卫星定位技术、最优化方法等，研究与开发散粮集装箱在途粮情动态智能监测和管理系统。

④ 加强人才培养，提升行业技术水平。

现代粮食物流并不是简单的粮食仓储、运输等，现代粮食物流应包括粮食的生产布局、种植结构调整、品种流向确定、商品粮食收购、装卸作业以及粮食加工增值和信息管理环节。可以说，粮食物流是一个人才和技术密集型行业，粮食物流企业的竞争实质是人才的竞争。目前，全国粮食物流行业普遍存在科研和推广人员流失严重、传统粮食企业员工素质低、粮食产品包装和加工工艺方面的专业人才稀缺等问题。因而粮食物流行业应重视和加强粮食物流人才的培养和引进，政府有关部门也应给予支持和帮助。培养方式应侧重于岗位理论和业务培训，符合条件的可选送到高等院校学习或派送到物流发达国家深造。在加强有关人员培养的同时也应引进所需人才，包括聘请国外专家参与国内粮食物流的经营和管理，在同国外专家交流、合作中提高国内专业人员水平。

1.3.6 粮食物流装备发展趋势

"民以食为天"，粮食物流是一个亘古不变的话题。最初，我国粮食的流通方式以装袋、人力搬运为主，"散来包去，拆包散运"，不但加大了粮食物流的成本，而且效率低下，粮食损耗很高。随着我国经济、工业的发展，这种传统的粮食流通方式已经不能适应社会的发展。

近年来，我国粮食的仓储、运输、装卸、包装条件不断改善，同时建设了一大批现代化粮仓，并达到国际水平，使得我国粮食储存仓房建设实现了跨越式发展，高度机械化、自动化的粮食入仓、转运形式取代了传统的人工作业方式。但由于历史原因，仍旧有大量的老旧粮仓因成本太高而无法全部拆除。目前已经有了相应的解决办法，对现有粮仓进行改造，使其满足粮食散存、散运、散装、散卸的"四散化"粮食现代物流技术要求，节省大量人力、物力，提高物流效率，降低物流成本。

从粮食物流发展历程来看，传统的粮食物流注重原粮的储运活动，但是随着经济的快速发展,现代粮食物流更加强调粮食制成品的快速、高效流通。因此装卸是目前粮食物流的重要议题。随着生产要求的不断提高,人力往返车厢与库房的传统装卸方式效率低、劳动强度大、人工成本高的问题日益凸显。为了解决这些问题,一系列机械化、自动化的粮食物流装备应运而生。粮食运输主要有包粮运输和散粮运输两种。包粮运输不仅涉及的中间环节多、工作效率低,而且需要大量包装材料和劳动力。集装箱散粮运输具有安全、快捷、经济和便于实现多式联运的特点,可真正做到"门对门"的运输,其因粮食抛撒少、门对门装卸快的特点而被用户所青睐。散粮集装箱装卸设备主要有自卸车、液压翻板、集装箱翻转机、固定式装箱机、移动式集装箱卸箱机和便携式集装箱卸箱机6种。不同设备的结构、装卸流程和特点各不相同,适用的装卸工艺也不相同,其中自卸车、液压翻板、固定式装箱机适用于大规模的装卸箱作业,集装箱翻转机、移动式集装箱卸箱机、便携式集装箱卸箱机适用于中小规模的装卸箱作业。随着各国国有粮食流通体系逐步公司化,现代运输系统的设备逐步更新,小批量运输需求越来越多,集装箱运输正是解决这一问题的好方法。未来粮食物流系统将会实现各种形式的自动化和集装箱单元化。虽然集装箱运输具备诸多优势,但我国粮食集装箱运输起步较晚,发展时间较短,国内港口配备装卸集装箱散粮的专用设备仍不完善,并且在实际应用中存在许多的制约因素。

目前已有的散粮输送设备分为移动式和固定式。移动式输送设备种类多,包括简单的胶带输送机,可伸缩式、可转向式、可升降式胶带输送机,以及散粮接收胶带输送机、移动式集装箱装粮专用胶带输送机、扒粮机、移动式吸粮机等更加专业的粮食物流设备。固定式输送设备有斗式提升机、刮板输送机和螺旋输送机等。这些设备在一定程度上解决了集装箱散粮装卸的部分问题。随着我国铁路、水路、公路交通网络的完善,集装箱运输产业正在快速崛起,散粮集装箱运输的优势也越来越明显。从目前的粮食物流发展现状分析,集装箱运输必将成为粮食物流的中流砥柱。

目前我国粮食物流基础设施建设初具规模,粮食物流企业也平稳发展,然而在新的经济形势下粮食物流业发展面临一些亟待解决的新问题。特别是我国"一带一路"经济发展倡议的提出、食品供应链管理的发展和日益被关注的食品质量安全问题,都迫切要求我国粮食物流抓住机遇进行改革创新,以适应经济发展的新形态。

1.3.7 粮食物流专用车辆发展趋势

汽车运输的飞速发展是社会发展进步的产物,根据运输介质的不同,专用车、散装罐车和集装箱运输正逐步发展成为汽车运输的主要方向,专业化的粮食运输车随之产生。目前我国粮食铁路集港主要有粮食专用车和集装箱两种运输模式。粮食的集装箱化运输是货物运输向国际化接轨的重要演变标志,也是国内粮食运输行业针对粮食专用车需求紧张的补充演变,但现阶段其因运能和成本的劣势,暂时不能取代粮食专用车的主导地位。

粮食专用运输车主要有仓棚式汽车(仅适合包粮运输)和专用自卸运输汽车(适用于散粮运输)。改革开放以来,随着工业发展和人民生活水平的提高,我国的粮食消费量在急剧增长。基于"四散化"粮食物流的迅速发展,主产区的粮食正朝着集约化、规模化方向发展,持续增长的"北粮南运"跨省运输需求大大促进了我国物流产业的快速发展。散粮运输车是一种针对散装粮食实现自动化装卸的专用自卸运输汽车。北美农业采用机械化大农场耕种方式,农作物的种植、灌溉及收割全部实现了机械化和自动化。据国家标准,我国散粮运输车包括敞开式货厢颗粒粮食散装运输车、厢式货厢颗粒粮食散装运输车两种形式。敞开式货厢颗粒粮食散装运输车的车厢为高栏板敞开式货厢,两边板或后板可以开启,装有专用防雨装置。厢式货厢颗粒粮食散装运输车的车厢为封闭式货箱,车厢顶部开有装卸口,可以方便地操纵控制装料口盖。两种车型均能实现自卸。而目前常见的散粮运输车车型有箱式(篷布式)、厢式、罐式、集装箱式。这些车型各有优势和劣势,其中厢式、罐式专用性较强,罐式目前使用少;箱式和集装箱式在运粮淡季易被挪作他用。

我国现有粮食散装运输车主要存在卸料口部位密封不严、可靠性较差,以及防雨设施不够完备等问题;除此之外,还存在车厢内的空气无法流通,容易导致车厢内温度过高,影响粮食数量和品质等问题。

综上,我国粮食散装运输的水平依然很低,一直存在效率低、成本高的问题。要使我国在短时间内实现粮食生产、加工、贮运等的现代化,必须首先解决这些问题,既要物流快捷方便,又要在运输过程中减少物料损失,缩短运输时间。

另外,我国粮食物流缺乏全程跟踪能力,无法实现粮食物流动态调拨与动态调整,无法保证粮食物流的效率与安全。国家粮食和物资储备局推广信息技术带动产业现代化,发展基于物联网技术的现代粮食流通体系。研发感知粮食温度、湿度、品质、数量和粮堆中气体、霉菌、害虫的图像粮食专用传感器,利用专用传感器等技术,逐步实现对粮食库存信息的智能化监控。推动先进制造技术的应用,开发装备智能控制和在线监测等技术。目前国内市场上的散粮运输车普遍不具备智能化功能。而同时具备车载在线粮情检测、智能环境控制和远程行车管理系统的散粮运输车系统目前在国内外均未出现。因此,将粮情在线检测和智能环境控制系统引入散粮运输车中,有效监测粮食长途运输中的粮情变化,自动控制储粮环境至最佳状态,实现粮食物流的全程跟踪和远程监管,是未来粮食物流运输车发展的主流方向。

习　题

1. 常见的粮食物流装备有哪些?并简述粮食物流转运过程。
2. 移动式胶带输送机中张紧装置的作用是什么?
3. 简单阐述我国粮食物流总体现状。
4. 国内外粮食专用车辆有哪些运输方式?

2 粮食物流装备数字化设计新技术

随着信息技术和通信技术的发展,数字信息时代到来了。粮食物流装备数字化设计技术是指利用计算机软硬件及网络、通信技术,对描述的对象进行数字定义、建模、存储、处理、传递、分析、综合优化,从而达到精确描述和科学决策的过程和方法。粮食物流装备数字化设计技术具有描述精度高,可编程,传递迅速,便于存储、转换和集成等特点,因此粮食物流装备数字化设计技术为粮食物流装备领域的科技进步和创新提供了基本工具。

粮食物流装备数字化设计技术与传统粮食物流装备制造技术的结合称为粮食物流装备数字化设计新技术。近年来,随着智能制造技术应用范围的不断扩大,粮食物流装备数字化设计新技术已逐渐成为粮食物流装备制造业数字化、信息化、智能化中的核心技术。目前,智能粮食物流装备制造业的几个重要发展方向,如精密化、自动化、集成化、虚拟化、网络化、全球化,无一不与粮食物流装备数字化设计新技术的发展密切相关。因此,面对智能粮食物流装备制造业全球化日益激烈的竞争,我们必须重视粮食物流装备数字化设计新技术在我国的形成和发展。

粮食物流装备产品门类广,种类多,市场需求潜力巨大。目前,我国粮食物流装备设计数字化程度在细分行业中存在较大差距。例如,农机企业普遍采用传统设计方法,在应用现代数字化设计方法方面远远落后于航天、汽车等其他行业。农机企业之间重复设计多,企业信息资源利用率低。同时在同一行业的不同企业中产品的数字化程度也有一定程度的差别。虽然有些企业具备一般制造业运用CAD技术的能力,且已达到一定的水平,但由于技术储备、装备水平以及新产品的研发能力等相对落后,三维CAD软件在粮食物流装备制造企业中的应用还不够普遍。尽管有些技术领先的企业已经在探讨"数字样机""并行工程""虚拟仿真"等前沿课题,但总体来说,离大规模推广应用还有很大差距。另外,粮食物流装备产品的整体技术水平、质量、生产规模、企业素质与发达国家相比差距也很大,特别是新产品种类不多且发展滞后,可靠性、使用寿命满足不了用户要求。在全球经济一体化建设进程不断加剧与城市化建设规模持续扩大的推动下,粮食物流装备制造行业在整个国民经济建设发展中所起的作用日益关键。粮食物流装备设计制造信息化、产业化以及科技化已成为整个粮食物流装备制造业建设发展的必然方向与趋势,而粮食物流装备数字化设计新技术在这一过程当中所起的作用不可忽视。

2.1 数字化设计方法

随着经济的发展,以及新材料、新工艺、新技术的不断出现,粮食物流装备产品的更新换代周期日益缩短,促使粮食物流装备设计方法和技术现代化,以适应新产品的加速开发。因此,传统的粮食物流装备设计方法已经不能完全适应需要,出现以动态、优化、计算机化为核心的现代数字化设计方法。

2.1.1 虚拟调试技术

随着粮食物流装备工业的发展,现在粮食物流装备生产厂商之间的竞争越来越激烈,新产品推出过程中需要最大限度地缩短生产准备周期,以迅速抢占市场。粮食物流装备生产线的建造正向着自动化、数字化、智能化方向发展。为有效缩短调试周期,节约时间及调试成本,虚拟调试技术应运而生。

现在的虚拟调试技术多种多样,多数都基于 Tecnomatix 平台、OPC(OLE for process control)技术、Siemens 的 PLCSIM 建立完全虚拟化的仿真平台,用虚拟模型和虚拟电气控制系统来代替生产线实际机械设备和电气设备,以模拟现场生产状态,实现完全虚拟化的生产环境仿真,缩短粮食物流装备生产线批量生产前的调试周期,降低设计阶段电气硬件的成本投入。

1. 虚拟调试技术简介

虚拟调试其实就是虚拟现实技术在粮食物流装备领域的应用。利用虚拟现实技术创建物理制造环境的数字复制品,用于测试和验证产品设计的合理性;在设备制造完成之前,完成机械设备、机器人和电气系统的离线调试,以降低设计错误带来的风险。虚拟调试技术能够实现完整的自动化控制逻辑的提前调试,大幅度缩短后续现场调试时间,提高项目实施的效率。例如,在计算机上模拟整个生产过程,包括机器人和自动化设备、可编程逻辑控制器(PLC)、变频器和电机等单元。

(1)虚拟调试的原理。

虚拟调试技术是在虚拟环境中实现对整个生产线及生产过程的评估,包括工艺规划、产品数据、制造仿真和生产线布局。在生产线进厂安装前,完成程序编制,并将虚拟生产线模型与物理 PLC、人机界面(HMI)等自动化设备连接,通过虚实相结合的方式,对生产、服务程序进行预演,在生产线设备安装之前发现并解决问题,从而达到提高现场程序调试效率、降低风险的目的。虚拟调试是一项复杂的系统性技术,需要工艺、仿真、机器人和 PLC 等多领域技术人员的相互配合才能完成。

以 SIMAC 虚拟调试软件为例说明。SIMAC 是由 IGE+XAO 公司推出的专门面向工控行业的电气自动化程序仿真平台,是一款可以由真实 PLC 驱动的仿真软件,能直接实现与 PLC 的输入/输出交互。该软件可以进行电气、机械、液压和热力等方面的仿真,在汽车制造、粮食机械和铁路交通等行业有成熟应用经验。SIMAC 软件系统通过仿真粮食物流装备控制系统,可以在实验室对 PLC 程序进行验证和调试,提前测试所有程序,虚拟调试连续自动运行程序(PLC+HMI+RFID),减少程序逻辑错误,节省能源,避免设备损坏,大幅提高程序的正确率,节约现场调试时间和人力成本。同时,可利用仿真平台对操作人员和维护人员进行操作和工艺流程的培训,形象展示 PLC 程序的控制时序。SIMAC 还可以对设备进行建模,建模原理是运用布尔方程(电气元件之间的与、或、非关系),对电源回路和控制回路中的各种电气元件的逻辑关系进行描述,如图 2-1 所示。同时,也可以仿真操作面板中的按钮、指示灯等,使其与实物具有相同的操作功能。

SIMAC 虚拟调试由物理运动模型、电气动作模型、自动控制模型三个部分组成。SIMAC 仿真可以通过与 PLCSIM Advanced 连接,模拟现场设备的动作以及相应的信号反馈,从而对程序中的控制逻辑进行检验,实现虚拟控制仿真,达成虚拟调试的目的。

(2)虚拟调试基本流程。

虚拟调试其实更侧重于调试而非虚拟,即通过快速搭建虚拟环境来为后续的调试赢得时间,提高调试效率。其中,搭建虚拟环境的基础是 PLC 程序的标准化,需要具备以下

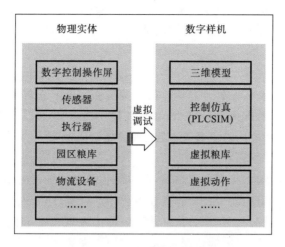

图 2-1 SIMAC 虚拟调试原理

条件:第一,设备符号命名标准化,建立统一的符号命名及功能描述规则,增强程序的可读性;第二,程序调用结构标准化,遵守程序调用规则,使程序架构标准化,便于 PLC 工程师的编写与调试;第三,程序功能模块化,建立标准程序功能模块库,当系统用到相同处理功能时,可直接调用相应模块,提高程序编写的效率;第四,画面标准化,统一画面显示布局图、控制画面、网络拓扑和故障警告等。

虚拟调试流程与传统的自动化调试流程类似。粮食物流装备虚拟调试一般分为设备/系统检查、单点测试、功能测试、仿真联调、轻负载联调、全负载调试等阶段,调试工作一般在现场设备的虚拟环境安装完成后开始。

在设备/系统检查阶段,对已完成安装的设备或系统进行检查,主要检查设备安装是否正确、稳固,接线是否牢固等;同时检查设备接线是否存在错误,是否有短接或漏接现象。所有检查按照电气原理图操作,防止出现漏项,还要特别注意检查系统的接地是否正确。单点测试,也称为打点,即在屏蔽 PLC 内部程序后,对设备进行上电,然后通过强制置位/复位等操作,对系统的输入/输出进行测试,以确保所有 I/O(输入、输出)点的功能均正常,包括所有数字量和模拟量点。在功能测试阶段,逐步解开对 PLC 程序的屏蔽,对系统的功能逐项进行测试,仿真现场的操作环境和条件,验证每个自动化程序功能块的逻辑是否正确,例如测试启动电机的启动、停止和紧急停止条件。在仿真联调阶段,在不对自动化系统加载真实载荷的情况下,对系统进行联调,着重测试系统的自动化联动、手动功能操作、警告及紧急停止功能。在轻负载联调阶段,对自动化系统控制的生产线进行低负荷调试,模拟和验证系统在真实条件下的工作能力。在全负载调试阶段,使系统工作在设计的满负载之下,以测试系统的生产能力。

传统的自动化调试情况下,在程序初步设计完成时,实际设备还没有制作完成,电气控制系统的设计处于开环状态,无外围设备开展功能和逻辑测试。因此,在设备调试阶段,PLC 程序的功能性测试就成了硬性规定。企业为了规避风险,只能花费大量财力去搭建试验线来完成测试,导致耗时长和项目成本大幅增加。虚拟调试只需在现场设备的虚拟环境安装完成且具备虚拟通电条件后开始。虚拟调试解决了传统的自动化调试的调试时间不断压缩、多专业同时施工的条件下调试条件难以满足、难度大及调试时间长、效率低等问题。虚拟调试模块化快速搭建设备平台,给测试人员提供更好的工作环境,使他们有更多时间用于设计开发和优化、测试功能等。

2. 虚拟调试环境的构建

虚拟调试环境构建包含三维建模和调试环境构建两个部分。三维建模的目的是构建项目所需的模型。因此要在充分了解项目的模型需求后进行三维模型构建及测试。调试环境构建的目的是模拟机理仿真,可以在虚拟环境中对PLC程序进行修正和调试,减少程序逻辑错误,大幅提高程序的正确率,节约现场调试时间和人力成本,对操作人员和维护人员来说更加形象、简便。

粮食物流装备系统设备类型重复较多,可以对各类设备编写出模板程序后,相同设备都以此模板编写程序。但这缺少一个验证模板程序的过程,编程人员到现场之后,经常发现模板程序需要改,这就导致工作量增加。利用虚拟调试技术,对各类设备程序进行验证,在进现场之前就发现程序中的错误,大幅度缩短进现场之后程序修改的时间。程序仿真主要包括设备动作和电气原理图分析、通用模块开发、设备平面布置、电气元件和操作面板虚拟化、设备间交互编译、传感器和I/O分配、传感器布置、模型基本功能在线运行测试等。同时,程序仿真还具有培训现场调试人员的作用。虚拟调试让编程人员对调试有了直观认识,节省了现场调试时间,不至于让调试人员到现场后无从下手。虚拟调试能够帮助调试人员在虚拟环境下测试程序,进而避免实际中常出现程序已经编好,但现场安装不具备条件或产量不足导致无法测试程序的情况。采用虚拟调试技术,在软件中建立虚拟的生产环境,将PLC硬件与虚拟生产线连接并运行程序,用虚拟模型来代替生产线设备,完全真实地反映现场状态。因此可以在实际装备安装前完成PLC程序的逻辑性调试,从而节省现场程序调试时间。

2.1.2 数字孪生技术

1. 粮食物流装备数字孪生体构建

粮食物流装备数字孪生体构建是针对粮食物流装备系统进行系统建模,且在计算机上编制相应应用程序,模拟实际粮食物流装备系统运行状况,并实时统计和分析模拟结果,用以辅助实际粮食物流装备系统的规划设计与运作管理。面向数字孪生系统的建模仿真技术已经成为分析、研究各种复杂系统的重要工具,它广泛用于工程领域。面向数字孪生系统的数字孪生体构建可定义为:在数字孪生环境内,通过对系统的动态建模仿真来实现与物理实体状态一致的动态建模。粮食物流装备系统是粮食企业生产的一个重要组成部分,物流合理化是提高企业生产率最重要的方法之一,因此粮食物流装备数字孪生模型的研究也日益受到人们的重视。

(1) 数字孪生体场景构建机制。

粮食物流装备系统的数字孪生体构建的关键是复杂设备系统仿真。粮食物流装备系统仿真是典型的离散事件系统仿真,其核心是时钟推进和事件调度机制。离散事件系统是指系统状态在某些随机时间点上发生离散变化的系统,这种引起状态变化的行为称为事件,所以这类系统大多由事件驱动。同时,事件往往发生在随机时间点上,亦称为随机事件,因而离散事件系统一般都具有随机特性。

仿真时钟方面,在数字孪生场景将仿真时钟用于表示仿真时间的变化。在离散事件系统仿真中,由于系统状态变化是不连续的,在相邻两个事件发生之前,系统状态不发生变化,因而仿真时钟能够跨越这些"不活动"周期,从一个事件发生时刻,推进到下一个事件发生时刻。由于仿真实质上是对系统状态在一定时间序列的动态描述,因此仿真时钟一般是仿真的主要自变量。仿真时钟推进方法有三大类:事件调度法、主导时钟推进法、固定增量推进法。应当指出,仿真时钟所显示的是系统仿真所花费的时间,而不是计算机运行仿真模型的时间。因此,仿真时间与真实时间呈比例关系。比如,物流装备系统这样复杂的机电系统,仿真时间则比真实时间短得多。真实系统实际运行若干天、月,而用计算机仿真只需要几分钟。

仿真时钟推进采用事件调度法时,利用事件调度法定义事件,并按时间顺序处理所发生的一系列事件。记录每一事件发生时所引起的系统状态的变化来完成系统的整个动态过程的仿真。由于事件都是预定的,状态变化发生在明确的预定时刻,因此这种方法适用于活动持续时间比较确定的系统。事件调度法中,仿真时钟是按下一时间步长法来推进的,通过建立事件表,将预定的事件按时间发生的先后顺序放入事件表中。仿真时钟始终推进到事件最早发生的时间,然后处理该事件发生时系统状态的变化,进行用户所需要的统计计算。这样,仿真时钟不断从一个事件发生时间推进到下一个事件最早发生的时间,直到仿真运行结束。

在随机数和随机变量产生方面,因为粮食物流装备系统中原料的到达时间、运输车辆的到达和运输时间等一般都是随机的,所以对存在随机因素影响的系统进行仿真时要先建立随机变量模型,即确定系统的随机变量并确定这些随机变量的分布类型和参数。对于分布类型已知的或者可以根据经验确定的随机变量,只要确定它们的参数就可以了。建立的随机变量模型还必须在计算机中产生一系列不同分布的随机变量的抽样值以模拟系统中的各种随机现象。产生随机变量的抽样值的实际做法通常是,首先产生一个在$[0,1]$区间的、连续的、均匀分布的随机数,然后通过某种变换和运算产生其所需要的随机变量。得到在$[0,1]$区间均匀分布的、有良好独立性、周期长的随机数后,下面的问题是如何产生与实际系统相应的随机变量。产生随机变量的前提是根据实际系统随机变量的观测值确定随机变量的分布及其参数。反变换法是最常用的方法,反变换法以概率积分反变换法则为基础,设随机变量X的分布函数为$F(X)$,μ是在$[0,1]$区间均匀分布的随机数,利用反分布函数$X=F^{-1}(\mu)$就可以得到所需要的随机变量X。

粮食物流装备系统三维虚拟仿真(3D virtual simulation)的计算机实现就是利用三维建模技术,构建现实世界的三维场景并通过一定的软件驱动整个三维场景,响应用户的输入,根据用户的不同动作做出相应的反应,并在三维环境中显示出来。三维仿真的关键技术主要有动态环境建模技术、实时三维图形生成技术、立体显示和传感器技术、应用系统开发工具、系统集成技术等。

(2) 粮食物流装备系统仿真方法。

粮食物流装备系统仿真通常构建在基于 Windows 系统的 PC 机或图形工作站上。粮食物流装备系统仿真软件平台一般由特征造型数据类库、三维场景管理模块、交互接口模块等组成。其中,特征造型数据类库由各类设备的抽象类组成。设备类中封装了各类设备的造型特征,以及设备的行为。三维场景管理模块负责三维场景的构造、变换及显示。交互接口模块用于处理人机交互输入。

粮食物流装备系统仿真主要包括仿真建模、程序实现、仿真结果的统计分析三大部分。在仿真建模阶段，主要根据研究目的、系统的先验知识及实验观察的数据，对系统进行分析，确定各组成要素以及表征这些要素的状态变量和参数之间的数学逻辑关系，建立被研究系统的数学逻辑模型。在面向对象系统仿真建模时，对象是基本的运行实体，既包括数据（属性），又包括作用于数据的操作（行为），因此一个对象要把属性和行为封装成一个整体。一个类定义了一组大体上相似的对象。一个类所包含的方法和数据描述了一组对象的共同行为和属性。对象之间进行通信的方式称为消息机制。不同层次类之间共享数据和操作的机制称为继承。一切事物以对象为唯一模型，对象间除了互相传送消息外，没有别的联系。

（3）数字孪生体可视化仿真技术。

粮食物流装备数字孪生体可视化仿真采用三维可视化仿真技术，它利用计算机技术建立一个逼真的虚拟环境，将该技术应用在粮食物流装备系统中就称为物流仿真技术。物流仿真技术是借助计算机技术、网络技术和数学模型，采用虚拟现实的方法对粮食物流系统进行三维模拟的一项应用技术。它凭借计算机仿真技术对系统项目方案进行三维建模和求解算法分析，通过仿真实验得到各种运行过程中的瞬间效能数值，最后形成整个系统的性能指标和三维可视化的输出效果。粮食物流系统中各个环节耦合性很强，仿真工作可对整体方案系统进行评估，预演整个方案的动线流程等。目前这些仿真技术的呈现都需要用到合理有效的仿真软件，在仿真软件平台上得到施展，常用的一般有 Unity 3D、FlexSim、Demo 3D 等主流的粮食物流仿真软件平台。

在粮食物流装备数字孪生体可视化实景三维建模技术方面，实景三维建模内容主要包含地形级实景三维建模和部件级实景三维建模。地形级实景三维建模负责构建地形级地理场景、基础地理实体，获取其他实体数据，组装生成地形级实景三维产品，服务宏观规划。部件级实景三维建模负责构建部件三维模型，获取其他实体数据，组装生成部件级实景三维产品，服务个性化应用。实景三维建模按地形、部件进行划分，除了考虑自然地物与人工地物的差别外，更多考虑的是粮食物流装备企业对模型的精度、细节程度和现势性等需求的不同。

在实景三维模型中，实景反映了模型接近真实的程度及其直观性与真实感，三维则反映了立体结构数据表达的精确性与可计算性。实际上，并不是所有地理场景都要事无巨细地用实景三维表达，不同管理层级和不同专业通常需要不同粒度、不同模态的实景三维模型，这些模型要能反映事物的本质特征，而把那些在分析计算中并无积极作用的细节和机制隔离出来。如图 2-2 所示，大到整个地球这样非常宏观的范围，小到房间这样非常微观的范围，各种实体几何-外观-语义表达的细节层级主要有 4 种，即 LOD 0、LOD 1、LOD 2、LOD 3。其中，LOD 0 以 2D 地图表达为主，实体图斑描述了地理要素平面空间中的位置和格局，其真实性依赖实景影像，而地下和室内的实体则难以在该细节层级有效表达。LOD 1 以 2.5D 的数字高程模型（digital elevation model，DEM）为主，叠加数字正射影像图（digital orthophoto map，DOM），构建直观表达连续地形起伏特征的数字地形景观模型，或可量测地面高程的虚拟现实场景（但不能量测地物高度）。各种 2D 专题地图信息（包括地质调查图信息或者块体模型）都可叠加在该细节层级场景中，因此 LOD1 广泛应用于复杂艰险地区的地形地质虚拟踏勘和自然资源规划管理等方面。

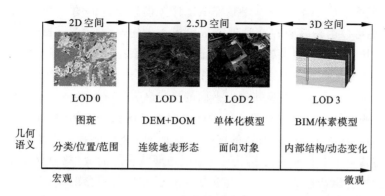

图 2-2 实景三维模型

对各种人工地物的实景三维建模一直是测绘和计算机视觉等领域研究的前沿问题。当前主要的技术途径有两类——基于倾斜影像和基于激光扫描点云。由于立体城市空间结构的复杂性，多类型、多平台和多时相的点云数据融合处理是实景三维建模的基本途径，其基本思想是将具有不同视角、密度、精度、尺度、细节、时间历元等特征的多点云数据进行一致性融合表达与集成处理，建立可直接面向计算分析的智能化表达的多点云模型。城市级自动化建模技术已经愈发成熟，能够通过全自动的方式高效获取大范围的准确的三角网模型；但是复杂实体精细化建模，特别是部件级实景建模的自动化程度和模型修复准确度仍然面临着巨大挑战，例如如何实现多平台、多传感器点云之间的有效融合，如何消除实景三维模型的精确化建模对数据准确性和完备性的依赖，如何建立具有正确空间拓扑关系的精细化三维实景模型，如何进行城市级实景三维模型的快速更新，等等。总体来讲，我国实景三维模型建设面临的挑战有两大方面：第一，低成本、高效率数据采集，依赖于高效高精度的新型测绘传感器，以降低海量数据获取成本；第二，自动化建模与更新，依赖于智能化的实景三维空间信息处理技术，以减少人工干预，提升自动化建模与更新的可靠性。

2. 数字孪生场景的三维仿真软件工具

粮食物流装备数字孪生场景的三维仿真是通过三维仿真软件工具来完成的，如 OpenGL、SIM Animation 等。三维图形仿真工具 OpenGL，最初是 SGI 公司为其图形工作站开发的可以独立于操作系统和硬件环境的图形开发系统。目前，OpenGL 已经成为高性能图形和交互式图像处理的工业标准，OpenGL 已被多家大公司作为图形标准，并能够在多种平台上应用。OpenGL 的 API（application programming interface，应用程序编程接口）独立于硬件设备和操作系统，以它为基础开发的应用程序可以十分方便地在各种平台间移植。从程序员的角度来看，OpenGL 是一组绘图命令和函数的集合。在微机版本中，OpenGL 提供三个函数库，它们是基本库、实用库、辅助库。利用这些命令或函数能够对二维和三维几何形体进行数学描述，并控制这些形体以某种方式进行绘制。OpenGL 不仅能够绘制整个三维模型，而且可以进行三维交互、动作模拟等，其具体功能主要有模型绘制、模型观察、颜色模式的指定、光照应用、图像效果增强、位图和图像处理、纹理映射、实时动画。

运用 OpenGL 进行绘图并且最终在计算机屏幕上显示三维景物的操作方法介绍如下：用几何图元（点、线、多边形、位图）构造物体表面，建立物体模型。在三维空间中布置物体,并且设置视点(viewpoint)以观察场景。计算模型中物体的颜色,可以在应用程序中直接定义,也可以由光照条件或纹理间接给出。光栅化(rasterization)物体,就是把物体的数学描述和颜色信息转换成可在屏幕上显示的像素信息。几何模型的变换过程中仿真模型所描述的现实世界中的物体都是三维的,而计算机输出设备 CRT 只能显示二维图像。OpenGL 通过一系列的变换实现以平面的形式来表达三维形体。碰撞检测是交互式场景漫游需要解决的一个重要问题。每当接收到用户漫游场景的输入时,系统都要进行检测,判断根据用户的输入得到的新的视点是否会与场景中的物体发生碰撞或进入物体内部。由于仿真场景中的设备大多用较为规则的形体叠加而成,故根据具体设备的形状将设备简化为尽可能贴近设备的长方体包围盒或长方体包围盒的集合,并且将视点转化为一个点。这样,碰撞检测就变为判断一个点是否与长方体相交的问题,从而可加快实时响应速度,取得较好的漫游效果。

SIM Animation 是美国 3i 公司设计开发的集成化物流仿真软件,它通过使用先进的基于图像的仿真语言,实现了简化仿真模型的创建。由于它采用 OOP(object oriented programming,面向对象编辑)方法,仿真系统可以非常简单地创建模型。它包括布局编辑器、完全的二维和三维动画、曲线拟合、路线优化软件、试验编辑器和完整的用户报表编辑器。同时,仿真模型还包括丰富的交互特点,允许使用者改变参数输入,其目的是通过模拟实际生产情况及市场波动对系统造成的冲击,避免在理想状态下系统设计所无法预料的各种因素,对系统的堵塞有着形象且直观的解决方案。SIM Animation 与其他的仿真系统不尽相同,它可以处理系统物理元素和逻辑元素,允许用户去模拟仿真复杂的运动。在算法上,SIM Animation 在保证出库有限的情况下,按路径最短原则进行自动定位和设计路经,实现多回路运输。SIM Animation 使用 OpenGL 三维建模技术,集三维实体光照、材质视点变换、漫游于一体,提供真正的三维动画和虚拟的现实世界,使仿真模型更加容易理解,同时使管理人员、生产人员、工程人员更加方便交流意见。SIM Animation 使用 Petri 网模型技术,在用户定义物理和逻辑模型之后,它就可以编辑成为一个可执行模型,在这个模型中仿真和漫游同时运行,并且运行非常快,实现了完全交互化。而且,它可以随时停止以观察和统计模型状态。

SIM Animation 仿真运行结束后可根据统计数据生成仿真报告,仿真报告以表格、直方图、饼状图等形式,显示各个物流设备的利用率、空闲率、堵塞率等数据。用户可根据仿真报告提供的数据对物流系统的优缺点进行判断,做出科学决策。随着计算机技术及自动化技术的迅速发展,虚拟制造技术不断深入发展,物流仿真系统软件已经成为虚拟制造系统的重要组成部分,将得到更广泛的应用和发展。

3. 粮食物流装备数字孪生实现

数字孪生概念源于工业系统,至今广泛应用于制造、建筑、航空航天、铁路、水利水电和城市建设等越来越多的领域。数字孪生模型与已有各种数字表示工具如 CAD、BIM、GIS 等相比,最大的特点是数字生态与物理生态虚实共生,互馈演绎,融合人、机、物三元世界全生命周期实时数据持续不断的迭代优化,具备更全面的综合感知能力和更适宜人机协同的系统表达能力,通过以虚控实实现整个物理系统的最优化目标,比如更准确的诊断、更好的短期预测、改善系统内各要素之间的互动等。华为技术有限公司 2021 年发布的《数字孪生城市白皮书》从物理空间与数字空间的数据关系、物理状态监测预测度、数字使能控制物理实体三个维度定义了数字孪生城市应用能力分级评估模型,模型从 L0 到 L4 共五级,包括数字框架、单向数据监测、双向数据单域智能、双向区域智能和全域智能。Gartner 发布的 2019 年十大战略性技术趋势就有数字孪生,并预计有 75% 实施物联网的组织已经使用数字孪生或计划在一年内使用。中国信息通信研究院牵头编写的《数字孪生城市白皮书(2020 年)》认为,数字孪生理念启发千行百业缩短数字化路径,开创了行业应用新路径和新模式,数字孪生城市建设模式在交通、能源、水利、工厂和医疗等行业领域得以迅速推广和复制。数字孪生模型首先用于封闭空间标准化的工业系统,在小范围开放空间如园区、港口、社区等资源与人口密集型区域的应用也率先取得了突破,显著改善了精细化治理服务的智能化水平。随着数字孪生建模从局部探索提升为国家和地方的发展战略,铁路、公路、流域、全市(县)、全省或全国等广域范围的数字孪生被视为变革性技术手段正在国内外积极推进。

粮食物流装备数字孪生实现是一个可持续的不断迭代优化的过程。粮食物流装备数字孪生实现将利用人、机、物三元空间,持续更新设计-运行-维护全生命周期信息。因此,粮食物流装备全域统一的高精度、精细化时空基准框架是关键基础,即从宏观到微观、从室外到室内、从地上到地下,利用多细节层级的实景三维模型实现数字孪生精准映射。对地形、地物的实景三维建模主要采用空-天-地测绘方式,如果因为人类活动影响发生变化,也可采用正向设计建模的方式进行及时有效的动态更新。对于人造地物的三维建模,尤其是当要精细表达室内结构和地下构筑物时,常规测绘方式往往难以获得完整、准确的结果,因此一般都要充分利用正向设计建模成果。对于新建设施,则需要集成应用设计成果和施工过程中利用监测数据建模的成果。数字孪生实现示例如图 2-3 所示。

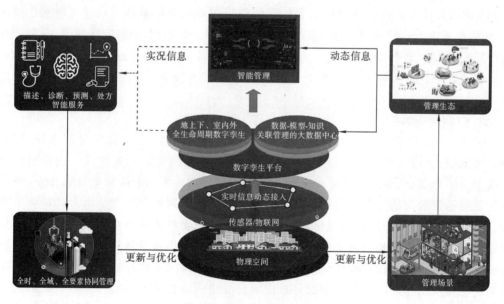

图 2-3　数字孪生实现示例

粮食物流装备数字孪生实现不仅要通过高质量的创新发展不断提升适应粮食物流装备行业内各种复杂环境精细化、实时性、智能化、自动化、低成本的实景三维建模能力,还要通过多学科交叉融合不断增强传感器技术在多源异质实时数据融合、关联分析与智能挖掘等方面的支撑作用和引擎作用,实现数据驱动-模型驱动-知识驱动协同的更强大的综合感知、精准诊断、可靠预测通用地理空间智能。从数据采集、动态建模到数字孪生实现,包括从三维轮廓建模到三维实体建模、从动态更新到实时映射、从几何建模到行为过程建模与机理建模等内容。尽管目前一些企业已经可以集成表达三维地质结构和部分时空过程,但这些能力还仅限于特定的应用和有限的实体特征,并且各实体之间深层次的关联关系与互馈作用机制还缺乏显式描述,大大限制了设备数据信息的价值。因此,粮食物流装备数字孪生实现急需通过数据采集、信息处理、虚实映射等软硬件技术的交叉融合,突破长时间的独立获取宏观或微观粮食物流装备数据的局限,突破处理完备的以标准化粮食物流装备信息数据构建实体对象外部边界表示模型为主的局限,突破以数据为中心的只具备较浅显的描述性分析局限。

2.2 数字化设计案例

2.2.1 智能粮食物流装备的数字化设计案例

智能粮食物流装备的数字化设计利用仿真软件,借用物流仿真技术,建立必备的三维模型库,并进行模型设备的二次开发。它利用软件层级结构属性,快速继承模型对象属性,节省开发时间,运行调试仿真数据,输出多种样式的仿真结果,如渲染出高清图片、导出三维模型、以三维 PDF 作为系统场景效果展示;编制物流动态流程,生成仿真动画,让客户清晰直观地了解整个物流仓储中心的流程动线;通过仿真实验进行仿真分析决策,评估方案的可行性。物流仿真在物流仓储系统中应用的主要步骤如下:调研物流仓储系统,明确业务流程;设立仿真目标,进行分析;仓储数据分析整理;依据方案建模;编制仿真流程程序;检验运行仿真流程;运行仿真系统,统计仿真结果;统计分析,优化方案配置,找出最优方案。下面以某物流仓储项目案例来介绍物流仿真技术在物流仓储行业中的应用。

1. 仿真试验数据分析

图 2-4 为某物流仓储配送中心仿真图,由自动存取系统、箱式密集存储系统、托盘输送机系统、箱输送线系统、机械手拆码垛系统、货到人拣选系统等组成。以历史订单数据作为原始数据,应用三维可视化仿真技术模拟货到人拣选系统订单分拣作业工况,评估规划的货到人拣选方式与布局是否满足企业的业务需求。为满足出库订单效率要求,整箱和拣选出库采用预处理模式,即提前将出库的物料由自动存取系统以托盘单元通过托盘输送机输送到机械手码垛位置,依据订单要求,机械手将订单所需的物料箱进行拆垛,通过箱输送线系统,将订单所需的物料暂存在箱式密集存储系统中。货到人拣选系统负责从出库的物料箱里根据订单需求拆分出所需数量的物料。仿真系统以历史订单数据为原始数据,按实验原理运行,并统计每个订单分拣时间,验证货到人拣选系统方案是否可行。

仿真实验原理如下:抽取历史订单中某日订单数据,将该日数据拆分为上午和下午两个半天订单量。因上午订单物流系统已经提前进行预处理,拣选订单所需物料直接从箱式密集存储系统调取。上午订单任务启动后,首先将上午的订单进行拆分,拆分出整箱订

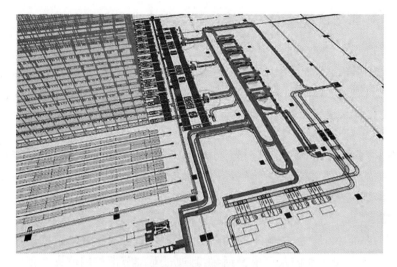

图 2-4 某物流仓储配送中心仿真图

单和拆零订单;整箱订单按照所需要的物料数量直接出库,拆零订单则按照定义的拣选顺序出库。当拣选完成后,尾箱回库,若为空箱则回流到空周转箱箱线中,拣选完的周转箱送往复核包装台,经复核无误,包装完成后出库。在执行上午订单任务的同时,对下午订单所需的物料进行预处理,且下午订单拣选流程同上午订单。仿真平台运行 8 h 后,尾箱回库工况下统计拣选订单数据,得到单个订单完成的最长时间为 347 s,平均订单完成时间为 165 s。仿真实验获得的数据,验证了规划的方案满足企业业务需求,同时企业管理者对物料出库和拣选过程也有了清晰、直观的了解。

2. 仿真三维效果输出

不同于常规的二维 CAD 图纸形式,物流仿真技术可以输出静态的三维效果图和动态的三维仿真动画。以三维场景进行项目交流,可以让物流企业管理者清晰、直观、动态地了解整个方案构架,让物流企业管理者能有一个宏观整体和微观细节的认知。仿真三维效果图如图 2-5 所示。

图 2-5 仿真三维效果图

2.2.2　智能粮食物流专用车辆的数字化设计案例

智能粮食物流专用车辆的数字孪生模型是实现智能粮食物流专用车辆数字孪生落地应用的引擎。从车辆运动的角度出发,数字孪生模型应该具备反应物理生产线的几何、物理、行为、规则和约束的多维动态模型,从而使仿真模型能够真实客观地描述物理实体,且仿真、预测、优化结果也将更精准。

1. 车辆数字孪生模型构建

车辆模型需要从几何模型、物理模型、行为模型三个维度进行构建,实现对智能车辆的真实刻画和描述。在此基础上,将三维模型进行融合,从而在数字空间融合成一个真实映射的智能车辆数字孪生模型。智能数字孪生模型为物理车辆与虚拟车辆的虚实交互提供了模型支撑。

几何模型:从形状、尺寸、位置等几何参数和装配关系等方面建立单元级物理实体设备几何模型,完成整个车辆的几何模型创建,且通过对细节部件的渲染在视觉效果上尽量逼近物理实体。

物理模型:在几何模型的基础上增加物理模型的物理属性、约束及特征等信息,能够从宏观及微观进行动态的数学模拟与刻画,分析设计的零件或机构的合理性,比如结构、流体、电场、磁场建模分析等。

行为模型:行为模型能够在外部多源数据以及内部运动机制的共同作用下表现出不同时间尺度的实时响应和行为能力。物理车辆动作的行为模型是一个复杂的过程,需要通过有限状态机、马尔可夫链、神经网络(neural network,NN)等建模方法进行构建。

2. 基于 SolidWorks 的几何模型构建

数字孪生的几何模型是指物理生产线中各要素的可视化部分,生产要素的模型包括形状、颜色、材质、装配关系、位置、尺寸等基本信息。设计过程中模型的尺寸精度和装配精度是几何模型构建的关键,物理模型、行为模型和规则模型都是在几何模型的基础上建立起来的。根据图 2-6 的建模流程在 SolidWorks 软件上构建生产线的几何模型,并将几何模型文件存储到数据资源中心。

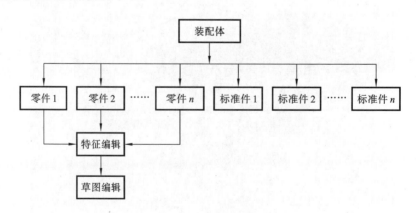

图 2-6　SolidWorks 建模流程

根据 SolidWorks 可以得到智能车辆的几何模型,如图 2-7 所示。

图 2-7 智能车辆的几何模型

3. 基于有限状态机的行为模型构建

数字孪生的行为模型是指通过扰动因素和驱动因素驱动几何模型,使其具有响应机制和物理实体的行为能力及复杂动作能力,即通过物理实体的多源数据驱动几何模型做出反应。

创建物理生产线或设备对象的行为模型是一个复杂的过程,因此借助 Moore 有限状态机的建模方法创建生产线系统或设备对象的行为模型。有限状态机是对系统或者对象的行为通过抽象的方式得到数学模型,数学模型是系统或者对象不同状态的集合,使用系统设备的多源数据集合以及状态之间的变迁规则来描述系统或者对象的行为过程。有限状态机由三部分组成:① 系统或对象可能出现的所有状态;② 系统或对象的输入集合,即有限状态机在运动过程中接收到的输入集合;③ 系统或者对象状态变迁的规则集合,即当系统或对象接收到不同的输入信息时,有限状态机从一个状态转为另一个状态的规则。Moore 经典的有限状态机模型表述为六元组:

$$M=(Q,\Sigma,\Delta,\delta,\lambda,q_0) \tag{2-1}$$

其中,$Q=\{q_0,q_1,q_2,\cdots,q_n\}$,表示系统或对象有限状态的集合,运动过程中只能处于某一个状态;$\Sigma=\{\delta_0,\delta_1,\delta_2,\cdots,\delta_m\}$,表示系统或对象的有限输入集合;$\Delta=\{a_0,a_1,a_2,\cdots,a_r\}$,表示系统或对象的有限输出集合;$\delta:Q\times\Sigma\rightarrow Q$,表示状态转移函数;$\lambda\rightarrow\Delta$,表示系统或对象的输出函数,输出函数只与系统的当前状态有关;$q_0\in Q$,表示系统或对象的初始状态。

智能车的行为模型工作过程如图 2-8 所示,通过生产线物理设备的实时数据映射模块,将智能车的实时数据映射到行为模型的输入集合 $\Sigma=\{\delta_0,\delta_1,\delta_2,\cdots,\delta_m\}$ 中,行为模型

图 2-8 智能车的行为模型工作过程

经过计算,输出智能车的行为特征 $\Delta = \{a_0, a_1, a_2, \cdots, a_r\}$,并将该行为特征和设备几何模型内部逻辑融合作用,实现智能车几何模型的行为反应。

习　　题

1. 自动化设备调试一般分为哪几个阶段?
2. 数字孪生中的行为模型是指什么?

3 智能粮食物流装备底层通用技术

3.1 运动学几何基础

本节我们将介绍粮食转运车运动学的基础知识,首先列举智能粮食转运车研究中常用的坐标系、坐标变换以及坐标旋转矩阵的概念;其次引入空间点相对于参考坐标系的表示形式;然后介绍三维空间的旋转与姿态的表示方式,如方向余弦式、欧拉角式、欧拉轴/角参数式、欧拉四元数式。这些知识共同组成了机器人学的几何基础,它们也是自动驾驶导航、定位以及控制理论的核心基础内容。

3.1.1 常用参考坐标系

为了简化建模和计算,建立坐标系的时候大都会忽略地球自转等一些过于宏大的因素。这里仍然会介绍与地球相关的一些坐标系和参数。下面是自动驾驶系统中常用的几种地球坐标系和参考坐标系。

1. 地心惯性坐标系 $OX_iY_iZ_i$

地心惯性坐标系(earth-centered inertial,ECI)为 J2000 平春分点惯性坐标系,原点 O 位于地球的中心,参考面为地球赤道面,其中 X_i 轴在参考平面内并指向地球赤道面与黄道面的交点(春分点);Z_i 轴与参考平面垂直,指向北极;Y_i 轴与 X_i 轴、Z_i 轴组成右手直角坐标系。在该坐标系中,车体的位置可以用直角坐标 (x_i,y_i,z_i) 表示,也可以用球坐标地心距 r、赤经 α、赤纬 β 表示。

2. 地心地固坐标系 $OX_eY_eZ_e$

地心地固坐标系(earth-centered earth-fixed,ECEF)随地球自转而不断旋转,其原点在地球中心,参考面同样为地球赤道平面,其中 X_e 轴指向赤道面与格林尼治(Greenwich)子午面的交点;Z_e 轴与地球赤道平面垂直,指向北极;Y_e 轴与 X_e 轴、Z_e 轴构成右手直角坐标系。该坐标系的转动角速度与地球自转角速度相同。若只考虑地球自转的影响,该坐标系与地心惯性坐标系之间相差一个自转角 α_G。车体的位置除了用坐标 (x_e,y_e,z_e) 表示外,还可以用球坐标地心距 r、地理经度 λ 以及地心纬度 θ 表示。

3. 地理坐标系 $O_EX_gY_gZ_g$

地理坐标系是在地球为椭球形的前提下定义的,原点 O_E 位于车体在地球表面的投影点,X_g 轴和 Y_g 轴位于当地铅垂平面内,其中 X_g 轴指向东方,Y_g 轴指向北方,Z_g 轴则沿当地铅垂线指向天空。该坐标系也可以叫作东北天坐标系。由于地球不是严格的圆球,Z_g 轴与地心地固坐标系中的 Y_e 轴并不重合,故此坐标系下的纬度叫作地理纬度 ϕ,与地心纬度 θ 之间有微小的差别。地磁场球谐函数的输入参数就是在该坐标系下表示的。有些系统中,地理坐标系也会取北东地、北西天、东北下等。

地球参考坐标系示意图如图 3-1 所示。

4. 导航坐标系(n 系,x_n、y_n、z_n 轴)

导航坐标系是实际进行导航信息解算的参考坐标系。对于一些大型的飞行器、舰船

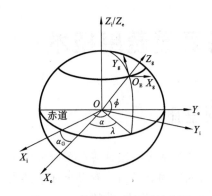

图 3-1 地球参考坐标系示意图

等在地球表面具有长距离的运动载体,该坐标系一般是指地理坐标系(t 系)。

5. 车体坐标系(b 系,x_b、y_b、z_b 轴)

车体坐标系原点设置在运载体的质心上,x_b 轴沿载体纵轴朝前,y_b 轴沿载体横轴朝左,z_b 轴沿载体竖轴朝上。b 系相对于 n 系的方位关系就是载体的姿态。

6. 地图坐标系(m 系,x_m、y_m、z_m 轴)

为了适应自动驾驶的环境和特点,人为添加地图坐标系和里程计坐标系。地图坐标系是这样定义的:以房间(或者室外环境)中的某一固定点作为原点,构建右手笛卡儿坐标系,与房间(或者室外环境)固连保持相对静止的状态。

7. 里程计坐标系(o 系,x_o、y_o、z_o 轴)

里程计坐标系原点在载体质心,各坐标轴与 m 系坐标轴平行且同向。该坐标系随着载体一起平移,但不随之转动。

各种不同的传感器因为工作原理不一样,所用的坐标系也就不尽相同。比如说比力矢量是在车体坐标系(b 系)中进行描述的,陀螺仪的测量矢量通常认为是在地心惯性坐标系(i 系)中进行描述的,北斗导航系统的输出矢量通常是在地理坐标系(t 系)中进行描述的。磁罗盘还会涉及地磁坐标系,不过通常都会转换到地球坐标系(e 系)或者地理坐标系(t 系)下。如果导航系统中还要融合视觉定位,那么还会涉及关于图像和相机的坐标系,但归根结底还是车体坐标系(b 系)。

3.1.2 坐标系转换

1. 地心惯性坐标系与地心地固坐标系之间的转换

轨道递推通常利用在地心惯性坐标系下的动力学方程直接积分。轨道动力学方程中的物理量主要包括中心引力加速度、非球形引力加速度和第三体引力,其中非球形引力加速度是在地心地固坐标系下以高斯球谐系数的形式表示的,这些系数是一组已知的常数。在 J2000 惯性坐标系下求解非球形引力加速度时,首先必须将地心地固坐标系下的非球形引力加速度转换到地心惯性坐标系中。所以地心惯性坐标系与地心地固坐标系之间的转换是航天器动力学的基本问题。日、月、行星对地球非球形部分的作用,使得地球自转轴在空间摆动,地球赤道面与黄道平面也并不是固定指向某个恒星。因此地心地固坐标系与地心惯性坐标系之间的转换关系比较复杂,需要考虑岁差、章动、极移等的影响。这里因为不涉及轨道动力学、轨道确定等任务,因此省去复杂的因素,只考虑地球自转的影响,则地心地固坐标系与地心惯性坐标系之间相差一个自转角 α_G。根据坐标旋转矩阵的定义,地心惯性坐标系上的点(X_i, Y_i, Z_i)与地心地固坐标系上的点(X_e, Y_e, Z_e)之间的转换可记为

$$\begin{bmatrix} X_e \\ Y_e \\ Z_e \end{bmatrix} = \mathbf{R}_i^e \begin{bmatrix} X_i \\ Y_i \\ Z_i \end{bmatrix} \quad (3\text{-}1)$$

其中

$$\boldsymbol{R}_i^e = \begin{bmatrix} \cos\alpha_G & \sin\alpha_G & 0 \\ -\sin\alpha_G & \cos\alpha_G & 0 \\ 0 & 0 & 1 \end{bmatrix}$$

2. 地心地固坐标系(r,λ,θ)与地理坐标系(h,λ,ϕ)之间的转换

设地心地固坐标系中车体的位置用球坐标表示为(r,λ,θ),其中r为地心距,λ为地理经度,θ为地心纬度。同样地,地理坐标系下车体的位置用球坐标表示为(h,λ,ϕ),其中h表示车体至地心的距离,ϕ表示地理纬度。当已知车体地心距r和地心纬度θ时,地理坐标系下h和ϕ的计算公式如下:

$$h = r - \left[1 - f\sin^2\theta - \frac{f^2}{2}\sin^2(2\theta)\left(\frac{R_e}{r} - \frac{1}{4}\right)\right] \quad (3-2)$$

$$\phi = \arcsin\left\{\frac{R_e}{r}\left[f\sin(2\theta) + f^2\sin(4\theta)\left(\frac{R_e}{r} - \frac{1}{4}\right)\right]\right\} + \theta \quad (3-3)$$

式中,f为地球扁率,等于$1/298.257223563$;$R_e = 6378.137$ km,表示地球半径。

地心地固坐标系与地理坐标系之间的转换参数为地理经度λ和地理纬度ϕ。首先,将地心地固坐标系绕Z_e轴逆时针旋转λ角度,到(x_1, y_1, z_1)的位置,坐标旋转矩阵为$\boldsymbol{R}_z(\lambda)$:

$$\boldsymbol{R}_z(\lambda) = \begin{bmatrix} \cos\lambda & \sin\lambda & 0 \\ -\sin\lambda & \cos\lambda & 0 \\ 0 & 0 & 1 \end{bmatrix} \quad (3-4)$$

然后绕y_1轴顺时针旋转$\frac{\pi}{2} + \phi$,到(X_g, Y_g, Z_g)位置,坐标旋转矩阵为$\boldsymbol{R}_y\left(-\phi - \frac{\pi}{2}\right)$:

$$\boldsymbol{R}_y\left(-\phi - \frac{\pi}{2}\right) = \begin{bmatrix} -\sin\phi & 0 & \cos\phi \\ 0 & 1 & 0 \\ -\cos\phi & 0 & -\sin\phi \end{bmatrix} \quad (3-5)$$

从地心地固坐标系到地理坐标系的转换记为

$$\begin{bmatrix} X_g \\ Y_g \\ Z_g \end{bmatrix} = \boldsymbol{R}_e^g \begin{bmatrix} X_e \\ Y_e \\ Z_e \end{bmatrix} \quad (3-6)$$

其中,旋转矩阵$\boldsymbol{R}_e^g$为

$$\boldsymbol{R}_e^g = \begin{bmatrix} -\cos\lambda\sin\phi & -\sin\lambda\sin\phi & \cos\phi \\ -\sin\lambda & \cos\lambda & 0 \\ -\cos\lambda\cos\phi & -\cos\phi\sin\lambda & -\sin\phi \end{bmatrix}$$

3. 大地测量坐标系(B,L,H)与地心地固直角坐标系(x_e, y_e, z_e)之间的转换

目前,车载北斗定位传感器输出的位置信息为大地测量坐标系下的纬度、经度以及车体所在平面的大地高度,记为(B,L,H),该坐标系伴随着全球卫星定位测量技术的发展而产生,比较常用的是世界大地坐标系-84(world geodetic system-84,WGS-84 坐标系)。我国也有自主定义的坐标系,如北京 54 坐标系、2000 国家大地坐标系等。这些坐标系之间的主要区别是所选的椭球体参数不同,本质上大地坐标系属于地心地固坐标系。这里给出一种常用的简便的坐标转换关系(转换精度为10^{-5}量级),设地心地固坐标系中车体

的位置用直角坐标表示为(x_e, y_e, z_e)，则从大地测量坐标系向地心地固直角坐标系的转换可表示为

$$\begin{bmatrix} x_e \\ y_e \\ z_e \end{bmatrix} = \begin{bmatrix} (N+H)\cos B\cos L \\ (N+H)\cos B\sin L \\ (N(1-e^2)+H)\sin B \end{bmatrix} \quad (3\text{-}7)$$

式中，e 为椭球的偏心率；N 为基准椭球体的曲率半径。

$$\begin{bmatrix} e^2 \\ N \end{bmatrix} = \begin{bmatrix} \dfrac{a^2-b^2}{a^2} \\ \dfrac{a}{\sqrt{1-e^2\sin^2 B}} \end{bmatrix} \quad (3\text{-}8)$$

或者

$$\begin{bmatrix} e^2 \\ N \end{bmatrix} = \begin{bmatrix} f(2-f) \\ \dfrac{a}{\sqrt{1-e^2\sin^2 B}} \end{bmatrix} \quad (3\text{-}9)$$

式(3-7)默认地球为 WGS84 椭球，椭球的长半轴 $a=6378137$ m，短半轴 $b=6356752.3142$ m，地球椭球的扁率 $f=1/298.257223563$。

3.1.3 空间点和姿态的描述

矩阵可以用来表示点、向量、坐标系、平移、旋转以及坐标转换，还可以表示坐标系中的移动机器人、传感器测量到的目标物、地图中的标识点以及其他的运动物体。

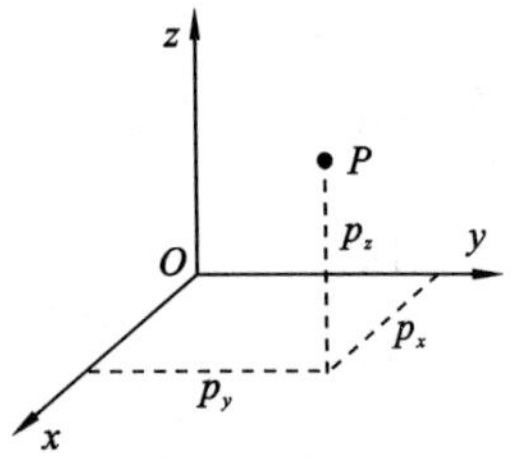

设定参考坐标系 $Oxyz$ 的三个轴分别为 x, y, z。对于空间任意一点 P，如图 3-2 所示，该点在空间的位置可以用三个坐标轴的分量来表示：

$$\boldsymbol{P} = p_x \boldsymbol{x} + p_y \boldsymbol{y} + p_z \boldsymbol{z} \quad (3\text{-}10)$$

图 3-2 空间点的表示

其中，p_x, p_y, p_z 表示该点在参考坐标系中的 3 个分量。显然，也可以用其他的坐标分量来表示该点在空间的位置。

向量可以描述具有方向性的直线，也可以用终止点和起始点的坐标来表示。假定某向量 $\boldsymbol{P}$ 的起始点为原点，终点为 P，则有

$$\boldsymbol{P} = p_x \boldsymbol{x} + p_y \boldsymbol{y} + p_z \boldsymbol{z} \quad (3\text{-}11)$$

此时，p_x, p_y, p_z 表示该向量在参考坐标中的 3 个分量。可以看出，上式中点 P 是用连接到该点的向量来描述的。向量 $\boldsymbol{P}$ 的 3 个分量也可以用矩阵的形式表示：

$$\boldsymbol{P} = \begin{bmatrix} p_x \\ p_y \\ p_z \end{bmatrix} \quad (3\text{-}12)$$

一般来讲，研究时可以把粮食物流转运车视作刚体。刚体的姿态能够由其在空间中相对参考坐标系的位置和方向来描述。假定 $Oxyz$ 为标准正交参考坐标系，x, y, z 为坐标轴的单位向量；$O_b x_b y_b z_b$ 为车体坐标系，$\boldsymbol{x}_b, \boldsymbol{y}_b, \boldsymbol{z}_b$ 为坐标轴的单位向量。如图 3-3 所示，车体坐标系可以通过相对参考坐标系的方向来确定粮食物流转运车的姿态。姿态描述利

用这些坐标轴方向的物理量,这些量称为姿态参数,目前有多种描述形式。一般性的姿态参数是车体坐标轴与参考坐标轴之间的方向余弦。这种方法表示简单,但缺点是不直观,缺乏明显的具体图像概念。也可用刚体转动的欧拉角来表示刚体的姿态,但欧拉转动在特殊点会出现奇点问题,导致姿态无法确定。因此,在实际中通常采用欧拉四元数式描述刚体的姿态。当刚体姿态唯一确定时,各种姿态参数之间可以通过数学关系进行转换。当然,刚体相对各种参考坐标系的姿态也能够进行转换。下面将介绍几种姿态描述的一般形式。

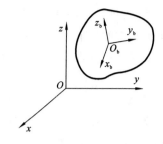

图 3-3　参考坐标系和车体坐标系

1. 方向余弦式

为了说明简便,直接以 x, y, z 表示参考坐标轴的单位矢量。坐标轴符号加下标表示坐标系的不同种类,例如下标 b 代表车体坐标系。这两个坐标轴之间的方向余弦共有 9 个,以 $A_{xx}, A_{xy}, \cdots$ 表示,每一个方向余弦的定义如下:

$$\begin{cases} x_b \gamma x = A_{xx} & y_b \gamma x = A_{yx} & z_b \gamma x = A_{zx} \\ x_b \gamma y = A_{xy} & \cdots & \cdots \\ x_b \gamma z = A_{xz} & \cdots & \cdots \end{cases} \tag{3-13}$$

利用这些方向余弦,任意车体坐标系中坐标轴的单位矢量在参考坐标系中的方向有下列形式:

$$x_b = A_x x + A_y y + A_z z \tag{3-14}$$

这 9 个方向余弦可以组成一个矩阵:

$$A = \begin{bmatrix} A_{xx} & A_{xy} & A_{xz} \\ A_{yx} & A_{yy} & A_{yz} \\ A_{zx} & A_{zy} & A_{zz} \end{bmatrix} \tag{3-15}$$

根据式(3-15),刚体车体坐标系在参考坐标系中的几何方向可确定为

$$\begin{bmatrix} x_b \\ y_b \\ z_b \end{bmatrix} = A \begin{bmatrix} x \\ y \\ z \end{bmatrix} \tag{3-16}$$

在机器人学的姿态确定问题中,因为矩阵 A 完全确定了刚体姿态在参考坐标系中的状态,故称此方向余弦矩阵 A 为姿态矩阵,矩阵中的每个元素为姿态参数。由于参考坐标系和车体坐标系都是正交坐标系,此 9 个元素还满足 6 个约束方程。由各单位矢量的模值可导出 3 个约束方程:

$$\begin{cases} A_{xx}^2 + A_{xy}^2 + A_{xz}^2 = 1 \\ A_{yx}^2 + A_{yy}^2 + A_{yz}^2 = 1 \\ A_{zx}^2 + A_{zy}^2 + A_{zz}^2 = 1 \end{cases} \tag{3-17}$$

由车体坐标轴的正交特性可导出另外 3 个约束方程:

$$\begin{cases} A_{xx} A_{yx} + A_{xy} A_{yy} + A_{xz} A_{yz} = 0 \\ A_{xx} A_{zx} + A_{xy} A_{zy} + A_{xz} A_{zz} = 0 \\ A_{yx} A_{zx} + A_{yy} A_{zy} + A_{yz} A_{zz} = 0 \end{cases} \tag{3-18}$$

因此，只有3个姿态参数是独立的。换言之，只要用3个独立参数就可描述刚体在参考坐标系中的三轴姿态。

根据约束方程(3-17)和方程(3-18)可以得知姿态矩阵 $\boldsymbol{A}$ 具有下列特性：
$$\boldsymbol{A}\boldsymbol{A}^\mathrm{T} = \boldsymbol{I} \tag{3-19}$$

其中，$\boldsymbol{I}$ 为单位矩阵。此式表明矩阵 $\boldsymbol{A}$ 是正交矩阵。实际上，姿态矩阵也就是参考坐标系与车体坐标系之间的旋转矩阵，如已有单位参考矢量 $\boldsymbol{V}$，它在车体坐标系和参考坐标系中分别表示为

$$\boldsymbol{V} = (V_x)_b \boldsymbol{x}_b + (V_y)_b \boldsymbol{y}_b + (V_z)_b \boldsymbol{z}_b \tag{3-20}$$
$$\boldsymbol{V} = (V_x)\boldsymbol{x} + (V_y)\boldsymbol{y} + (V_z)\boldsymbol{z} \tag{3-21}$$

将上两式两端分别与矢量 $\boldsymbol{x}_b, \boldsymbol{y}_b, \boldsymbol{z}_b$ 标积，并令 $(\boldsymbol{V})_b$ 和 $(\boldsymbol{V})$ 分别表示矢量在车体坐标系和参考坐标系中的方向余弦，则

$$(\boldsymbol{V})_b = \boldsymbol{A}(\boldsymbol{V}) \tag{3-22}$$

用方向余弦表示的姿态矩阵是姿态描述的一般形式。姿态确定问题就是如何把这些方向余弦与刚体或者粮食物流转运车车载的测量传感器联系起来，如何根据刚体的测量参考矢量 $\boldsymbol{V}$ 的测量值得出 $(\boldsymbol{V})_b$，并且利用在参考坐标系中已知的 $(\boldsymbol{V})$，求解式(3-22)得出方向余弦矩阵 $\boldsymbol{A}$。

2. 欧拉角式

在工程技术中，人们希望姿态参数具有更加简洁、更加明显的几何意义，并能用姿态测量传感器直接测出这些参数，能较方便地求解用这些姿态参数描述的动力学方程。这种情况下，欧拉角是最合适的姿态参数。根据欧拉定理，刚体绕固定点的位移可以是绕该点的若干次有限转动的合成。在欧拉转动中，将参考坐标系转动三次得到车体坐标系。在三次转动中，每次的旋转轴是被转动坐标系的某一坐标轴，每次的转动角即为欧拉角。因此，用欧拉角确定的姿态矩阵是三次坐标旋转矩阵的积。绕 x, y, z 三个坐标轴转动的转角定义为 θ，逆时针为正，顺时针为负。坐标旋转矩阵都有如下标准形式：

$$\boldsymbol{R}_x(\theta) = \begin{bmatrix} 1 & 0 & 0 \\ 0 & \cos\theta & \sin\theta \\ 0 & -\sin\theta & \cos\theta \end{bmatrix}; \ \boldsymbol{R}_y(\theta) = \begin{bmatrix} \cos\theta & 0 & -\sin\theta \\ 0 & 1 & 0 \\ \sin\theta & 0 & \cos\theta \end{bmatrix}; \ \boldsymbol{R}_z(\theta) = \begin{bmatrix} \cos\theta & \sin\theta & 0 \\ -\sin\theta & \cos\theta & 0 \\ 0 & 0 & 1 \end{bmatrix} \tag{3-23}$$

Oxy 坐标绕 z 轴旋转的示意图如图3-4所示。

利用图3-4的几何关系可得：
$$\begin{cases} x_1 = x\cos\theta + y\sin\theta \\ y_1 = -x\sin\theta + y\cos\theta \end{cases} \tag{3-24}$$

这样可以得到旋转矩阵的表达形式：

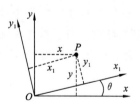

图3-4 Oxy 坐标绕 z 轴旋转的示意图

$$\begin{bmatrix} x_1 \\ y_1 \\ z_1 \end{bmatrix} = \begin{bmatrix} \cos\theta & \sin\theta & 0 \\ -\sin\theta & \cos\theta & 0 \\ 0 & 0 & 1 \end{bmatrix} \begin{bmatrix} x \\ y \\ z \end{bmatrix} \tag{3-25}$$

这里需要注意的是，上述旋转矩阵是通过绕参考坐标轴旋转得到的。在某些参考书中，会出现式(3-26)所示的坐标旋转矩阵，这种情况下的旋转与上述旋转正好相反，即参考坐标系为被动坐标系，刚体或者向量主动旋转，绕参考坐标系的固定坐标轴旋转。因

此,在使用时需要特别注意这两种不同的旋转形式。

$$\boldsymbol{R}_x(\theta)=\begin{bmatrix}1 & 0 & 0\\ 0 & \cos\theta & -\sin\theta\\ 0 & \sin\theta & \cos\theta\end{bmatrix};\quad \boldsymbol{R}_y(\theta)=\begin{bmatrix}\cos\theta & 0 & \sin\theta\\ 0 & 1 & 0\\ -\sin\theta & 0 & \cos\theta\end{bmatrix};\quad \boldsymbol{R}_z(\theta)=\begin{bmatrix}\cos\theta & -\sin\theta & 0\\ \sin\theta & \cos\theta & 0\\ 0 & 0 & 1\end{bmatrix}$$

(3-26)

OP 绕 z 轴旋转的示意图如图 3-5 所示。

利用图 3-5 的几何关系可得:

$$\begin{cases}x_1=x\cos\theta-y\sin\theta\\ y_1=x\sin\theta+y\cos\theta\end{cases} \quad (3\text{-}27)$$

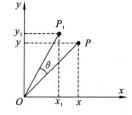

这样可以得到旋转矩阵的表达形式:

$$\begin{bmatrix}x_1\\ y_1\\ z_1\end{bmatrix}=\begin{bmatrix}\cos\theta & -\sin\theta & 0\\ \sin\theta & \cos\theta & 0\\ 0 & 0 & 1\end{bmatrix}\begin{bmatrix}x\\ y\\ z\end{bmatrix} \quad (3\text{-}28)$$

图 3-5 OP 绕 z 轴旋转的示意图

从欧拉角的定义可知,姿态旋转矩阵还与三次转动的顺序有关,根据是否绕同类坐标轴进行旋转来划分,转动顺序可分为两类:

第一类:第一次和第三次转动是绕同类坐标轴进行的,如这两次绕 z 轴旋转,而第二次绕 x 或者 y 轴旋转。

第二类:每次转动都是绕不同类别的坐标轴进行的。

若以数字 1,2,3 分别代表各类坐标系的坐标轴 x,y,z,则第一类 6 种欧拉转动顺序可表示为

1—2—1; 1—3—1; 2—1—2;
2—3—2; 3—1—3; 3—2—3

第二类 6 种欧拉转动顺序可表示为

1—2—3; 1—3—2; 2—1—3;
2—3—1; 3—1—2; 3—2—1

最常用的欧拉转动顺序是 3—1—3 和 3—1—2,各次欧拉转角分别记为 ψ,γ,θ 和 ψ,φ,θ。其中前者最早由欧拉提出,在经典的力学文献中,三个欧拉角分别称为进动角(angle of procession)、章动角(angle of nutation)和自旋角(angle of spin);后者广泛应用在航空航天、无人机等研究领域,三个欧拉角分别称为偏航角(yaw angle)、滚动角(roll angle)、俯仰角(pitch angle),因此这种转动顺序又称为偏航-滚动-俯仰顺序或者 YRP 顺序。

图 3-6 所示为 3—1—3 转动顺序下的三次旋转,参考坐标轴为 x,y,z,先绕 z 轴转 ψ 角,得到过渡坐标系 $Ox'y'z'$,其中 z' 轴与 z 轴一致,坐标旋转矩阵为 $\boldsymbol{R}_z(\psi)$;再绕 x' 轴转

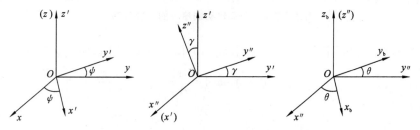

图 3-6 3—1—3 转动顺序下的三次旋转

γ角,又得到过渡坐标系 $Ox''y''z''$,其中 x'' 轴与 x' 轴一致,坐标旋转矩阵为 $\bm{R}_x(\gamma)$;最后绕 z'' 轴转 θ 角,得到车体坐标系 $Ox_by_bz_b$,其中 z_b 轴与 z'' 轴一致,坐标旋转矩阵为 $\bm{R}_z(\theta)$。根据坐标旋转矩阵的标准式,得出第一类欧拉转动顺序 3—1—3 下的姿态矩阵为

$$\bm{A}_{313}(\psi,\gamma,\theta) = \bm{R}_z(\theta)\bm{R}_x(\gamma)\bm{R}_z(\psi)$$

$$= \begin{bmatrix} \cos\theta\cos\psi - \sin\theta\cos\gamma\sin\psi & \sin\psi\cos\theta + \cos\gamma\sin\theta\cos\psi & \sin\gamma\sin\theta \\ -\sin\theta\cos\psi - \cos\theta\cos\gamma\sin\psi & -\sin\theta\sin\psi + \cos\theta\cos\gamma\cos\psi & \sin\gamma\cos\theta \\ \sin\gamma\sin\psi & -\sin\gamma\cos\psi & \cos\gamma \end{bmatrix}$$

(3-29)

对照方向余弦矩阵公式(3-15),第一类欧拉转动顺序 3—1—3 的欧拉角与方向余弦矩阵元素的关系如下:

$$\psi = \arctan\left(-\frac{A_{zx}}{A_{zy}}\right)$$
$$\gamma = \arccos A_{zz}$$
$$\theta = \arctan\left(\frac{A_{xz}}{A_{yz}}\right)$$

(3-30)

如欧拉角 γ=0,则欧拉转动处于奇异状况,ψ 和 θ 不能唯一确定。

若采用 3—1—2 转动顺序,见图 3-7,先绕 z 轴转 ψ 角,得到过渡坐标系 $Ox'y'z'$,其中 z' 轴与 z 轴一致,坐标旋转矩阵为 $\bm{R}_z(\psi)$;再绕 x' 轴转 φ 角,又得到过渡坐标系 $Ox''y''z''$,其中 x'' 轴与 x' 轴一致,坐标旋转矩阵为 $\bm{R}_x(\varphi)$;最后绕 y'' 轴转 θ 角,得到车体坐标系 $Ox_by_bz_b$,其中 y_b 轴与 y'' 轴一致,坐标旋转矩阵为 $\bm{R}_y(\theta)$。根据坐标旋转矩阵的标准式,得出 3—1—2 欧拉转动顺序下的姿态矩阵 $\bm{A}_{312}(\psi,\varphi,\theta)$:

$$\bm{A}_{312}(\psi,\varphi,\theta) = \bm{R}_y(\theta)\bm{R}_x(\varphi)\bm{R}_z(\psi)$$

$$= \begin{bmatrix} \cos\theta\cos\psi - \sin\theta\sin\varphi\sin\psi & \sin\psi\cos\theta + \cos\psi\sin\theta\sin\varphi & -\cos\varphi\sin\theta \\ -\cos\varphi\sin\psi & \cos\varphi\cos\psi & \sin\varphi \\ \sin\theta\cos\psi + \sin\varphi\cos\theta\sin\psi & \sin\theta\sin\psi - \sin\varphi\cos\theta\cos\psi & \cos\varphi\cos\theta \end{bmatrix}$$

(3-31)

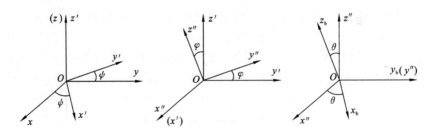

图 3-7 3—1—2 转动顺序下的三次旋转

第二类欧拉转动顺序 3—1—2 的欧拉角与方向余弦矩阵元素的关系如下:

$$\psi = \arctan\left(-\frac{A_{yx}}{A_{yy}}\right)$$
$$\varphi = \arcsin A_{yz}$$
$$\theta = \arctan\left(-\frac{A_{xz}}{A_{zz}}\right)$$

(3-32)

此类欧拉转动的奇异发生在 $\varphi=90°$ 的情况下，ψ 和 θ 不能唯一确定。

如欧拉角 ψ,φ,θ 都为 α 小量，则姿态矩阵式(3-31)的小参量式为

$$A_{312}(\psi,\varphi,\theta)=\begin{bmatrix} 1 & \psi & -\theta \\ -\psi & 1 & \varphi \\ \theta & -\varphi & 1 \end{bmatrix} \tag{3-33}$$

3. 欧拉轴/角参数式

姿态描述若应用方向余弦，则需要引入六个约束方程，不能直观描述目标姿态的几何位置；用欧拉角表示比较直观，但是求解时需要多次进行三角函数运算，还存在奇异点问题。第三种表示姿态的方式是欧拉轴/角参数式，描述姿态的参数有四个：转轴的单位矢量 e 在参考坐标系中的三个方向余弦 e_x,e_y,e_z 以及绕此轴转动的角度 ϕ。下面简述这四个姿态参数与方向余弦之间的转换关系。

根据欧拉定理，刚体在三维空间中的一般运动可以分解为刚体上某一点的平移，以及绕经过该点的旋转轴的转动。一个实正交矩阵至少有一个特征值为 1 的特征矢量，亦即存在一个满足下面等式的单位矢量 e。

$$\begin{aligned} e &= Ae \\ ee^T &= 1 \end{aligned} \tag{3-34}$$

该式表明代表刚体转轴方向的矢量 e 在车体坐标系中的分量与在参考坐标系中的分量相同，而任何姿态转动都对应一个旋转矩阵 A。

同时已知绕 e 旋转的角度为 ϕ，这里把转轴 e 称为欧拉轴，转角 ϕ 叫作欧拉转角。令 $e=[e_x,e_y,e_z]^T$，根据罗德里格斯公式有

$$A=\cos\phi I+(1-\cos\phi)ee^T-\sin\phi e^\times \tag{3-35}$$

其中，$e^\times$ 为斜对称矩阵：

$$e^\times=\begin{bmatrix} 0 & -e_z & e_y \\ e_z & 0 & -e_x \\ -e_y & e_x & 0 \end{bmatrix} \tag{3-36}$$

定义这样的变量组合：

$$\hat{q}=\begin{bmatrix} q_1 \\ q_2 \\ q_3 \end{bmatrix}=\begin{bmatrix} e_x\sin(\phi/2) \\ e_y\sin(\phi/2) \\ e_z\sin(\phi/2) \end{bmatrix}; \quad q_4=\cos(\phi/2) \tag{3-37}$$

上述参数形式 $[\hat{q},q_4]^T$ 称为旋转运动对应的欧拉参数，这四个量并非独立变量，而是存在如下约束关系：

$$q_1^2+q_2^2+q_3^2+q_4^2=1 \tag{3-38}$$

通过欧拉参数可以表示旋转矩阵：

$$A(e,\phi)=\begin{bmatrix} \cos\phi+e_x^2(1-\cos\phi) & e_xe_y(1-\cos\phi)+e_z\sin\phi & e_xe_z(1-\cos\phi)-e_y\sin\phi \\ e_xe_y(1-\cos\phi)-e_x\sin\phi & \cos\phi+e_y^2(1-\cos\phi) & e_ye_z(1-\cos\phi)+e_x\sin\phi \\ e_xe_z(1-\cos\phi)+e_y\sin\phi & e_ye_z(1-\cos\phi)-e_x\sin\phi & \cos\phi+e_z^2(1-\cos\phi) \end{bmatrix}$$
$$\tag{3-39}$$

4. 欧拉四元数式

为了便于对姿态矩阵进行矩阵运算，由欧拉轴/角参数式组成四个姿态参数，前三个

代表欧拉轴的方向,第四个代表欧拉转角,定义 q 为欧拉四元数,为 4×1 的列向量。由三维矢量 $\hat{q}$ 和标量 q_4 组成：

$$q=[\hat{q},q_4]^T=\left[e_x\sin\frac{\phi}{2},e_y\sin\frac{\phi}{2},e_z\sin\frac{\phi}{2},\cos\frac{\phi}{2}\right]^T \quad (3\text{-}40)$$

利用约束方程和三角函数公式,可以将欧拉参数表示的旋转矩阵用四元数的形式进行描述：

$$A(e,\phi)=A(q)=\begin{bmatrix} q_1^2-q_2^2-q_3^2+q_4^2 & 2(q_1q_2+q_3q_4) & 2(q_1q_3-q_2q_4) \\ 2(q_1q_2-q_3q_4) & -q_1^2+q_2^2-q_3^2+q_4^2 & 2(q_2q_3+q_1q_4) \\ 2(q_1q_3+q_2q_4) & 2(q_2q_3-q_1q_4) & -q_1^2-q_2^2+q_3^2+q_4^2 \end{bmatrix}$$

$$(3\text{-}41)$$

对比方向余弦式和上述欧拉轴/角参数式的姿态矩阵,可以根据矩阵表示两个坐标系之间的方向余弦。如已知方向余弦,则通过下式计算四个欧拉参数：

$$e=\frac{1}{2\sin\phi}\begin{bmatrix} A_{yz}-A_{zy} \\ A_{zx}-A_{xz} \\ A_{xy}-A_{yx} \end{bmatrix}$$

$$\cos\phi=\frac{1}{2}[\text{tr}(A)-1] \quad (3\text{-}42)$$

式中,$\text{tr}(A)=A_{xx}+A_{yy}+A_{zz}$,是姿态矩阵 A 的迹。绕任意转轴转动相同的 ϕ 角,姿态矩阵的迹不变。

与方向余弦矩阵相比,欧拉四元数描述的姿态矩阵仅含四个变量和一个约束方程；与欧拉轴/角参数式相比,欧拉四元数描述的姿态矩阵的元素不含三角函数。姿态矩阵本质上是坐标旋转矩阵,欧拉参数不仅反映相对参考坐标系的姿态,也可看作姿态机动参数。如假定目标姿态变化前的姿态参数为 q,目标姿态变化后的姿态参数为 q'',姿态变化参数为 q',则有姿态矩阵的乘积表达式：

$$A(q'')=A(q')A(q) \quad (3\text{-}43)$$

将上述矩阵展开,可归纳得出姿态欧拉参数的矢量关系式：

$$\begin{bmatrix} q''_1 \\ q''_2 \\ q''_3 \\ q''_4 \end{bmatrix}=\begin{bmatrix} q'_4 & q'_3 & -q'_2 & q'_1 \\ -q'_3 & q'_4 & q'_1 & q'_2 \\ q'_2 & -q'_1 & q'_4 & q'_3 \\ -q'_1 & -q'_2 & -q'_3 & q'_4 \end{bmatrix}\begin{bmatrix} q_1 \\ q_2 \\ q_3 \\ q_4 \end{bmatrix} \quad (3\text{-}44)$$

不难看出,上面两式中矩阵 q' 和 q 都为正交矩阵,可以求逆矩阵。如已知初始姿态参数 q,并给定目标姿态参数 q'',则利用上面两式即可求得实现姿态向目标变化的参数 q',从而按式(3-39)求出欧拉轴的方向和转角,这是应用欧拉四元数进行姿态求解的优势。

运用上述规则可列出欧拉参数与欧拉角的关系式。以 3-1-3 转动顺序为例说明。

第一次绕 z 轴转动的参数为

$$q_1=q_2=0, \quad q_3=\sin\frac{\psi}{2}, \quad q_4=\cos\frac{\psi}{2}$$

第二次绕 x 轴转动的参数为

$$q_1=\sin\frac{\gamma}{2}, \quad q_2=q_3=0, \quad q_4=\cos\frac{\gamma}{2}$$

第三次绕 z 轴转动的参数为

$$q_1 = q_2 = 0, \quad q_3 = \sin\frac{\theta}{2}, \quad q_4 = \cos\frac{\theta}{2}$$

综上，按 3-1-3 顺序转动得出的欧拉参数如下：

$$\begin{bmatrix} q_1 \\ q_2 \\ q_3 \\ q_4 \end{bmatrix} = \begin{bmatrix} \cos\frac{\theta}{2} & \sin\frac{\theta}{2} & 0 & 0 \\ -\sin\frac{\theta}{2} & \cos\frac{\theta}{2} & 0 & 0 \\ 0 & 0 & \cos\frac{\theta}{2} & \sin\frac{\theta}{2} \\ 0 & 0 & -\sin\frac{\theta}{2} & \cos\frac{\theta}{2} \end{bmatrix}$$

$$\begin{bmatrix} \cos\frac{\gamma}{2} & 0 & 0 & \sin\frac{\gamma}{2} \\ 0 & \cos\frac{\gamma}{2} & \sin\frac{\gamma}{2} & 0 \\ 0 & -\sin\frac{\gamma}{2} & \cos\frac{\gamma}{2} & 0 \\ -\sin\frac{\gamma}{2} & 0 & 0 & \cos\frac{\gamma}{2} \end{bmatrix} \begin{bmatrix} 0 \\ 0 \\ \sin\frac{\psi}{2} \\ \cos\frac{\psi}{2} \end{bmatrix} \quad (3-45)$$

应用四元数代数方法，可进一步简化欧拉参数姿态矩阵的运算。代数四元数的定义为

$$\boldsymbol{q} = q_1 \boldsymbol{i} + q_2 \boldsymbol{j} + q_3 \boldsymbol{k} + q_4 \quad (3-46)$$

欧拉四元数式在航空航天、无人机等领域有着广泛的应用。这种表示方法不存在奇异点，旋转矩阵里也不存在复杂的三角函数计算。不过要特别注意的是，该方法使用了四个参数，比欧拉角式方法多了一个参数，因为引入了额外的约束条件，在机器人状态估计问题中要进行特殊处理。

3.2 状态估计方法

智能粮食转运车辆定位技术的核心是根据传感器数据来估计车辆的运行状态，包括车辆的位置、方向、姿态等。状态估计目前主要解决不能直接通过观测信息，但是能够利用迭代的传感器数据获取目标的定位信息问题。在当前的很多无人驾驶、无人飞行器、水下自主航行器等场景应用中，如果移动目标物附近的特征、信标或者自身的位姿都是已知的，那么后续的路径规划以及控制指令的下发等任务，就变得相对容易。然而这些变量是不能够直接测量的。许多研究者致力于通过辅助的方式收集信息、降低扰动，从而获得尽可能准确的高精度定位。本节将介绍两种常用的、基础的状态估计方法——贝叶斯滤波和卡尔曼滤波，这两种方法的提出是为了解决线性、高斯系统的估计问题。后来很多学者也提出了不同的针对非线性或者非高斯系统的滤波方法，如粒子滤波。

1. 贝叶斯滤波

（1）贝叶斯公式及贝叶斯推断。

在介绍贝叶斯滤波之前，先引入一个重要的概念——贝叶斯公式（Bayes' rule）。一个

联合概率密度可以分解成条件概率和非条件概率的积：

$$p(\pmb{x},\pmb{y}) = p(\pmb{x}|\pmb{y})p(\pmb{y}) = p(\pmb{y}|\pmb{x})p(\pmb{x}) \tag{3-47}$$

上式可进一步转换为贝叶斯公式的经典形式：

$$p(\pmb{x}|\pmb{y}) = \frac{p(\pmb{y}|\pmb{x})p(\pmb{x})}{p(\pmb{y})} \tag{3-48}$$

式中，$p(\pmb{x})$ 表示状态的先验概率密度函数；$p(\pmb{y}|\pmb{x})$ 表示传感器模型；$p(\pmb{y})$ 为测量信息。可以通过贝叶斯公式得到状态的后验概率密度函数 $p(\pmb{x}|\pmb{y})$。贝叶斯公式还可以表述为下列形式：

$$p(\pmb{x}|\pmb{y}) = \frac{p(\pmb{y}|\pmb{x})p(\pmb{x})}{\int p(\pmb{y}|\pmb{x})p(\pmb{x})\mathrm{d}\pmb{x}} \tag{3-49}$$

在某些条件下，可以通过边缘化方式计算分母，因此上式也称为贝叶斯推断。

(2) 置信度。

在介绍贝叶斯滤波之前，还需要介绍另一个重要概念，那就是置信度。置信度反映了移动目标物有关环境状态的内部信息。车辆的状态信息不能直接测量，而目标是必须要从数据中推测出其位姿。因此，要从位姿的内部置信度识别出真正的状态。有些文献也称置信度为信息的状态。贝叶斯滤波中通过条件概率分布来表示置信度，对于运动目标真实的状态，置信度分布为每一种可能的假设分配一个概率（或者概率密度值）。置信度可以表示为 $\mathrm{bel}(\pmb{x}_t)$，定义为以可获得数据为条件的关于状态变量的后验概率。下式为后验概率的求解公式：

$$\mathrm{bel}(\pmb{x}_t) = p(\pmb{x}_t|\pmb{z}_{1:t},\pmb{u}_{1:t}) \tag{3-50}$$

这个后验概率公式表明时刻 t 下状态 $\pmb{x}_t$ 的概率分布，以过去所有时刻的测量值 $\pmb{z}_{1:t}$ 和所有过去控制输入 $\pmb{u}_{1:t}$ 为条件。一般情况下，状态估计用 $t-1$ 时刻之前的所有测量信息和 t 时刻的控制信息对状态量进行估计，这时后验估计可以用下列公式表示：

$$\overline{\mathrm{bel}}(\pmb{x}_t) = p(\pmb{x}_t|\pmb{z}_{1:t-1},\pmb{u}_{1:t}) \tag{3-51}$$

在贝叶斯滤波框架下，式(3-51)描述的后验估计称为状态预测。综合 t 时刻之前的测量信息，基于状态的后验信息，对状态量进行更新，我们称为量测更新或者状态修正，这也是状态滤波最重要的内容。

(3) 贝叶斯滤波迭代过程。

这里给出贝叶斯滤波的一次迭代过程，重复的递推，可以通过加入更多的测量和控制信息实现。假定状态量在 $t-1$ 时刻的置信度 $\mathrm{bel}(\pmb{x}_{t-1})$、当前时刻的测量值 $\pmb{z}_t$ 和控制输入 $\pmb{u}_t$ 是已知的，则状态预测和状态更新表示如下：

状态预测：

$$\overline{\mathrm{bel}}(\pmb{x}_t) = \int p(\pmb{x}_t|\pmb{u}_t,\pmb{x}_{t-1})\mathrm{bel}(\pmb{x}_{t-1})\mathrm{d}\pmb{x}_{t-1} \tag{3-52}$$

状态更新：

$$\mathrm{bel}(\pmb{x}_t) = \eta p(\pmb{z}_t|\pmb{x}_t)\overline{\mathrm{bel}}(\pmb{x}_t) \tag{3-53}$$

在状态预测步骤中，利用前一时刻状态量 $\pmb{x}_{t-1}$ 的置信度和当前时刻控制输入 $\pmb{u}_t$ 两个基本参数完成对当前时刻 $\pmb{x}_t$ 的预测。简单来说，移动目标物分配的置信度 $\overline{bel}(\pmb{x}_t)$ 通过计算两个分布积分得到。在状态更新步骤中，贝叶斯滤波算法利用已经观测到的测量值 $\pmb{z}_t$

的概率乘置信度 $\overline{\mathrm{bel}}(x_t)$，对每一个需求解的后验状态都采用这种方法。所以真实推导基本滤波方程时，乘积结果通常不再是一个概率，它的总和可能不为1。因此，结果需要通过归一化常数 η 进行归一化处理。如果有多组测量数据，则设定相应的迭代循环，直到最后求解出状态更新值。

由于贝叶斯滤波的预测过程以积分的形式进行求解，因此通常情况下该算法只能对简单的状态估计问题进行迭代，对于更加通用和一般的形式，请参考卡尔曼滤波内容。

2. 卡尔曼滤波

扩展卡尔曼滤波器是应用最广泛的非线性系统状态估计方法，该方法首先利用泰勒级数展开，将非线性系统在其标称状态处进行线性化处理，然后利用基本卡尔曼滤波方法进行状态量估计。以状态方程和观测方程作为系统模型，设计扩展卡尔曼滤波器，对状态量进行滤波更新。扩展卡尔曼滤波器的工作过程可以分为时间序列更新和量测序列更新两部分，滤波递推公式表示如下：

时间序列更新：

$$\begin{cases} \boldsymbol{X}_k^- = \boldsymbol{\Phi}(k,k-1)\boldsymbol{X}_{k-1}^+ \\ \boldsymbol{P}_k^- = \boldsymbol{\Phi}(k,k-1)\boldsymbol{P}_{k-1}^+\boldsymbol{\Phi}^{\mathrm{T}}(k,k-1)+\boldsymbol{Q}(k-1) \\ \boldsymbol{K}_k = \boldsymbol{P}_k^-\boldsymbol{H}^{\mathrm{T}}(k)[\boldsymbol{H}(k)\boldsymbol{P}_k^-\boldsymbol{H}^{\mathrm{T}}(k)+\boldsymbol{R}(k)]^{-1} \end{cases} \quad (3\text{-}54)$$

量测序列更新：

$$\begin{cases} \boldsymbol{X}_k^+ = \boldsymbol{X}_k^- + \boldsymbol{K}_k[\boldsymbol{Z}(k)-\boldsymbol{H}(k)\boldsymbol{X}_k^-] \\ \boldsymbol{P}_k^+ = [\boldsymbol{I}-\boldsymbol{K}_k\boldsymbol{H}(k)]\boldsymbol{P}_k^-[\boldsymbol{I}-\boldsymbol{K}_k\boldsymbol{H}(k)]^{\mathrm{T}}+\boldsymbol{K}_k\boldsymbol{R}(k)\boldsymbol{K}_k^{\mathrm{T}} \end{cases} \quad (3\text{-}55)$$

式中，$\boldsymbol{X}_{k-1}^+$ 为当前时刻状态量的最优估计值；$\boldsymbol{X}_k^-$ 为下一时刻状态量的预测值；$\boldsymbol{P}_{k-1}^+$ 为当前时刻估计值的误差协方差矩阵；$\boldsymbol{\Phi}(k,k-1)$ 为状态转移矩阵；$\boldsymbol{Q}(k-1)$ 为系统噪声协方差矩阵；$\boldsymbol{P}_k^-$ 为下一时刻预测值的误差协方差矩阵；$\boldsymbol{K}_k$ 为增益矩阵，表示状态量修正的权重；$\boldsymbol{H}(k)$ 为量测矩阵；$\boldsymbol{R}(k)$ 为量测噪声协方差矩阵；$\boldsymbol{X}_k^+$ 为下一时刻状态量的最优估计值；$\boldsymbol{Z}(k)$ 为传感器的测量值；$\boldsymbol{P}_k^+$ 为下一时刻估计值的误差协方差矩阵；$\boldsymbol{I}$ 表示单位矩阵。

所以，只要给定滤波器的初始参数(含有误差的状态量 $\hat{\boldsymbol{X}}_0^+$、初始误差协方差矩阵 $\boldsymbol{P}_0^+$、系统噪声协方差矩阵 $\boldsymbol{Q}$、测量噪声协方差矩阵 $\boldsymbol{R}$，以及测量敏感器的观测信息)，通过卡尔曼滤波器的递推，就可以获得状态量 $\boldsymbol{X}_k$ 在每一个采样时间 $kT(k=1,2,\cdots)$ 处的估计值 $\hat{\boldsymbol{X}}_k$。

3. 系统可观性分析

系统模型建立之后，要判断它能否利用传感器的测量数据确定车辆的位置与速度，则需要对观测方程进行可观性分析。系统可观性的概念最初是由 Kalman 为建立线性系统滤波算法而提出来的，可以理解为量测信息对状态初始值估计的可靠性。它是用来判断系统能否正常工作的关键。对于智能粮食转运车辆系统来说，若量测输出中包含了状态量的所有信息，具有完全反映状态量变化情况的能力，利用量测值可以确定系统的初始状态，则所建立的系统是可观测的；否则，系统是不可观测的。不可观测的系统意味着利用车载传感器的测量信息无法确定车辆的位置参数。所以系统可观性分析对自主导航系统至关重要。

系统可观性分析包括两个主要的过程：第一是系统的可观测性判断，即通过何种观测信息(角度、方位或者距离等)可以确定车辆位置；第二是可观测度分析，用来衡量所建立的系统能否获得精确度较高的导航信息。对于线性连续的系统,系数矩阵和量测矩阵是不变的,比较容易进行系统可观性分析。然而,系统的数学模型都是非线性的,一般情况下以系统滤波后的结果为判断依据,如果滤波器可以稳定收敛,表明非线性系统是可观测的。显然这种判断方式过于简单,不能满足系统分析的需要。根据微分几何可知,李导数可以用来构建系统的观测矩阵,从而分析非线性系统的可观性。下面将展开详细的分析说明。

(1) 系统可观测性。

不考虑系统误差和传感器的测量误差,导航系统可以表示为

$$\begin{cases} \boldsymbol{X}(t) = f(\boldsymbol{X}(t), t) \\ \boldsymbol{Z}(t) = h(\boldsymbol{X}(t), t) \end{cases} \tag{3-56}$$

式中,$\boldsymbol{X}$ 为系统的状态量;$\boldsymbol{Z}$ 表示观测量;f、h 分别为状态函数与量测函数。

令系统的可观测性矩阵为 $\boldsymbol{M}$,有

$$\boldsymbol{M}(\boldsymbol{X}) = \begin{bmatrix} \mathrm{d}L_f^0 h(\boldsymbol{X}) \\ \mathrm{d}L_f^1 h(\boldsymbol{X}) \\ \vdots \\ \mathrm{d}L_f^{n-1} h(\boldsymbol{X}) \end{bmatrix} \tag{3-57}$$

式中,n 表示状态变量的维数,$\mathrm{d}L_f^k h(\boldsymbol{X})$ 表示 k 阶李导数,其微分形式如下:

$$\mathrm{d}L_f^k h(\boldsymbol{X}) = \frac{\partial (L_f^k h(\boldsymbol{X}))}{\partial \boldsymbol{X}}, \quad k = 0, 1, \cdots, n-1 \tag{3-58}$$

k 阶李导数的递推公式如下:

$$\begin{cases} \mathrm{d}L_f^0 h(\boldsymbol{X}) = h(\boldsymbol{X}) \\ \mathrm{d}L_f^k h(\boldsymbol{X}) = \frac{\partial (\mathrm{d}L_f^{k-1} h(\boldsymbol{X}))}{\partial \boldsymbol{X}} f(\boldsymbol{X}), \quad k = 1, 2, \cdots, n-1 \end{cases} \tag{3-59}$$

这里给出定义:如果系统在 x_0 点处可观测矩阵 $\boldsymbol{M}(\boldsymbol{X})$ 满秩,即 $\mathrm{rank}(\boldsymbol{M}(\boldsymbol{X})) = n$,则称系统在该点处满足可观测性秩条件;如果系统在定义区间内的任意点处都满足可观测性秩条件,则系统满足可观测性条件。

如果系统为线性连续时变系统,不考虑模型误差与观测误差,则系统可表示为

$$\begin{cases} \boldsymbol{X}(t) = \boldsymbol{A}\boldsymbol{X}(t) \\ \boldsymbol{Z}(t) = \boldsymbol{C}\boldsymbol{X}(t) \end{cases} \tag{3-60}$$

式中,$\boldsymbol{A}$ 表示状态转移矩阵;$\boldsymbol{C}$ 表示系统量测矩阵。

根据式(3-57)~式(3-60),可以推导出线性系统可观测性矩阵 $\boldsymbol{M}$:

$$\boldsymbol{M} = \begin{bmatrix} \boldsymbol{C} \\ \boldsymbol{CA} \\ \vdots \\ \boldsymbol{CA}^{n-1} \end{bmatrix} \tag{3-61}$$

系统可观测性的判断依据为

$$\mathrm{rank}(\boldsymbol{M}) = n$$

如果系统为非线性离散系统,则

$$\begin{cases} \boldsymbol{X}(k) = f(\boldsymbol{X}(k-1)) \\ \boldsymbol{Z}(k) = h(\boldsymbol{X}(k)) \end{cases} \tag{3-62}$$

系统的可观测性矩阵 M 为

$$M(k) = \begin{bmatrix} H(k) \\ H(k)F(k) \\ \vdots \\ H(k)F^{n-1}(k) \end{bmatrix} \tag{3-63}$$

式中，$H(k) = \dfrac{\partial h}{\partial x}\bigg|_{x=\hat{x}(k)}$，$F(k) = \dfrac{\partial f}{\partial x}\bigg|_{x=\hat{x}(k)}$。若 $\text{rank}(M(k)) = n$，表明离散系统在当前 k 时刻是可观测的；若在所有的离散时间点都满足可观测性条件，那么称离散系统满足可观测性秩条件。

(2) 系统可观测度。

满足可观测性条件的系统只能保证基于量测信息可以确定轨道参数，然而可观测性并不能反映状态量的估计精度。因此，引入系统可观测度的概念，作为判断系统位置参数确定精度的一个指标。

系统模型的非线性方程如式(3-56)所示，将其线性化和离散化后，可表示为

$$\begin{cases} X(k) = \boldsymbol{\Phi}(k, k-1)X(k-1) + w(k-1) \\ Z(k) = H(k)X(k) + v(k) \end{cases} \tag{3-64}$$

式中，$\boldsymbol{\Phi}(k, k-1)$ 表示状态转移矩阵；$w(k)$、$v(k)$ 分别为系统噪声矩阵与量测噪声矩阵；$H(k)$ 表示量测矩阵。

这里定义系统的维数为 n，可观测性矩阵定义为 $M_k = \sum\limits_{i=1}^{k} \boldsymbol{\Phi}_i^T H_i^T R_i^{-1} H_i \boldsymbol{\Phi}_i$。该矩阵是否为满秩矩阵，可以作为判断智能粮食转运车辆系统可观测性的依据。以可观测性矩阵为基础，给出量测信息可观测度的表达式：

$$\gamma(k) = \frac{n}{\text{tr} M_k^{-1}} \tag{3-65}$$

式中，tr 表示矩阵对角线元素的和，称为矩阵的迹。系统的可观测度与状态量估计误差协方差矩阵之间有如下关系：

$$\text{tr} P_k = \frac{n}{\gamma(k)} \tag{3-66}$$

由上式可知，系统的可观测度与系统误差协方差矩阵的迹成反比。系统可观测度越高，估计误差就越小，表示导航系统中状态参数的精度越高；反之，则越低。系统可观测度从另外一个角度描述了系统动力学模型以及测量模型与状态量估计精度的关系，可以作为定位精度判断的标准。

3.3 智能化硬件架构

为了使粮仓车辆智能化、无人化地执行其设计指标任务，车辆需要配备相应的传感器、控制器和线控执行器。本节将详细介绍智能化粮仓车辆所配备的各种硬件及其相关架构。

3.3.1 视觉传感器

视觉传感器是智能化粮仓车辆常用的一种传感器，其可以布置在车辆的前部、侧方和

后部用于避障,也可以布置在车辆的顶部靠前位置用于建图定位(理论上,建图定位所用的摄像头可以布置在车辆的许多位置,布置在顶部只是一种通用方式)。按照视觉传感器相机的工作方式不同,其可以大致分为单目相机、双目相机和深度相机(又称 RGB-D 相机)三大类型。顾名思义,单目相机只有一个摄像头,双目相机则配备两个摄像头。单目相机的成像方式可以用针孔相机模型来表示,如图 3-8(a)所示,对于单帧的图像信息,单目相机无法通过单个像素判断这个点在空间中的具体位置,因为从相机光心到归一化平面的这条连线上的所有点都可以投影到该像素上。双目相机则可以通过单帧图像信息(实际上是左、右两个相机的单帧图像组合)得到点的具体空间信息。和人眼类似,双目相机可以通过同步分析两个摄像头图像之间的视差得到像素点的空间深度,其成像模型如图 3-8(b)所示。一般来说,双目相机的布置方式和自然界中的大多数生物类似,由左眼相机和右眼相机组成(当然,理论上也可以采用上下布置方式,但是这种类似比目鱼的布置方式不甚美观)。

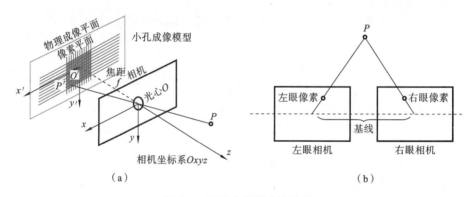

图 3-8 视觉传感器成像模型

RGB-D 相机的成像模型则较为复杂,其不仅可以采集到彩色的图像,同时还可以直接得出每个像素点到成像平面的距离。与双目相机通过视差间接计算深度信息不同,RGB-D 相机能够更"直接"地获取深度信息。目前 RGB-D 相机的成像原理可以大致分为两类:一类是采用红外结构光(structured light)来测量像素距离,另一类则是利用飞行时间(time-of-flight,TOF)法来测量像素距离。由于本身存在易受干扰等劣势,RGB-D 相机在粮仓智能化设备中的运用受限。

从视觉传感器在智能化车辆上实现的功能来看,其可以辅助车辆做出避障决策,也可以帮助车辆进行建图定位。下面将分别基于辅助避障和建图定位这两个功能介绍视觉传感器。

1. 视觉传感器用于避障

在粮仓车辆的运行范围(包括粮仓室内与室外环境)内,其道路上的障碍物可以根据道路参与情况分为两类:一类是行人、车辆、交通标识等,另一类则包括石头、塑料袋等非常规物体。而如果根据障碍物的运动情况分类,障碍物又可以分为静态障碍物和动态障碍物。一般来说,利用视觉传感器避障首先需要采集一定量的图像信息组成训练集和测试集,然后运用机器学习相关方法完成各种障碍物的识别,最后将障碍物信息传入执行决策机构,使车辆基于局部路径规划执行避障动作。障碍物的识别方法以及局部路径规划方法将在本章的其他部分详述。

2. 视觉传感器用于建图定位

视觉传感器可以帮助智能车辆完成建图定位任务,建图和定位一般可以采用 SLAM (simultaneous localization and mapping,即时定位与地图构建)方法同步进行,也可以基于正态分布变换(normal distributions transform,NDT)等方法分步执行。SLAM 是指将一个搭载特定传感器的主体放入未知环境中的未知位置,使其在运动过程中建立环境的模型,同时估计自己的运动。由于 SLAM 方法分析的是多帧数据,故即使是没有深度信息的单目视觉传感器也可以执行建图定位任务。经典的视觉 SLAM 框架如图 3-9 所示。

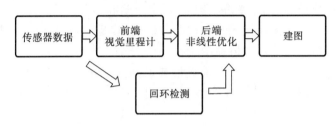

图 3-9 经典视觉 SLAM 框架

视觉传感器采用 SLAM 方法的流程如下。

(1) 传感器信息读取,在视觉传感器框架下主要是单/双目相机的信息读取以及图像去噪和增强等预处理。

(2) 视觉里程计(visual odometry,VO),又称为前端(front end)。视觉里程计的任务是估算相邻图像间相机的运动,以及局部地图的样子,其常用的方法包括特征点法和直接法两种。特征点法中的特征点由关键点和描述子组成,该方法在图像中寻找、提取和匹配特征点,然后根据配对的特征点之间的空间关系去估计相机的运动。在估计运动的步骤中,基于相机构成性质上的差别,一般有三种匹配方法:第一种是根据单目相机得到的 2D 像素坐标,利用两组 2D 点信息来估计车辆的运动,其一般采用对极几何的方式求取;第二种是根据双目相机(或者比较少见的 RGB-D 相机)得到的包含深度信息的 3D 空间点,进行两组 3D 点之间的匹配,其一般采用迭代最近点(iterative closest point,ICP)方法求解;第三种比较特殊,通过 3D 点及其在相机平面的投影位置来估计车辆的运动,这一类问题统称为 PnP(perspective-n-point)问题,一般包括直接线性变换、P3P 和 BA(bundle adjustment)等方法。

直接法则是根据像素的亮度信息来估计相机载体的运动,省去了特征点的计算时间,同时也避免了特征缺失的情况,只要视觉环境中亮度不是完全恒定的就可以工作。根据直接法所计算的像素数量的不同,计算图像中部分像素的称为稀疏直接法,计算图像中所有像素的则称为稠密直接法。相较于特征点法,直接法可以直接构建半稠密甚至稠密的地图,这是直接法的一大优点。

(3) 后端优化。前端视觉里程计虽然能够给出短时间内的运动轨迹,但是由于无法避免的误差累积,我们不能直接用前端信息建立较大规模的地图。后端优化则可以接收不同时刻视觉里程计测量的相机位姿以及回环检测的信息,对它们进行优化,得到全局一致的轨迹和地图。由于这部分环节在 VO 之后,又可以直接称为后端(back end)。基于滤波器模型的卡尔曼滤波器(KF)方法及其衍生方法是后端优化方法中较为常用的方法,包括基于线性系统的 KF 方法、基于非线性系统的 EKF(扩展卡尔曼滤波器)方法和近几年发展起来的UKF(无损卡尔曼滤波器)方法等。另一个比较重要的后端优化方法则是基于BA进行优化,在实践中,可以使用G2O或者Ceres等公开库来进行BA问题的求解。

(4) 回环检测(loop closing)。回环检测判断车辆是否曾经到达过先前的位置。如果检测到回环,它会把信息提供给后端进行优化处理。回环检测的一般方法是基于词袋模型构建字典,然后去度量两幅图像的相似性。回环检测与车辆的定位和重定位息息相关。

(5) 建图(mapping),即根据估计的轨迹,建立与任务要求对应的地图。根据地图特性,地图可以大致分为稀疏路标地图、稠密地图和语义地图等。稀疏路标地图可以直接用于智能化车辆的定位任务,如果要基于地图完成导航和避障任务则需要建立稠密地图。在导航任务中常常使用八叉树地图(OctoMap)格式,其是一种灵活的、压缩的、能随时更新的地图,形象地讲,可以将八叉树地图看作一个大立方体不断被均匀分成八块,直到变成最小的方块为止。整个大方块可以看成根节点,而最小的方块可以看作叶节点。在八叉树地图格式中,当指针从根节点往叶节点方向走一层时,地图的体积就能扩大至原来的八倍。

3.3.2 激光雷达传感器

激光雷达传感器是智能化粮仓车辆另一种常用的传感器,如果用于避障,一般将其布置在车辆的四周;如果用于建图定位,一般将其布置在车辆顶部,并采用顶部架高的方式以保证激光雷达视野。根据激光雷达本身构造方式的不同,激光雷达可以分为旋转式激光雷达和固态激光雷达;根据激光线束以及工作空间(二维或者三维)的不同,激光雷达又可分为单线激光雷达和多线激光雷达。单线激光雷达如图3-10(a)所示,它是指激光源发出的线束是单线的雷达,在机器人领域应用居多,可以辅助执行避障任务。其扫描速度快,分辨率高,同时可靠性高。相比多线激光雷达,单线激光雷达角频率大,灵敏度高,所以其在测试周围障碍物的距离和精度上的表现更佳。但是单线激光雷达只能平面式扫描,无法测量物体高度,所以其可以用于低成本智能化车辆的避障任务,但不适合用于车辆的建图定位任务。多线激光雷达如图3-10(b)所示,它是指同时发射及接收多束激光的激光旋转测距雷达,目前市场上有4线、8线、16线、32线、64线和128线等线束之分。多线激光雷达可以得到物体的高度信息并获取周围环境的3D扫描图,在避障和建图定位任务上都有较好的运用。固态激光雷达如图3-10(c)所示,固态激光雷达把检测的重点放在一个扇形区域内,并提供一个覆盖范围,其视场角一般不超过180°。

(a)　　　　　　　　(b)　　　　　　　　(c)

图3-10　激光雷达传感器

激光雷达传感器由激光发射系统和激光接收系统两部分组成。单线激光雷达发射系统射出单层激光束,而多线激光雷达发射系统则可以射出多层激光束。一般来说,发射的激光层数越多,激光雷达的感知结果就越精确。当然,相应地,激光层数越多,传感器就越大,激光雷达的成本也越高。射出的激光遇到障碍物后反射回激光接收系统,并在相应的障碍物区域产生一组点云。

从激光雷达获取的点云信息可以辅助车辆做出避障决策,也可以帮助车辆进行建图定位。

1. 激光雷达用于避障

激光雷达可以帮助判断车辆的车身周围一定范围内存在的障碍物的大小、距离等信息,以免发生碰撞。相比于基于摄像机的障碍物识别,激光雷达很少受到外界光线的影响,而且旋转式激光雷达能够对车身周围360°环境进行扫描,探测范围广。在避障工作中,单线激光雷达和多线激光雷达对障碍物的识别处理有较大的区别。单线激光雷达的探测区域是二维的,所以难以对障碍物进行分类,往往采用较为笼统的障碍物识别避让策略。单线激光雷达一般只关心空间的某处是否有障碍物,而不会去区分这些障碍物究竟是什么。相应地,单线激光雷达对动态障碍物的区分能力也较为有限。对于智能化粮仓车辆,其运行环境较为复杂,需要更为准确的障碍物识别信息,所以一般采用多线束的旋转式激光雷达或者多个固态激光雷达组合的方式来探测障碍物信息。以旋转式激光雷达为例,其识别障碍物的流程如下。

(1) 加载单帧点云信息与点云数据预处理。这一步主要是对接感知接口,获取有效的点云信息,方便后续的点云分析。

(2) 点云切片。由于其本身的感知特性,激光雷达在较远处对障碍物识别的精度并不高,同时由于点云数据过于庞大,比如一台128线激光雷达的单帧点云图可能会有数十万个点云,处理全部点云则对计算资源要求过高且没有必要,所以需要进行点云切片,即舍弃车辆周围一定范围外的数据。

(3) 网格过滤。这一步是将稠密的点云网络稀疏化,以进一步节约计算资源。在整个点云空间创建多个体素立方体网格堆叠填充整个感知空间,并在每个体素立方体内只留下一个点,经体素网格过滤之后点云图会变成较为稀疏的但是能够保留原有障碍物特征的点云数据。过滤后障碍物识别的精确度与网格大小的设置息息相关。

(4) 点云分割。点云分割的目的在于将不同的物体进行区域切分,通过点云信息分离出哪些部分是路面,哪些部分是障碍物,方便下一步点云聚类操作。

(5) 点云聚类。在点云分割之后,激光雷达点云数据依旧是分散的各个点。点云聚类则是把除地面以外的不同物体点云分别组合起来,形成多个点云聚集,这样每一个点云聚集就可以代表一个障碍物及其大小。

(6) 框选障碍物。给障碍物添加边界框,使用一个立方体将障碍物对应的点云全都包含进去,以方便车辆执行后续的避障动作。至此,障碍物目标基本检测完成。

在完成障碍物检测之后,则可以将障碍物信息传入执行决策机构,使车辆基于局部路径规划执行避障动作。

2. 激光雷达用于建图定位

与视觉传感器类似,激光雷达传感器也可以完成建图定位任务。激光雷达用于建图定位一般也采用SLAM方法,其具体流程和视觉传感器采用SLAM方法有一定的相同之处,只是在激光点云处理等环节与视觉传感器有较大的不同。目前主流的激光雷达

SLAM 框架有 Cartographer 方法和 LOAM 方法等。

3.3.3 其他硬件设备

(1) 组合导航设备。

智能化粮仓车辆所配备的组合导航设备一般用于室外定位,如图 3-11 所示。其一般采用卫星-惯导组合定位融合算法,可以实时解算载体位置、速度、航向、姿态等信息,实现高灵敏度跟踪、开阔空间的准确定位。尽管组合导航设备成本较高,但是其室外定位稳定,鲁棒性高,在粮仓环境中有较好的使用前景。

(2) 控制器。

智能化粮仓车辆的控制器主要包括工控机和相应的系统环境。工控机负责为感知、建图定位、规划和控制等技术环节提供计算环境和计算资源。工控机(见图 3-12)是一种较为特殊的计算机,与计算机相似,其同样配备 CPU、GPU、运行内存和存储硬盘等硬件设备,但是其体积较小,同时防尘、防水和抗震性能较好,也有更好的工程拓展性,满足智能化粮仓车辆的任务需求。

图 3-11 组合导航设备

图 3-12 车载工控机

基于 Linux 内核的 Ubuntu 系统在机器人和车辆的无人驾驶方面有较好的支持性。Ubuntu 系统下的 ROS(robot operating system)库是一个适用于机器人和无人驾驶的开源元级操作系统,其提供了操作系统应有的服务,包括硬件抽象、底层设备控制、常用函数的实现、进程间消息传递,以及包管理。ROS 也提供用于获取、编译、编写和跨计算机运行代码所需的工具和库函数。智能化粮仓车辆的感知、建图定位和规划等全技术环节都离不开 ROS 系统的支持。

(3) 线控执行器。

智能化粮仓车辆一般采用 CAN(controller area network)总线作为底层线控执行器。CAN 总线是一种 ISO 国际标准化的串行通信协议。其具有高性能、高效率和高可靠性的特点,并被广泛地应用于工业自动化、船舶、医疗设备、工业设备等方面。CAN 总线可以接收控制器下发的运动指令,并将信号直接传递给动力模块、转向模块以及制动模块,使车辆顺利完成预设动作。

3.4 环境感知方法

在无人驾驶技术中,感知是最基础的部分。如果将智能车比作人,其感知系统就是它的眼睛,如果没有了眼睛,后续的规划决策就无从谈起。如图 3-13 所示,感知系统包括多种感知部件,有激光雷达、摄像头、毫米波雷达、红外雷达等,它们各司其职,目前应用最多的是激光雷达和摄像头。针对获取的点云图和视觉图像,我们有各种处理方式,主要分为传统的图像分割、边缘检测等方法和机器学习方法。而粮仓车辆也有一些较为特殊的场景和工作需求。以下分别介绍主要感知传感器、粮仓重要场景分析、针对视觉摄像头和激光雷达的感知方法。

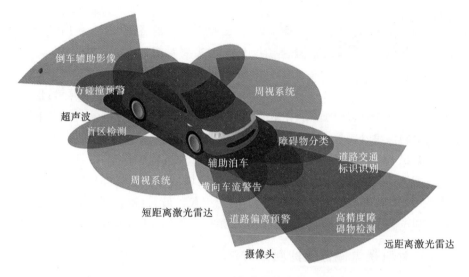

图 3-13 感知传感器综合图

3.4.1 主要感知传感器

激光雷达是无人驾驶感知系统中最主要的传感器,其优良的测距能力、丰富的信息量和全天候的工作能力让其成为大部分无人驾驶车辆不可或缺的一部分,但是激光雷达也具有成本高、恶劣天气检测困难的问题。毫米波雷达测量距离远,可以在恶劣环境下工作,但是其点云结果识别精度较低,对行人、铁桶等慢速运动或静止目标识别效果差。超声波雷达探测范围小,在短距离内测距精度高,常用于碰撞预警,在自动驾驶方面使用较少。

在视觉方面,视觉摄像头由于价格较激光雷达低,对色彩特征、纹理特征信息分辨率高,识别范围大,故在无人驾驶感知系统中被广泛应用。主要应用的视觉摄像头如下:前视线性相机,安装在车顶或前挡风玻璃中间,用于感知车辆前方较远距离的场景;前视双目相机,双目相机在普通摄像头的基础上增加了对目标点深度识别的功能,可以全面完成感知任务;广角相机,常常采用多个环绕的形式安装在车辆周围,用来感知车身周围 360°环境,广角相机拍摄的照片会产生一定畸变,需进行去畸变处理;鱼眼相机,视角很大,可以达到 180°以上,常在车体四面各安装一个,通过图像拼接获得四周视野,用于实现车位检测等功能。

较为成熟的自动驾驶车辆往往使用多种传感器,取长补短,共同完成自动驾驶任务。

3.4.2 粮仓重要场景分析

如图 3-14 所示,粮仓场景主要包括粮仓内部和粮仓外部,两个部分都对车辆的感知

图3-14 粮仓环境卫星图

系统提出了特定的要求。

粮仓内部较为空旷,空间较大,没有行人、车辆等常见障碍物,但也存在垃圾桶等小型障碍物,需要利用激光雷达进行障碍物检测与避障。同时,由于长时间存放粮食,粮仓内部地面有一定的积尘,在清扫时容易产生较大的扬尘,对视觉图像产生严重的遮挡,对激光雷达点云也有一定的影响,故在利用视觉方法进行识别时需要对图片进行去噪处理,对激光雷达点云也需要进行特定的处理。

粮仓外部道路结构较为简单,但与常见道路有一定区别。首先,园区内由于有粮食运送车辆、工人出入,所以针对车辆和行人的感知检测是必要的。粮仓园区内道路大多没有红绿灯,但是有一些车道线和交通标识牌,设有固定的停车区、充电区、加水区等,因此需要对车道线、特定标识牌、区域标志线进行识别。在道路的两侧有很多灌木区、花坛等非清扫区域,在建立地图时难以完全标识出来,需要通过感知方式检测树木,并检测道路路沿的位置。最后,粮仓环境、位置的差异,可能会对车辆感知系统提出特定要求,例如在暗光条件下工作、在雪地环境下工作等。

3.4.3 针对视觉摄像头的感知方法

图像处理的概念从很早之前就已经产生。在近几十年,利用深度学习方式完成图像处理和目标检测任务才出现。下面介绍传统的视觉图像处理方式和使用深度学习进行图像处理的方式。

1. 传统的视觉图像处理方式

(1) 图像转换:由于图像阵列很大,直接对图像本身进行处理计算量较大,可以利用正交函数或正交矩阵表示图像,对原图进行二维线性变换,得到更利于特征提取、增强处理等的图像,原始图像称为空间域图像,变换后图像称为转换域图像。图像转换方法包括傅里叶变换、沃尔什-阿达玛变换、离散卡夫纳-勒维变换等。图像转换可以将原图变为灰度图或者改变图片的大小和格式,常作为图像处理的第一步。

(2) 图像增强:为了提高图像的质量,如去除噪声、提高图像清晰度等,图像增强通过有目的地强调图像整体或局部特征,将人们感兴趣的特征清晰地表示出来,从而加强图像的判读和识别效果,满足特殊分析的需要。图像增强方法包括频域方法和空间域方法,其中频域方法包括低通滤波、高通滤波、同态滤波等,空间域方法包括灰度变换、直方图修正、均值滤波、梯度锐化等。针对摄像头感知结果,可以利用一定的图像增强方法对其特征进行增强。

(3) 图像分割:指将图像分成若干个具有相似性质的区域的过程。非机器学习的图像分割方法主要是基于图论的分割方式,将图像映射为带权无向图,把像素视作节点,将图像分割问题看作图的顶点划分问题,利用最小剪切准则得到图像的最佳分割。其具有代表性的方法有 Normalized Cut 方法、Graph Cut 方法、Grab Cut 方法等。其他图像分割方法还有灰度分割方法、基于直方图的方法、边缘检测方法等。

2. 使用深度学习进行图像处理的方式

(1) 图像识别：针对图片中物体的识别和检测。其目的是根据输入的图片，自动找出其中的常见物体，并标识出其位置和类别，从中衍生出了诸如人脸检测、车辆检测等细分算法。目前常用深度学习的方式进行图像识别与目标检测，常用的图像识别网络包括 R-CNN 系列网络（R-CNN、Fast R-CNN、Faster R-CNN、R-FCN、Mask R-CNN）、YOLO 系列网络、SSD 网络、FPN 网络，以及较新的 Vision Transformer 网络等，其中 R-CNN 系列网络出现较早，在目标检测精度、运行速度等方面都达到了较高水平；YOLO 网络使用回归系列目标检测方法，大大提高了运行速度；SSD 网络在检测精度上有明显优势；Vision Transformer 网络源于自然语言处理中的 Transformer 架构，在训练数据较多时具有十分优异的效果。

(2) 语义分割：指将图像中的每个像素链接到类别标签的过程，在自动驾驶场景中可用于精确识别车道、车、人等对象。语义分割网络包括全卷积网络（FCN）、U-Net 网络、Tiramisu 模型、Multiscale 方法、混合 CNN-CRF 方法、FRRN 网络、FC-DenseNet 网络、RefineNet 网络等。语义分割是计算机视觉的经典问题，不断有学者用新的网络结构提升网络处理速度和准确率。

3.4.4 针对激光雷达的感知方法

在进行规划控制时，对环境中障碍物的位置、大小、速度都需要精确的检测结果，激光雷达可以得到稠密的点云，每一个点包含 X,Y,Z 坐标与反射强度，是感知障碍物信息的不二选择。下面具体介绍利用激光雷达进行物体检测和语义分割的方法和常见网络。

1. 物体检测

物体检测算法思路脱身于视觉图像中的物体检测，主要使用深度学习方法，主要的检测方式有两种，分别是对原始点云进行直接处理（即直接使用原始点云的方法）和将原始点云体素化后再进行处理（即体素化方法）。直接使用原始点云的方法最早见于 PointNet++网络，首先利用聚类的方式产生多个候选区域，在每个区域内用 PointNet 提取点的特征，重复这个过程，最终在输出点集上进行 PointNet 分类。后续在此基础上改进的算法有 Point R-CNN、3D-SSD 等。同时也有将两种策略进行融合的检测算法以及采用其他方式的检测算法，包括 Voxel R-CNN、CIA-SSD 等。体素化方法最初出现在 VoxelNet 网络中，体素化是指将点云量化到一个均匀的 3D 网格中，每个网格内随机采样固定数量的点（不足就重复），每个点用 7 维特征标识，包括 X,Y,Z 坐标和反射强度，以及该点相对于网络质心位置的位置差 $\Delta x,\Delta y,\Delta z$。将体素化后的网格作为输入，经过全连接层和多个卷积层，最终直接接上 2D 图像物体检测网络生成 3D 物体检测框。采用体素化方法设计的网络还包括 SECOND、PIXOR、PointPillar 等。

2. 语义分割

与视觉图像的语义分割类似，激光雷达点云的语义分割是指给点云中每一个点指定一个类别标签，如建筑、行人、车辆等。语义分割与物体检测任务有很多相似之处，但是语义分割任务更为精细，也需要更大的感受视野。传统的语义分割可以采用聚类方法找到每个点的邻域，然后使用 SVM、Random Forest 等分类器进行分类。利用深度学习方法进行语义分割时，与目标识别类似，有基于原始点云的方法和基于网格的方法。基于原始点云的语义分割网络包括 RandLA-Net、KPConv 等，基于网格的语义分割网络包括 FCPN、LatticeNet 等。另外，语义分割还有基于投影的方式，即将 3D 空间内的点云投影到不同的 2D 图像上，针对 2D 图像进行语义分割后再投影回 3D 空间中得到结果，典型网络有 RangeNet++、SqueezeSeg 等。

3.5 规划与决策方法

一般自动驾驶车辆的规划技术分为全局规划和局部规划两大模块。全局规划利用全局地图在指定的起点与终点间生成参考路径；局部规划则根据车辆行驶时的具体情况对全局路径加以修正，生成可实际行驶的路径。自动驾驶车辆的规划技术中另一个重要模块是覆盖式清扫路径，即生成覆盖整片区域或整条道路的全局路径。

相比其他类型的自动驾驶车辆，智能化粮仓车辆的应用场景具有低速、车流量小但位置精度要求高的特点，并追求尽可能高的清扫覆盖率和合理的清扫重复率。本节将根据粮仓清扫应用场景，对上述三大技术模块中的几种典型方法进行分析。

3.5.1 全局规划方法

全局规划是根据已知环境信息，在指定的起点和终点之间生成一条路径的规划方法。全局规划是一种事前规划，一般考虑相对固定的环境信息，如可行驶区域、交通规则等，而对突然出现的障碍物等无能为力。全局规划的评价指标一般有生成路径的长度、路径的平滑程度以及计算耗时等。下面介绍几种经典的全局规划算法。

1. 基于采样的全局规划

快速探索随机树（RRT）是基于采样的全局规划的代表性算法。RRT 以起点作为"种子"，通过树的随机生长来探索空间，其具体步骤如下：

（1）初始化树，初始状态下树的边集为空，节点集只包含起点；
（2）在空间上随机生成一点；
（3）在已生成的树上寻找与该随机点最近的节点；
（4）判断随机点与最近节点的连线是否与障碍物碰撞，若有则回到步骤（2）；
（5）若没有碰撞，在连线方向上以固定步长生成一个新节点，并将该节点加入树；
（6）重复步骤（2）～步骤（5），直到树生长到终点。

RRT 规划流程示意图如图 3-15 所示。

RRT 的最大优势在于搜索速度快，在短距离内可以实时生成路径，因此可以同时用于局部规划，且只要迭代次数够多总能到达目标；其缺点在于生成的路径不平滑且不一定最优，并且在狭窄区域中的搜索效率明显下降。因此，RRT 一般不用于结构化道路上长距离的全局规划，而比较适合在相对开阔但障碍物较多的区域中进行规划或者进行短距离的绕障规划，例如在粮仓内部进行路径规划。

为了进一步提升算法效率并解决上述问题，许多研究者提出了改良的 RRT 算法，如 RRT-Connect 算法，通过同时在起点与终点构建树进行搜索，加快了搜索速度；RRT* 算法，通过检查新节点附近的其他节点并将不必要的节点删去以获取更短的路径；heuristic RRT 算法，利用启发式函数使不同节点被采样的概率不同。

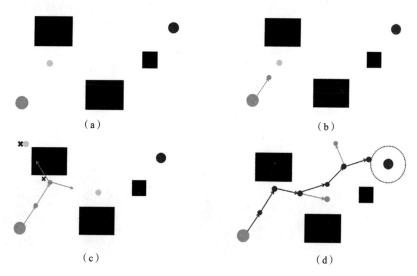

图 3-15 RRT 规划流程示意图
(a) 随机采样一点；(b) 无碰撞时在该方向生成新节点；
(c) 碰撞时重新采样；(d) 达到目标一定范围内时完成规划

2. 基于图搜索的全局规划

Dijkstra 算法是经典的图搜索算法,采用了广度优先搜索的思想。其具体步骤如下：

(1) 声明一个数组 dis 来保存源点到各个顶点的最短距离和一个保存已经找到了最短路径的顶点的集合 T。初始时,源点 s 的路径权重 w 被赋为 0。

(2) 若对于顶点 s 存在能直接到达的边 (s,m),则把 $dis[m]$ 设为 $w(s,m)$,同时把所有 s 不能直接到达的顶点的路径长度设为无穷大。

(3) 从数组 dis 中选择最小值,则该值就是源点 s 到该值对应的顶点的最短路径,并且把该点加入 T 中。

(4) 如果新加入的顶点可以到达其他顶点并且通过该顶点到达其他顶点的路径长度比源点直接到达短,那么就替换其他顶点在数组 dis 中的值。

(5) 重复步骤(1)~步骤(4),直到 T 包含了图的所有顶点。

Dijkstra 算法的优势在于绝大多数情况下能够确保找到最短路径,并且适用于各种结构化和非结构化道路场景；其缺点在于计算速度慢且内存开销大。Dijkstra 算法常常用于结构化道路上的全局规划,因为这类工作可以在提前标注了道路信息的高精度地图(如 VMP 地图和 Lanelet2 地图)上进行,相比同等面积下的栅格地图,其信息量大幅度减少,规避了 Dijkstra 算法在计算效率上的短板。例如在粮仓外的园区道路上进行路径规划时就适合采用这种算法。

A^* 算法是另一种经典的图搜索算法,其在 Dijkstra 算法的基础上加入了启发函数,以减小搜索范围、提升搜索效率,广泛地应用于针对栅格地图的全局规划。其启发函数 $F=G+H$,其中 G 代表从起点移动至当前节点的累计代价,H 则代表当前节点移动至终点的估计代价。根据具体应用场景的不同有多种估算代价的方法,其中较为常用的一种是曼哈顿方法,即忽略所有障碍物,计算两点间的曼哈顿距离作为代价。A^* 算法的具体搜索步骤如下：

(1) 将与起点相邻的节点记录在一个 open list(待搜索点列表)中,将起点加入 close list(已搜索点列表)中;

(2) 计算 open list 中各个节点的 G、H、F;

(3) 选出 open list 中 F 值最小的节点,并加入 close list 中;

(4) 将与新节点相邻的节点加入 open list 中,并计算它们的 G、H、F,若其中的某些点已在 open list 中,则将其 G 值更新为 $\min\{G_{new}, G_{old}\}$,而 H 为固定值,因此无须更新;

(5) 重复步骤(3)、步骤(4)直至达到终点。

A* 算法搜索流程示意图如图 3-16 所示。

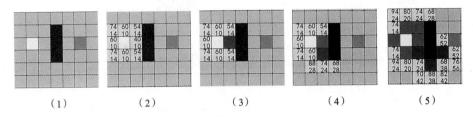

图 3-16　A* 算法搜索流程示意图

(注:方格内上方数字为 F 值,下方数字为 G 值)

A* 算法相比 Dijkstra 算法有效地减少了在目标方向对侧的搜索次数,提升了搜索效率;但其由于搜索的不对称性,更容易在凸型区域中陷入局部最优解,并且其计算速度仍难以支持实时在线路径生成。

A* 算法也有诸多改进版本,如 D*(dynamic A*)算法具备在原本规划路径堵塞时进行动态重规划的能力;JPS(jump point search,跳点搜索)算法则仅在与障碍物角点相邻的关键栅格(即跳点)上进行启发,大幅提升了搜索速度,虽然寻找跳点本身需要消耗额外的算力,但大多数情况下其收益大于额外付出;混合 A* 算法则将传统的方形栅格[见图 3-17(a)]变形为结合车辆动力学特性的曲线形栅格,如图 3-17(b)所示,使生成的路径更平滑,并通过加入 Reeds-Shepp 曲线在空旷区域或接近终点时一次性完成搜索任务,提升搜索效率。

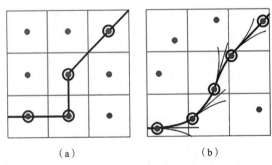

图 3-17　栅格示意图

(a) 一般栅格;(b) 混合 A* 算法栅格

3.5.2　局部规划方法

局部规划是指在全局参考路径的基础上,根据传感器系统感知到的局部环境信息进行实时规划的过程,主要任务包括平滑全局路径、绕障避障等。和全局规划相比,其规划距离较短,但对实时性和路径位置精度的要求更高。

1. 人工势场法

人工势场(artificial potential field,APF)法通过在障碍物和目标点周围建立虚拟势场,引导车辆向势能最低的方向移动,从而达到避障和到达目标点的效果。人工势场包含引力场和斥力场两部分,其中引力场由目标点提供,用于引导车辆向目标点移动;斥力场由障碍物提供,用于避免障碍物与车辆碰撞。最终车辆的移动方向为该时刻其所受引力与斥力的合力方向。其数学表达式如下:

引力场:

$$U_a(q)=\frac{1}{2}\varepsilon\rho^2(q,q_{goal}) \qquad (3-67)$$

式中,$U_a(q)$为引力场函数;ε为尺度因子;$\rho(q,q_{goal})$为当前位置与目标点的距离。

斥力场:

$$U_r(q)=\begin{cases}\frac{1}{2}\eta\left(\frac{1}{\rho(q,q_{obs})}-\frac{1}{\rho_0}\right)^2, & \rho(q,q_{obs})\leqslant\rho_0 \\ 0, & \rho(q,q_{obs})>\rho_0\end{cases} \qquad (3-68)$$

式中,$U_r(q)$为斥力场函数;η为尺度因子;$\rho(q,q_{obs})$为当前位置与目标点的距离;ρ_0为障碍物最大影响半径。

合力:

$$F=-\nabla(U_r+U_a) \qquad (3-69)$$

合力方向即为车辆该时刻的运动方向。

然而,上述方法存在一个缺陷:当车辆与目标距离过远时,引力远大于斥力,此时斥力作用很小,车辆主要在引力作用下运动,可能与障碍物碰撞。因此引入修正的引力场函数:

$$U_a(q)=\begin{cases}\frac{1}{2}\varepsilon\rho^2(q,q_{goal}), & \rho(q,q_{goal})\leqslant d^* \\ d^*\varepsilon\rho(q,q_{goal})-\frac{1}{2}\varepsilon d^{*2}, & \rho(q,q_{goal})>d^*\end{cases} \qquad (3-70)$$

式中,d^*为车辆与目标间的距离阈值,是一个常数。

同理,当目标过于接近障碍物时也存在斥力过大,车辆不能正确地向目标前进的问题。因此引入修正的斥力场函数,将车辆与目标点间距离的影响加入函数:

$$U_r(q)=\begin{cases}\frac{1}{2}\eta\left(\frac{1}{\rho(q,q_{obs})}-\frac{1}{\rho_0}\right)^2\rho^n(q,q_{goal}), & \rho(q,q_{obs})\leqslant\rho_0 \\ 0, & \rho(q,q_{obs})>\rho_0\end{cases} \qquad (3-71)$$

式中,n为一个正常数,一般取$n=2$。

人工势场法的优势在于结构简单,实时性好,生成的轨迹平滑。其存在的问题是在某个点上当引力与斥力恰好等大反向时算法将会陷入局部最优解,通常需要加入一个局部的扰动来使其跳出局部最优解。

2. 动态窗口法

动态窗口法(dynamic window approach,DWA)是一种基于速度空间采样的规划方法。其基本思路是在速度空间(v,ω)中进行采样,并对相应的轨迹进行评价以选出最优路径。

在进行速度采样时,采样范围应受到如下限制:

(1) 车辆本身最大、最小速度的限制;

(2) 车辆最大加减速的加速度限制。

在当前采样周期内能实际达到的最大、最小速度:

$$V_d = \{(v,w) | v \in [v_c - \dot{v}_b \Delta t, v_c + \dot{v}_a \Delta t], \quad w \in [w_c - \dot{w}_b \Delta t, w_c + \dot{w}_a \Delta t]\} \quad (3-72)$$

式中,v_c,w_c 分别表示当前速度、角速度;$\dot{v}_b$,$\dot{w}_b$ 分别表示最大减速度、最大角减速度;$\dot{v}_a$,$\dot{w}_a$ 分别表示最大加速度、最大角加速度。

能够在与障碍物发生碰撞前停车的最大安全速度:

$$V_a = \{(v,w) | v \leqslant \sqrt{2 \cdot \mathrm{dis}(v,w) \cdot \dot{v}_b}, \quad w \leqslant \sqrt{2 \cdot \mathrm{dis}(v,w) \cdot \dot{w}_b}\} \quad (3-73)$$

式中,$\mathrm{dis}(v,w)$ 表示障碍物与轨迹间的最近距离。

在此区间内完成采样后,计算出 t 到 Δt 时间内的位移,对一段时间内的位移累加求和,推算出一段轨迹:

$$\begin{cases} x_{t+\Delta t} = x_t + v \Delta t \cos \theta_t \\ y_{t+\Delta t} = y_t + v \Delta t \sin \theta_t \\ \theta_{t+\Delta t} = \theta_t + w \Delta t \end{cases} \quad (3-74)$$

之后,根据轨迹末端方向与目标方向间的夹角 $\mathrm{heading}(v,w)$、与障碍物最小距离 $\mathrm{dis}(v,w)$ 和速度 $\mathrm{velocity}(v,w)$ 三项指标对生成的每条轨迹加以评价:

$$G = \alpha \cdot \mathrm{heading}(v,w) + \beta \cdot \mathrm{dis}(v,w) + \gamma \cdot \mathrm{velocity}(v,\omega) \quad (3-75)$$

式中,α,β,γ 分别表示三项指标的权重因子。

DWA 算法的优势在于实时性好,且可以进行动态避障,并且同时考虑了车辆的位置和朝向,因此常常用于泊车等需要精准停位的规划任务。其缺点在于单次规划的有效距离较短,行驶过程中速度波动可能较大,并且有时会陷入局部最优解。

图 3-18 所示是 DWA 算法应用于智能粮仓车辆的典型场景之一,即定点垃圾倾倒。图中箭头所指位置为垃圾桶,其位置在全局地图中已知。利用车辆感知系统,生成图 3-19(a) 所示的栅格地图,图中坐标系位置为激光雷达的位置,黑色的栅格为通过激光雷达检测到的障碍物,结合实验场景图可知,车辆左侧连续的障碍物为粮仓墙壁,而凸出的栅格为实际场景中的消防栓箱体。图 3-19(a) 中曲线为通过 DWA 算法规划出的泊车路径,路径的起点为接近图中激光雷达坐标系位置处的一端,轨迹代表车辆后轴中心的位置,轨迹的终点为已知的垃圾桶位置。而图 3-19(b) 则考虑了有清洁人员(即动态障碍物)的场景,可以发现 DWA 算法生成的路径发生了明显变化。

图 3-18 粮仓车辆泊车场景

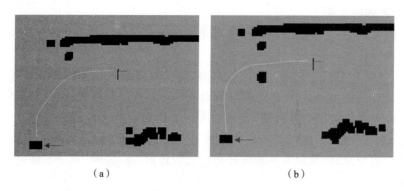

(a)　　　　　　　　　　　(b)

图 3-19　无人场景和有人场景下 DWA 算法生成的泊车路径

(a) 无人场景；(b) 有人场景

3.5.3　覆盖式清扫路径规划方法

对于智能粮仓车辆，清扫粮仓内部和回收散落粮食是其重要任务，也是其区别于一般自动驾驶车辆的根本所在。清扫任务一般要求在一片指定的区域内生成一条无遗漏且尽可能少重复的路径，即遍历路径规划。遍历路径规划一般包括地图分区、分区内路径生成和区域间路径优化三个主要步骤。

1. 地图分区

对于一个形状不规则或者充满各种障碍物的区域，一次性生成遍历路径是非常困难的。因此，需要先将这些区域分解为简单的几何形状，再在各个区域内生成遍历路径。

梯形分解法和牛耕式分解法是最基础、最经典的地图分区方法。梯形分解法利用一条直线从区域一侧向另一侧扫描，每次遇到障碍物顶点时切分出一个子区域，如图 3-20(a) 所示。这种方法实现简单，但在面对形状高度不规则的障碍物或是圆形障碍物时，会切分出过多的子区域，使得区域连接覆盖时重复率大大增加。

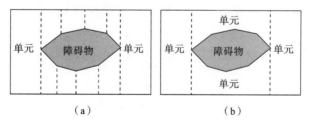

(a)　　　　　　　　(b)

图 3-20　梯形分解法和牛耕式分解法示意图

(a) 梯形分解法；(b) 牛耕式分解法

牛耕式分解法在此基础上进行改良，它在直线扫过位置的连通性发生变化时切分出子区域。如图 3-20(b) 所示，当从左向右扫过的直线被障碍物分割成两段时地图也分出两个相应的子区域，而通过障碍物后重新恢复为一个区域。该方法生成的子区域数大大减少，但与障碍物相邻的边界可能仍是不规则的，可能会对后续的路径生成产生影响。

对于粮仓场景而言，单个粮仓本身面积不大，应避免过多分区，且仓内形状一般比较方正，障碍物也较少，采用牛耕式分解法是相对合适的选择。

2. 分区内路径生成

地图分区完成后,需要生成能够覆盖每个子区域的路径。常用的分区内路径生成方法有往复法和螺旋法两种。

往复法[见图 3-21(a)]是指在车辆到达边界后,转向 180°后沿相反的方向继续前进。受车辆转弯半径的限制,每次往复之间往往会有一段空隙无法清扫,因此需要将转向时的半径设定为车辆清扫宽度的整数倍,在第一次往复结束到达区域另一侧后返回沿之前的空隙继续清扫。这种方法在没有障碍物的区域中心可以实现接近 100% 的覆盖率,并且对边界形状没有要求;但其缺点是需要转弯的次数较多,造成清扫速度下降且对边缘的覆盖效果较差。

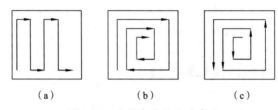

图 3-21 分区内路径生成方法
(a) 往复法;(b) 内螺旋;(c) 外螺旋

螺旋法又分为内螺旋和外螺旋两类,如图 3-21(b)、(c)所示,内螺旋是指沿着区域边界内侧顺时针或逆时针旋转,并将已通过区域作为新的边界不断向内部靠近的路线;外螺旋是指从区域中心开始逐渐向外扩展的路线。这一方法对规则边缘区域的覆盖较好,但如果边缘形状过于复杂则可能仍然无法覆盖。并且由于车辆最小转弯半径的限制,在区域中心必然有一块区域无法直接清扫。

因此在实际清扫作业中,往往将上述两种方法结合,在边缘位置采用螺旋法清扫而在中心位置采用往复法清扫。

3. 区域间路径优化

在每个子区域内的路径生成完成后,下一个任务就是如何尽可能地缩短车辆在区域间移动所走的总距离。该任务是一个经典的组合优化问题——旅行商问题(traveling salesman problem, TSP),可以通过遗传算法(genetic algorithm, GA)、蚁群算法等经典优化算法解决,本书由于篇幅限制不对其数学原理加以具体说明,读者可自行查阅相关文献学习。

习 题

1. 使用 ROS 系统中的 TF 坐标转换模块进行简单的静态坐标转换。
2. 以表格形式总结方向余弦、欧拉角、欧拉轴/角参数、欧拉四元数的转换关系。
3. 查阅资料,分析常见滤波方法的使用场景及优劣性能。
4. 请结合单目相机的投影模型,具体说明单目相机不能通过单帧图像得到点的空间位置的原因。
5. 收集资料,大致描述 RGB-D 相机的成像原理,并讨论说明其相对于单/双目相机的优劣势。

6. 举例说明激光雷达避障和视觉传感器避障之间的优劣势。
7. 尝试配置一个 Ubuntu 系统并安装 ROS 包,让 ROS 自带的小海龟动起来。
8. 查阅资料,比较各种全局规划方法的优缺点。
9. 为什么 RRT 算法在通过狭窄区域时的规划效率会大幅度下降?
10. 请指出 A* 算法在图 3-22 所示区域中规划出的路径,以及路径上各节点的 G、H 值。

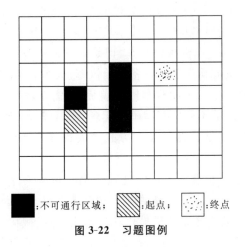

图 3-22 习题图例

11. DWA 算法有哪些优缺点?可以用于哪些场景?
12. 往复式和螺旋式遍历方法分别有何优缺点?

4 智能粮食装车机

4.1 粮食装车机概述

在大中型粮食仓库、港口码头或者火车装车点,传统的粮食装车方式主要有两种:一种是靠多条移动式胶带输送机搭接,人工成本较高,需多次移动胶带输送机,效率较低;另一种是火车装车楼装车,能实现机械化装车,但是综合造价较高,需多次移动火车。传统的胶带输送机、斗式提升机等输送装载设备在给汽车、火车、轮船装散粮或其他物料时,由于其位置固定,不能在原位置一次性给车辆装满货物,需车辆来回调车,变换所处位置才能装满货物,有时甚至对高低不一的车型不能实现装车,或者装车时散粮或其他物料抛撒严重。这种既耽误时间又浪费能源的装车方式很大程度上制约了现代粮食物流的快速发展。

粮食散装运输是粮仓及粮食加工厂实现现代化的基本条件之一,也是粮食"四散化"的重要措施和发展方向。粮食散装运输离不开粮食装车机,它具有如下作用:

(1) 易于实现粮食散装输送系统机械化和自动化,与机械化粮仓配套使用,可以减小粮食在运输过程中的损失;

(2) 可以提高装卸系统机械化作业的连续性,减少输送环节,提高作业线生产能力;

(3) 改善工人劳动条件及作业环境,降低工人的劳动强度;

(4) 节约麻袋等包装物料和器材,降低粮食运输费用。

4.1.1 汽车粮食装车机

4.1.1.1 传送带机

传送带机是连续的无端输送带输送机械,通常称为带式输送机。其输送带根据摩擦传动原理运动,既是承载货物的构件,又是传递牵引力的构件,可用来输送松散物料或成件物品。根据输送工艺的要求,它可以单台输送,也可以多台组合使用或与其他输送设备组成水平或者倾斜的输送系统,以满足不同布置形式作业线的需要,所以带式输送机广泛用于现代化的各种工业企业中,如采矿、冶金、化工、铸造、建材等行业的物料输送和生产流水线以及港口等大宗货物的输送装卸作业中,在我国国民经济中占有重要的地位。

(1) 传送带机输送带的材质:有橡胶、帆布、尼龙、硅胶、PVC、PU 等多种材质,除用于普通物料输送外,还可以满足有耐油、耐腐蚀、防静电等特殊要求的物料的输送。若采用专用的食品输送带,还可以满足食品、制药、日用化学品等行业的要求。

(2) 传送带机的结构形式:有槽型传送带机、平型传送带机、爬坡传送带机、转弯传送带机等多种形式,输送带上还可增设提升挡板、裙边等附件,以满足各种工艺要求。传送带机两侧配以工作台、灯架,可作为电子仪表装配、食品包装等装配线。

(3) 传送带机驱动方式:有减速电机驱动和电动滚筒驱动,可实现变频调速和无级变速。

(4) 传送带机机架材质：有碳钢、不锈钢、铝型材等。

(5) 传送带机的结构特点。

① 输送能力大，功率消耗小。传送带机工作时，输送带与物料之间没有相对运动，这样就不会因提高运输速度而造成大的磨损。由于输送带与物料间无摩擦，因此其功率消耗就比较小。

② 输送距离长，易于布置。输送带是挠性件，具有输送坡度适应性较强的特点，便于布置为弯曲的形状，在作业场地高低不平时布置方便。传送带机的装料与排料接口很容易布置，在任何位置都可设置装料与排料接口。

③ 构造简单，使用方便。传送带机没有结构尺寸大且制造精度高的零件，其金属结构件也很简单，制造和维护都极为方便。

传送带机还具有制造成本低、工作时噪声低、能吸收装料时的冲击等特点。传送带机是粮仓工人的"好帮手"，它可以装卸粮食，既可以把粮仓中的粮食装入运输车辆，也可以把车上的粮食输送到粮仓，长短距离都可以，还能移动和升降，与螺旋输送机及粮食清洗机配合能实现协同作业，即粮食清洗机对粮食去杂，传送带机对粮食进行装卸车的输送，螺旋输送机对粮食进行灌包。移动式散粮装车传送带机如图4-1所示。

图4-1 移动式散粮装车传送带机

4.1.1.2 移动式螺旋输送机

螺旋输送机在输送形式上分为有轴螺旋输送机和无轴螺旋输送机两种，在外形上分为U形螺旋输送机和管式螺旋输送机。有轴螺旋输送机适于输送有黏性的干粉物料和小颗粒物料，例如水泥、粉煤灰、石灰、食物等；而无轴螺旋输送机适合输送有黏性的和易缠绕的物料,例如污泥、垃圾等。螺旋输送机的工作原理是利用旋转的螺旋叶片推移物料从而实现输送,且由于自身重力和机壳对物料的摩擦阻力,物料不与螺旋叶片一起旋转。螺旋输送机旋转轴上焊接螺旋叶片,叶片的面型根据输送物料的不同有实体面型、带式面型、叶片面型等形式。移动式散粮装车螺旋输送机如图4-2所示。

图 4-2 移动式散粮装车螺旋输送机

1. 螺旋输送机的分类
(1) 垂直螺旋输送机。

垂直螺旋输送机螺旋体的转速比普通螺旋输送机的要高,加入的物料在离心力的作用下与机壳间产生了摩擦力,该摩擦力阻止物料随螺旋叶片一起旋转并克服物料下降的重力,从而实现物料的垂直输送。该输送机输送量小、输送高度小、转速较高、能耗大,特别适宜输送流动性好的粉粒状物料,主要用于提升物料高度,且提升高度一般不大于 8 m。

(2) 水平螺旋输送机。

对于水平螺旋输送机,当物料加入固定的机槽内时,由于物料的重力及其与机槽间的摩擦力,堆积在机槽下部的物料不随螺旋体旋转,而只在旋转的螺旋叶片推动下向前移动,如同不旋转的螺母沿着转动的螺杆做平移运动一样,达到水平输送物料的目的。该输送机便于多点装料与卸料,输送过程中可同时完成混合、搅拌或冷却功能,对超载敏感,易堵塞,对物料有破碎损耗。水平螺旋输送机的结构简单,便于安装和维修,适用于水平或微倾斜连续均匀输送的松散物料,输送物料温度为 $-20\sim80$ ℃。其转速相对于垂直螺旋输送机要低,输送距离一般不大于 70 m。

(3) 螺旋管输送机(滚筒输送机)。

螺旋管输送机的圆筒形机壳内焊有连续的螺旋叶片,机壳与螺旋叶片一起转动,加入的物料在离心力和摩擦力的作用下随机壳一起转动并被提升,从而实现物料的向前移动。

该输送机能耗低,维修费用低;在端部进料时能适应不均匀进料要求,可同时完成输送、搅拌、混合等各种工艺,物料进料过多时也不会产生卡堵现象;便于多点装料与卸料,可输送温度较高的物料,适宜水平输送高温物料;对高温、供料不均匀、有防破碎和防污染要求的物料及需多点加卸料的工艺有较强的适应性。实践证明,在输送水泥熟料、干燥的石灰石、磷矿石、钛铁矿粉、煤和矿渣等物料时螺旋管输送机表现良好。

对于螺旋管输送机,由端部进料口加入的物料,其粒度不能大于螺旋管直径的1/4;自中间进料口加料的物料,其粒度均不得大于30 mm。为保证筒体不产生变形,加料温度必须控制在300 ℃以下。在输送磨琢性大的物料时物料对该输送机叶片和料槽的磨损极为严重。

(4) 可弯曲螺旋输送机。

该输送机螺旋体心轴为可挠曲的,因此输送线路可根据需要按空间曲线布置。根据布置线路中水平及垂直(或大倾角)段的长度比例不同,其工作原理按普通螺旋输送机或垂直螺旋输送机设计。

可弯曲螺旋输送机用于输送线路需要按空间曲线任意布置和免物料转载的场合;当机壳内进入过多的物料或有硬块物料时,螺旋体会自由浮起,不会产生卡堵现象;运行时噪声小。该机可同时完成物料的水平和垂直输送,垂直输送时一般要求转速高,不能低于1000 r/min。

2. 螺旋输送机的工作原理

当螺旋轴转动时,由于物料的重力及其与槽体壁间所产生的摩擦力,物料只能在螺旋叶片的推送下沿着输送机的槽底向前移动。物料在中间轴的移动,则是依靠后面前进着的物料对其的推力。所以,物料在螺旋输送机中的运送完全是一种滑移运动。为了使螺旋轴处于较为有利的受拉状态,一般都将驱动装置和卸料口安放在输送机的同一端,而把进料口尽量安放在另一端的尾部附近。螺旋输送机的螺旋轴在物料运动方向的终端有止推轴承以提供轴向反力,当螺旋轴较长时应加中间吊挂轴承。

3. 螺旋输送机的应用特点

(1) 螺旋输送机是广泛应用在粮食、建材、化工等领域中的一种输送设备,主要用于输送粉状、颗粒状和小块状物料,不适宜输送易变质的、有黏性的和易结块的物料。

(2) 螺旋输送机使用的环境温度为 $-20 \sim 50$ ℃;倾角 $\beta \leqslant 20°$;输送长度一般小于40 m,最长不超过 70 m。

(3) 螺旋输送机具有结构简单、横截面尺寸小、密封性能好、能多点装料和卸料、操作安全方便以及制造成本低等优点。它的缺点是机件磨损较严重、输送量较低、功率消耗大以及物料在运输过程易破碎。

4.1.1.3 铲粮车

铲粮车前端有一铲斗,可以从散装粮堆中铲取粮食,运输到指定地点倒出,也可以向汽车装载粮食,一般用于粮食仓库,如图 4-3 所示。

图 4-3 铲粮车

4.1.2 火车粮食装车机

4.1.2.1 输送机

中国古代的高转筒车和提水的翻车,是现代斗式提升机和刮板输送机的雏形。输送机按运作方式可分为装补一体输送机、皮带式输送机、螺旋输送机、滚筒输送机、板链输送机、网带输送机和链条输送机,如图 4-4 所示。

图 4-4 输送机

1. 主要特点

输送机方向易变,可灵活改变输送方向,最大可达 180°;每一个单元都可独立使用,也可多个单元搭接使用,安装方便;伸缩自如,一个单元最长与最短状态的长度之比可达到 3∶1。

2. 主要分类

(1) 管链输送机。

管链输送机是一种输送粉状、小颗粒状及小块状等散状物料的连续输送设备,可以水平、倾斜和垂直组合输送,如图 4-5 所示。

管链输送机具有如下特点:属容积式输送装置,可实现物料的输送和计量,易于实现集中控制,提高自动化程度,满足现代企业对环境保护的要求;结构紧凑,占地空间小,可在三维空间内改变输送方向;被输送的物料从进口到出口法兰之间是处于密闭状态的,出

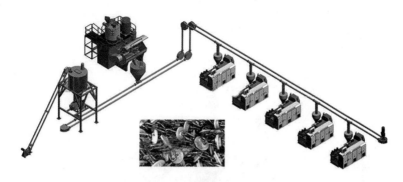

图 4-5 管链输送机

口不必设置除尘器;在输送物料时可充装气体;运输中能保证没有粉尘泄漏到环境中;物料沿着管子平滑输送,基本上没有内部运动,所以物料破损少;使用特殊的输送盘,具有极小的摩擦系数和稳定的输送能力。

(2) 刮板输送机。

刮板输送机是指用刮板链牵引,在槽内运送散料的输送机,如图 4-6 所示。它由机头、中间部分和机尾三个部分组成,其按布置方式和结构可分为并列式和重叠式,按链条数目及布置方式可分为单链、双边链、双中心链和三链 4 种。

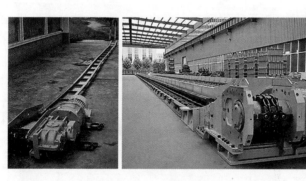

图 4-6 刮板输送机

图 4-7 为刮板输送机结构示意图。刮板输送机的工作原理是,将敞开的溜槽作为煤炭、矸石等物料的承受件,将刮板固定在链条上(组成刮板链)作为牵引构件,当机头传动部件启动后,机头轴上的链轮旋转,使刮板链循环运行,带动物料沿着溜槽移动,直到机头处卸载,刮板链绕过链轮做无级闭合循环运行,完成物料的输送。

刮板输送机的优点:结构牢固,能经受住煤炭、矸石或其他物料的冲、撞、砸、压等外力作用;能适应采煤工作面底板不平、弯曲推移的需要,可以适应垂直或水平方向的弯曲;机身矮,便于安装,能兼作采煤机运行的轨道;可反向运行,便于处理底链故障;能作为液压支架前段的支点;结构简单,在输送长度上可任意点进料或卸料;机壳密闭,可以防止输送物料时粉尘飞扬而污染环境;当其尾部不设置机壳,并将刮板插入料堆时,可自行取料输送。

刮板输送机的缺点:空载功率较大,为总功率的 30% 左右;不宜长距离输送;调整不当易发生掉链、跳链事故;所需钢材多,成本高。

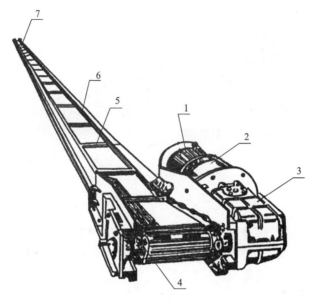

图 4-7 刮板输送机结构示意图

1—电机;2—液力耦合器;3—减速器;4—链条;5—刮板;6—溜槽;7—机尾

4.1.2.2 提升机

提升机是通过改变势能来运输物料的大型机械设备,如矿井提升机、过坝提升机等。提升机一般是功率较大、提升能力较强的大型机械设备。它通过动力机械拖动柔性件(钢丝绳)及所运输的货物上下运动完成运输过程。提升机外观及内部结构见图 4-8。

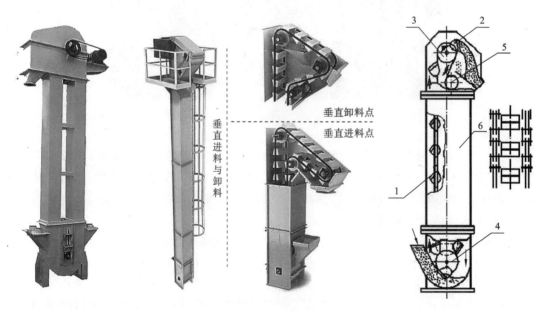

图 4-8 提升机外观及内部结构

1—胶带或链条;2—料斗;3—驱动滚筒或链轮;4—张紧轮;5—星轮;6—外罩

1. 斗式提升机

斗式提升机是一种固定的机械输送设备,主要适用于粉状、颗粒状及小块物料的连续垂直提升,可广泛应用于各种规模的饲料厂、面粉厂、米厂、油厂、淀粉厂以及粮库、港口码头等场合,尤其适用于火车粮食装载。新型斗式提升机见图4-9。

根据料斗运行速度的不同,斗式提升机又有离心式、重力式和混合式三种形式。离心式提升机的料斗运行速度较快,适用于输送粉状、粒状、小块状等磨琢性小的物料。重力式提升机的料斗运行速度较慢,适用于输送块状的、比重较大的物料,如石灰石熟料等。

斗式提升机的牵引构件有环链、板链和胶带等几种。环链的结构和制造比较简单,与料斗的连接也很牢固,输送磨琢性大的物料时链条的磨损较小,但其自重较大。板链结构比较牢固,自重较轻,适用于提升高度大的提升机,但铰接接头易被磨损。胶带的结构比较简单,但不适宜输送磨琢性大的物料,普通胶带输送物料的温度不超过60 ℃,夹钢丝绳胶带允许物料温度达80 ℃,耐热胶带允许物料温度达120 ℃。环链、板链输送物料的温度可达250 ℃。斗式提升机有很多优点,例如驱动功率小,采用流入式喂料、诱导式卸料,大容量的料斗密集型布置,在物料提升时几乎无回料和挖料现象,因此无效功率小;运行可靠性高,提升高度大,运行平稳。

2. 多功能提升机

多功能提升机是电动葫芦的一种,如图4-10所示,可用于地面和空中,广泛用于建筑行业,具有输送量大、提升高度高、运行平稳可靠的优点。其使用的电源有单相和三相两种,额定提升质量为500 kg/300 kg。多功能提升机的最大提升高度为100 m,提升(运行)速度为5.5 m/min(500 kg)和8 m/min(300 kg)。

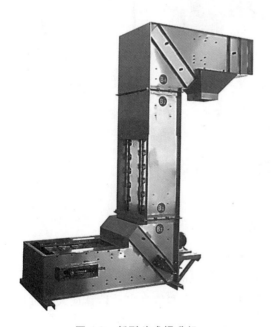 

图4-9 新型斗式提升机　　　　　　　图4-10 多功能提升机

4.1.2.3 吸粮机

吸粮机(气力输送机)是一种新型农业、工业机械,它通过气动输送颗粒物料,利用管道布局可以水平、倾斜、垂直输送物料,具有大小行走轮,操作简单便捷,能够单机独立完成输送任务。

吸粮机适用于农场、码头、车站、大型粮库等的装车、卸车、补仓、出仓、翻仓、倒垛以及粮食加工、饲料加工和啤酒酿造等,也适用于火车运输粮食的装卸。吸粮机根据输送工艺要求可以单台作业、多台组合作业,或与其他设备组成输送系统,以满足不同作业的要求。

1. 优缺点

吸粮机的优点是布局灵活、移动方便、作业面宽、输送量大、效率高,能节省大量人力、物力成本;可以输送物料到指定地点,另有风干除尘作用。吸粮机的缺点是能输送的物料具有局限性,由于管道气压较大,不适宜输送薄脆易碎物料。

2. 主要分类

吸粮机根据输送方式分为两种——吸送型和只吸不送型。

(1) 吸送型。

吸送型吸粮机由风力携带物料通过吸料器及吸料管道吸入机器,经由分离器实现气料分离,再由管道及卸料器送至仓库、车厢等目的位置,见图 4-11。

(2) 只吸不送型。

只吸不送型吸粮机运行时,物料被吸入机器后,经分离器及关风机,自由下落于关风机出口,直接堆粮、装袋或下接其他输送设备,如图 4-12 所示。

图 4-11 吸送型吸粮机

图 4-12 只吸不送型吸粮机

4.2 智能粮食装车机设计

4.2.1 汽车粮食装车机设计

4.2.1.1 智能粮食转运专用装车装备结构设计的总体要求

① 货车宽度 2.4 m,长度小于或等于 17 m,粮包长 100 cm,宽 55 cm,厚 15 cm,重 60 kg。

② 装车装备具备车厢尺寸测量及定位功能,并能根据车厢信息自动计算最大载货量和相应的粮包摆放方式。

③ 装车装备进行装车时,粮包之间的缝隙应尽量小,形成稳定密集的码垛。

④ 装车过程中全程实现自动化操作和运行。

⑤ 尽可能减少装车过程中粮食的泄漏和飞扬,避免粉尘污染。

⑥ 智能粮食转运专用装车装备结构设计主要包括粮包传送机构设计、起升机构设计、前后移动机构设计和自动落包装置设计。其中自动落包装置设计又可分为送包机构

设计、摆包机构设计和落包机构设计。其主要设计参数包括起升机构设计参数、前后移动机构设计参数、落包平台尺寸参数、落包移动机构设计参数和转包机构设计参数。

4.2.1.2 智能粮食转运专用装车装备结构的组成

智能粮食转运专用装车装备作为一种大型设备,零件众多,为了便于设计,将智能粮食转运专用装车装备分为传送机构、起升移动机构和自动落包装置三部分进行设计计算,总体结构布置如图 4-13 所示。

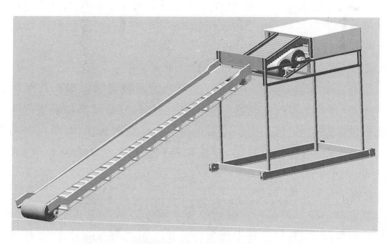

图 4-13　智能粮食转运专用装车装备总体结构布置示意图

1. 传送机构

粮包传送机构是智能粮食转运专用装车装备结构设计的第一部分,它主要由带式输送机构成,一端与二楼运送粮包的相关设备相连,另一端与自动落包装置相连。粮包传送系统的设计尺寸与厂房土建设计尺寸相关。粮包从二楼的相关设备传送出来,经过粮包传送机构,进入自动落包平台,且在粮包传送机构上安装有转包机构。

2. 起升移动机构

起升移动机构是智能粮食转运专用装车装备结构设计的第二部分,这部分的主要作用是落包时的定位以及带动自动落包机构进行两个方向的运动:第一个是沿车长方向进行前后移动,这个方向的移动是因为粮包在车厢某一行摆放完毕后,需自动落包平台前后移动以进行另一行的摆放;第二个是沿车高度方向进行上下移动,该方向的移动是因为粮包在车厢每一层摆放完毕后,需自动落包平台上下移动来进行另一层的落包。

3. 自动落包装置

自动落包装置是智能粮食转运专用装车装备结构设计的第三部分。自动落包装置与装车的效率和码垛的质量相关。按照码垛的规划,粮包需要经过转包机构进行操作后才能进入自动落包装置。在自动落包装置中,粮包需要经历停包、送包、摆包和落包等一系列操作,自动落包装置需同时具备送包机构、摆包机构、推包机构和落包机构。为了提高装车的效率与码垛的质量,落包机构采用抽屉式结构,这样一次可以完成多个粮包的同时落包,极大地提升了码垛效率。经过设计的送包、摆包、推包和落包机构可以完成以下功能:① 在落包过程中,送包机构处于关闭状态,新到达的粮包将停放在停包辊子上,无法到达落包平台,待落包运动结束,落包平台复位,送包机构开启,将停包辊子上的粮包送到自动落包平台。② 粮包经过送包机构滑落到落包平台,落包平台上的摆包机构将粮包向左或向右对齐,使粮包堆放得更稳、更有序。③ 在落包时,一组待装车的粮包被推包机构中固定的推包板阻挡而对齐,使得粮包后端对齐以及落包后形成的码垛整齐。

(1) 送包机构。

送包机构为自动落包装置的组成部分,主要实现自动落包装置的送包功能。粮包经输送带从转包机构滑到滚筒滑道,转包机构确定粮包在滑道上的姿态,然后送包输送带带动停包辊子上的粮包加速运动到落包平台上。送包机构主要由停包辊子与送包输送带两部分组成。停包辊子最多可以停放四列横包或者两列纵包,而送包输送带最多可以停放一列横包或者两列纵包。

(2) 摆包机构。

摆包机构作为自动落包装置的一部分,主要功能是执行摆包操作。摆包机构主要由两大零部件组成,分别是摆包气缸与摆包板,其中摆包气缸带动摆包板进行摆包操作。粮包经过送包机构送入落包平台后,由于需要进行多包同时落包操作,所以每当四个纵包与两个横包进入落包平台后,摆包板移动,将粮包推到落包平台的合适位置,为接下来的落包操作留出空间。

(3) 推包机构。

推包机构就是推包板。当粮包在落包平台上摆放完成之后,落包平台移动,推包板固定在自动落包平台机架上,落包过程中粮包被推包板阻挡而自动对齐,这样落下去的粮包形成的码垛会比较整齐。

(4) 落包机构。

落包机构主要由落包平台、落包移动机构和驱动系统组成,落包平台由落包移动机构带动,沿车长度方向前后移动以完成落包操作。

4. 转包机构

转包机构由输送带、顺包杆、改向气缸和位于输送带下端的固定挡包板组成。当粮包需要变为横包进行落包时,气缸处于原始位置,由于不改变粮包的下滑轨迹,挡包板不会被粮包撞到,进入送包机构的粮包为横包。当粮包需要变为纵包落包时,则顺包杆被改向气缸推到某个位置,当粮包碰到顺包杆时,粮包的下滑轨迹被改变,而当粮包到达输送带的底部时,它将撞到挡包板,之后粮包将绕挡包板旋转,并从横包姿态变为纵包姿态。改变姿态后,粮包滑到送包机构上。转包机构转包的效果也受许多因素的影响,如粮包的位置和滑落的姿态等。

4.2.1.3 智能粮食转运专用装车装备结构的设计

1. 传送机构

(1) 功率的计算。

设定粮包的尺寸是 100 cm×55 cm×15 cm,卸车装备的初始设计要求为 1500 包/时,带式输送机输送能力为 90 t/h,由此估算带式输送机构的功率为 3 kW。由于需要在传送机构上加入转包机构,所以传送带的宽度必须大于或等于 100 cm,查阅相关资料后,带宽选择 100 cm。

(2) 尺寸选择。

根据机械设计手册选取相关尺寸。传动滚筒主要是将驱动装置的动力,通过摩擦力传递给输送带,把电机的旋转运动转化为输送带的直线运动。其结构形式有三种,分别是钢板焊接光面滚筒、胶面滚筒和铸焊结构胶面滚筒。选用传动滚筒时,主要考虑滚筒结构形式、直径、筒体长度和载荷条件等。

经查表,传动滚筒直径 D 取 630 mm,轴承座型号取 DTⅡZ1310。

改向滚筒主要作用:改变输送带的运行方向或者增大输送带与传动滚筒之间的包角,增大传动滚筒与输送带的接触面积。改向滚筒的覆面有两种,分别是裸露光钢面和平滑胶面。经查表,改向滚筒直径 D 取 500 mm,轴承型号取 3528。

托辊取平行托辊。平行托辊直径 $D=108$ mm,长度 $L=1150$ mm,轴承型号取 4C305,平行托辊的参数可以查机械设计手册。

2. 起升移动机构

(1) 起升移动装置的设计指标。

起升移动装置主要作用是落包时的定位与带动自动落包机构进行两个方向的运动,包括沿车长度方向的前后移动和沿车高度方向的上下移动。每层摆放需要上下移动,每行摆放需要前后移动。当落包装置完成落包后,起升移动装置会控制自动落包装置向上移动,当粮包达到货车车厢最大高度时,前后移动机构会沿车辆行进方向移动合适距离,起升机构控制自动落包装置向下移动,并重新逐级落包。

(2) 起升机构设计。

起升机构由起升框架、步进电机、卷筒和钢丝绳等组成,步进电机通过减速器与卷筒相连,卷筒带动钢丝绳上下移动,从而实现沿高度方向的上下移动。设定码包速度为 1500 包/时,落包移动机构移动位移为 0.15 m,每一次起升机构工作需要 3 s,即起升速度为 3 m/min。卷筒的直径选为 500 mm,长度选为 1550 mm。起升机构质量经估算为 2500 kg,估算扭矩为 12500 N·m,因为步进电机的规格达不到设计要求,所以选用减速器来增大扭矩。步进电机选择时代超群 130HCY320AL3。减速器选择美讯 NMRV075,且减速比为 40。

(3) 前后移动机构设计。

前后移动机构主要功能是使自动落包装置沿车辆行驶方向前后移动。前后移动机构包括移动框架、移动车轮和驱动装置。落包过程中,为形成稳定的码垛,前后移动的距离为 2.5 m,设定移动速度为 0.5 m/s,且装车机行走精度较高,所以驱动装置选择伺服电机。整个机构的质量约为 2800 kg,前后移动机构采用有轨设计,摩擦系数为 0.12,电机功率估算为 2.5 kW,车轮的直径为 250 mm,车轮受到的力矩为 205 N·m,伺服电机选择安川 SGM7G-30A7C61。减速器为利铭 PB120-40,且减速比为 40。

3. 自动落包装置

(1) 自动落包装置的要求。

智能粮食转运专用装车装备结构的自动落包装置是在对码垛进行规划后,对传送机构传送过来的粮包进行送包、摆包、推包和落包等操作。设定落包平台和送包机构的设计尺寸为 2.2 m,粮包的宽度为 0.55 m,最多只能停放 4 个粮包,计算可知 4 个粮包的输入时间为 9.6 s,在这个过程中需要完成摆包、推包、落包、落包机构回位和起升机构向上提升一层等操作,这意味着这些动作的时间应不大于 9.6 s。据此,摆包和落包为第一步,然后是落包移动,之后落包机构就要回位。落包的定位、摆包和推包操作可以同时进行。这些机构的总运动时间设定为1.6 s。由于落包移动机构和起升移动机构之间没有干扰,所以落包机构返回、进包定位和提升一层可以同时进行。这些动作的总时间初设为2.4 s。由于推包和落包操作之间没有干涉,所以推包与落包可以同时进行。另外因为落包平台移动时装满粮包,而落包平台返回时没有粮包,所以落包平台移动时的负载比返回时的大,要花费的时间设定为2.6 s。总时间经计算为6.6 s,小于9.6 s,留有余量。

① 落包移动机构的设计指标。

驱动落包平台移动,使粮包平稳地滑到车厢是落包移动机构的主要功能。当粮包落包时,把车厢前端作为摆放定位点,落包移动机构带动落包平台沿着车厢长度方向移动,使粮包滑落到车厢的特定位置。落包移动机构的设计需要考虑很多因素,其中落包平台的尺寸与移动的行程决定了落包移动机构的最小行程。已知落包平台沿车长度方向最多摆下4个横包,因此长度为2.2 m,即落包平台的移动行程最小取2.2 m,即落包移动机构的总长度为4.4 m。落包平台的宽度不应大于落包移动机构的宽度,根据车厢的宽度计算,应取2.35 m,留5 cm的余量。落包平台的移动导轨和驱动机构的安装是落包移动机构高度设计时必须考虑的因素。落包移动机构还需要满足刚度要求,防止因刚度不足发生危险。落包移动机构的驱动机构的设计应该考虑摆满粮包后整体的质量与落包平台的移动速度。

② 转包机构的设计指标。

粮包转包机构安装在传送机构上,靠近自动落包装置。转包机构由输送带、顺包杆、改向气缸和挡包板四部分共同组成。改向气缸带动顺包杆移动,致粮包偏向并继续移动,碰到挡包板发生旋转,由横包变为纵包。由于传送机构在0~30°范围内变化,粮包与输送带接触而产生的摩擦阻力也会发生变化,为防止粮包与输送带脱离,粮包与输送带之间有足够的摩擦系数是必不可少的条件。阻力过小时,粮包可能会直接从输送带上滑落,造成落包时序混乱;阻力过大,粮包转包不到位,粮包姿态不标准,甚至因为受挤压而发生变形。为了使粮包可控,粮包沿重力方向下降的作用力分量应小于粮包与输送带之间的摩擦力。

(2) 落包平台设计。

根据总体设计要求,粮包长100 cm,宽55 cm,初始设计落包平台沿横向可以放置4列横包,沿纵向可以放置2列纵包或1列横包,即落包平台长度为2.2 m,宽度为2.1 m。

落包平台结构设计必须与抽屉式落包方式的设计要求相符合。抽屉式落包方式如下:通过落包平台的前后移动,粮包被平稳地送入指定位置。为了确保粮包准确落包,落包平台要有足够小的高度,以便使粮包能够从送包机构获得一定速度后稳定地滑到落包平台,进而落到车厢的特定位置。落包形式设计为多包同时落放,当连续4列纵包或者2列横包进入落包平台后,摆包机构将粮包向平台的左侧或右侧推动,以便为下一列粮包进入落包平台留出空间。

(3) 转包机构设计。

转包机构安装在输送带上且粮包与输送带之间的摩擦系数要不小于0.58。由上述介绍可知,转包机构由四个部分组分,下面仅介绍顺包杆的驱动设计。

顺包杆安装在带式输送机的尾部,顺包杆主要用于改变粮包滑落的轨迹,当落包平台需要横包时,顺包杆保持恒定的位置,不移动;当落包平台需要纵包时,顺包杆移动直至跟粮包接触，改变其下落轨迹并与挡包板发生碰撞，进而改变粮包姿态。顺包杆的旋转驱动方式为气缸驱动。

顺包杆气缸行程估算如下：

$$S = L_{包}/2 - B_{包}/2 + L_{接触} = 100/2 \text{ cm} - 55/2 \text{ cm} + 55/4 \text{ cm} = 36.25 \text{ cm} \quad (4\text{-}1)$$

式中　$L_{包}$——粮包长度，cm；

　　　$B_{包}$——粮包宽度，cm；

　　　$L_{接触}$——粮包与挡包板的接触长度，cm，经查相关资料取粮包宽度的1/4。

根据上述公式，气缸最大行程 S 为 36.25 cm。由于在转包操作中，改向气缸仅仅推动顺包杆移动，载荷非常小，选择 $D50 \text{ mm} \times 380 \text{ mm}$ 的气缸，在带式输送机的合适位置安装。

(4) 摆包机构设计。

摆包机构由摆包气缸、摆包板构成。摆包机构受到的主要载荷为移动粮包时产生的摩擦力，初设摆包机构的移动速度为 0.5 m/s，气缸行程为 2100 mm，摆包机构最多移动 4 个粮包，4 个粮包质量为 240 kg，取摩擦系数为 0.3，即摆包机构最大载荷为 720 N，负载率取 0.5。为了使受力均匀，选择双气缸，所以单个气缸工作载荷为 720 N，气缸的直径选择 50 mm。

(5) 落包移动机构设计。

根据上文的设计数据，落包移动机构的长度为 4.4 m，宽度为 2.35 m，在移动过程中承受粮包的重力和自身结构重力，落包平台最多能摆放 8 个粮包，总质量为 480 kg，落包平台自身的质量大概为 700 kg，所以落包移动机构承受的最大载荷为 1180 kg，码包速度为 1500 包/时，落包操作的初设时间为 2.6 s，由于落包操作需要一定的精度与稳定性，选择伺服电机驱动，驱动方式为同步带直线导轨驱动。

① 导轨选型。

落包平台的落包动作与返回动作都是在直线导轨上完成的，在这一过程中直线导轨主要起两个作用：支承和导向。导轨的选型要从以下几个方面考虑：安装空间、使用配置、尺寸、工作负荷、行程、使用频率、运行速度和加速度、寿命、工作环境等。

根据设计，落包移动导轨安装有很多条件要求。首先需要准备两条导轨，分别水平倒挂安装在自动落包装置机架的下端，每条导轨通过三个滑块与落包平台相连。落包移动机构承受的最大质量为 1180 kg，即导轨承受最大重力为 11.8 kN；当摆包机构工作时，粮包与落包平台间产生摩擦力，这个力会对导轨产生径向力，约为 1250 N；落包平台通过滑块沿导轨前后移动也会产生摩擦力，约为 360 N。落包移动导轨初始设计时间要求为每年运行 2100 h。根据这些要求，选择重负荷型直线导轨 MSA35S。MSA35S 参数如表 4-1 所示。

表 4-1　MSA35S 参数

导轨长度/mm	导轨（连滑块在内）截面宽度/mm	导轨（连滑块在内）截面高度/mm	额定动负荷/kN	额定静负荷/kN
4400	70	55	52	75.5

② 电机选型。

由上文的数据，自动落包装置移动的行程是 2.2 m，落包移动的时间为 2.6 s，落包返回的时间为 2.4 s。假设落包移动机构制动加速度和启动加速度相同,分别占总时间的四分之一,落包总时间 $t=2.6$ s,加减速时间比取 $A=0.5$,则启动加速时间和制动减速时间:

$$t_a = t_c = t \times \frac{A}{2} = 0.65 \text{ s} \tag{4-2}$$

稳定时间:

$$t_b = t - 2 \times t_a = 1.3 \text{ s} \tag{4-3}$$

则根据牛顿运动定律,落包移动机构的加速度为

$$a = \frac{s}{t_a \times (t - t_a)} = 1.74 \text{ m/s}^2 \tag{4-4}$$

落包移动机构稳定速度:

$$v = a \times t_c = 1.13 \text{ m/s} \tag{4-5}$$

加速功率:

$$P_a = mav = 1180 \text{ kg} \times 1.74 \text{ m/s}^2 \times 1.13 \text{ m/s} = 2320 \text{ W} \tag{4-6}$$

行走功率:

$$P_0 = \mu m g v = 0.03 \times 1180 \text{ kg} \times 9.8 \text{ m/s}^2 \times 1.13 \text{ m/s} = 392 \text{ W} \tag{4-7}$$

最大功率:

$$P_{\max} = P_a + P_0 = 2320 \text{ W} + 392 \text{ W} = 2712 \text{ W} \tag{4-8}$$

电机的额定输出功率应满足下式:

$$\frac{P_a + P_0}{2} < P_{电机} < P_a + P_0 \tag{4-9}$$

传动效率估算:落包移动机构的驱动部分由减速器、联轴器、皮带轮和同步带组成,驱动形式是伺服电机通过联轴器与减速器带动同步带轮,同步带轮通过同步带带动落包平台移动。这些机构传动总效率 T 取 0.8,这就要求这些机构的传输效率都应该在 95% 以上。查表得,载荷系数 K 在 1.1~1.4 中取值,这里取 1.2。

因此电机功率应为

$$P_{电机} = \frac{K P_{\max}}{2\eta} = 1713 \text{ W} \tag{4-10}$$

由于落包移动机构的运动是间歇运动,每次运动时间较短,选用 1.8 kW 的安川伺服电机,所选安川电机型号为 SGM7G-20AFC6C。

③ 传动机构设计。

落包移动机构设计的驱动方式为同步带直线导轨驱动。根据落包的要求,同步带带轮的直径初选 170 mm,由上文可得,落包平台稳定时的运行速度为 1.13 m/s,由于同步带带动落包平台移动,所以落包平台与同步带的速度完全相同,即同步带的移动速度也是 1.13 m/s,这里依据公式 $(2\pi n/60) \times D/2 = v$,得到带轮的转速 n 为 127 r/min,已知电机的额定转速为 1500 r/min,得到电机转速与带轮转速的比值为

$$l_v = \frac{v_{电机}}{v_{带轮}} = \frac{1500 \text{ r/min}}{127 \text{ r/min}} = 11.8 \tag{4-11}$$

由落包移动机构的受力分析情况,结合下列公式,求得带轮的转矩:

$$T_{带轮} = (ma + \mu mg) \times \frac{D}{2} = 204.01 \text{ N·m} \tag{4-12}$$

电机的瞬时最大转矩为 28.7 N·m，带轮的转矩为 204.01 N·m，用带轮的转矩除以电机的瞬时最大转矩，即可得到转矩的传动比：

$$i_T = \frac{T_{带轮}}{T_{瞬时最大}} = 7.1 \tag{4-13}$$

结合已知的减速器参数，取减速器的传动比为 7。选取的减速器为利明减速器，减速器型号为 PB180，其传动效率为 95%，大于设计要求的 80%，符合设计要求。另外，这款减速器的输出转矩为 975 N·m，大于同步带带轮的转矩，也符合相关设计要求。

根据已经选定的伺服电机与减速器，确定伺服电机与减速器的额定转矩、转速、外形尺寸等详细参数，并且要求各个部件的传动效率在 80% 以上。联轴器选用梅花型弹性联轴器，联轴器的型号为 LM8（主动轴是 Y 型 $\phi 55$ mm×84 mm，从动轴是 Y 型 $\phi 55$ mm×84 mm）。联轴器的各项参数：公称转矩 $T_n = 1120/2240$ N·m，许用转速 $n_p = 4500$ r/min，外形尺寸 $D = 170$ mm，$L_0 = 181$ mm，轴孔 $\phi 55$ mm×84 mm。符合设计要求。

在同步带的设计中，涉及同步带的各项参数，如齿形选择、同步带型号的选择、基本带宽的确定和齿制类型的选择等。根据前文内容可得，伺服电机的额定功率是 1.8 kW，连接同步带的两个带轮的尺寸完全一样，同步带的转速为 214 r/min。

根据上述条件，首先计算同步带设计的功率 P_d：

$$P_d = \eta \cdot KA \cdot p = 0.8 \times 1.5 \times P_{电机} = 2.16 \text{ kW} \tag{4-14}$$

求得同步带的功率为 2.16 kW，同步带的转速为 214 r/min，查阅相关资料，同步带的型号取 H，同步带节距 p_b 取 22.225 mm，由前文可知大小带轮尺寸相同，齿数 Z_i 都取 24，两个同步带带轮中心距 a_0 取 4230 mm，由于两个同步带带轮参数都相同，所以两个同步带带轮的传动比为 1。

$$d = p_b \cdot \frac{Z_i}{\pi} = 169.87 \text{ mm} \tag{4-15}$$

$$L = 2a_0 + \pi d = 2 \times 4230 \text{ mm} + \pi \times 169.87 \text{ mm} = 8993.4 \text{ mm} \tag{4-16}$$

$$Z = \frac{L}{p_b} = 404.65 \tag{4-17}$$

式中，Z 为同步带齿数；a_0 为同步中心距，m；L 为带长，m；p_b 为同步带节距，m。

取齿数 $Z = 400$，则带长 $L = p_b \cdot Z = 8890$ mm，中心距调整为 4230 mm。

经查阅资料，带宽根据额定功率和设计功率求得为 101.6 mm。

对于落包移动机构的驱动部分，减速器选择利铭 PB180，联轴器选择梅花型弹性联轴器 LM8，同步带选择带长为 8890 mm、带宽为 101.6 mm 的 H 带。

④ 结构设计。

落包移动机构分为三部分：第一部分为落包移动框架，在整体设计中，它相当于自动落包装置机架的一部分，由 14b 槽钢焊接而成，其中移动框架两端各自焊有厚度为 10 mm、高度为 310 mm 的钢板，用来固定驱动机构；第二部分为驱动系统，由伺服电机、减速器、同步带带轮和同步带组成，驱动系统通过螺栓连接在落包移动框架的钢板上；第三部分为落包移动导轨，其水平倒挂安装在 14b 槽钢的凹槽内。

4.2.2 火车粮食装车机及其结构

4.2.2.1 轨道移动式装车机

轨道移动式装车机应用于散货码头、集运站、铁路专用线上,可连续将散状物料装入火车车厢内,具有臂架伸缩功能,一台设备可以为多列火车装车,装车作业过程中不需要机车牵引。ZC-Ⅰ和ZC-Ⅱ型装车机在港口已经投入使用多年,技术成熟,设备可靠。轨道移动式装车机如图4-14所示。

图4-14 轨道移动式装车机

1. 轨道移动式装车机装车过程

待装火车由机车牵引停靠在装车线上,停车到位后开始装车作业。司机向生产调度室申请装车作业。调度室将识别后的列车编组信息发送到司机室,司机明确待装列车编组的车厢种类、物料类型、装载容量参数后,选择装车机进行装载作业。装车机伸缩臂架伸出,自动定位到列车车厢上方,给料分叉漏斗选择给料通道,卸料分叉漏斗选择卸料通道,司机发出装车作业开始信号到调度室,启动伸缩臂架皮带机后启动地面皮带机,延时启动前端给料装置,物料经地面皮带机、伸缩臂架皮带机、卸料分叉漏斗装入车厢,装车机开始匀速行走。

第一节车厢达到预定装载量时,装车机行走到车厢跨接的地方,控制系统检测到车厢跨接位置时,卸料分叉漏斗内的液压翻斗切换通道,物料经过另外一个通道装入车厢,当前端通道进入第二节车厢的有效空间后,重新切换到前端通道卸料。

司机选择并列的另一辆火车进行装车作业,装车机伸缩臂架再次伸出,定位在列车待装车厢上方,开始为第一节车厢装车。列车装车作业中地面皮带机运行方向与装车机的走行方向一致。

装车机沿着装车线平行于列车行走,依次完成中间各级列车的装车作业。进入列车的最后一节车厢的装载作业,当前端给料装置的给料量将要达到列车车厢的总装载量时,司机发送给料停止信号到生产调度室,以停止前端给料,装车机将剩余物料全部装入最后一节车厢内,完成列车的装车作业。

装载作业结束后,如果地面皮带机上面仍有物料,给料分叉漏斗切换到弃料通道,多余的物料经弃料通道沿垂直溜管重新落到地面皮带机上,并输送到机尾的弃料装置。装车机完成并列列车的装车作业,机上皮带机收回,到位自动停,止行夹轨器动作,锁定设备,本次装车作业完成。

2. 轨道移动式装车机各组成结构

轨道移动式装车机主要组成部分如图4-15所示。

图 4-15 轨道移动式装车机主要组成部分

① 主体门架。

主体门架是装车机的主要部件,是其余组成单元的安装载体。综合考虑安全、经济等因素,主体门架一般由结构钢组件拼装而成。

② 行走机构。

行走机构安装于主体门架的下方。当装车机需要移动时,由行走机构拖动装车机到合适的装车地点。行走机构主要由车轮和电机组成,根据装车机的尺寸合理选择车轮的数量。主动车轮位于装车机的前部,当装车机需要移动时由电机驱动前端的车轮。行走机构是装车机的关键部件,采用交流变频调速,装车作业中变速行走,满足装车移动要求。

③ 伸缩臂架。

伸缩臂架位于主体门架的中部,它将地面皮带机的物料输送到分叉漏斗装入车厢,安装有皮带秤,可动态称量装载物料。伸缩臂架伸缩部分是一水平运输皮带机。为了将物料运送到并列的第二辆火车,主体门架中部的皮带机应可伸缩。为了使皮带能够直线伸缩,门架上设置了导向元件。导向元件为皮带机上方和下方两排滚轮。皮带机机架上加工有导向滚轮槽,当伸缩系统工作时,伸缩臂在导向元件上滑动,臂架长度就能变化。

④ 分叉漏斗。

分叉漏斗位于伸缩臂架的末端,有两个物料出口,内部装有液压翻斗,可以选择性地控制物料的经过通道。连续装车时,在车厢跨接处分叉漏斗动作,转换物料方向。卸料处设置观察扶梯,便于现场人员观察装车状态。

⑤ 司机室。

司机室是装车机的控制中心,位于主体门架的上部,左、右各布置一个。

⑥ 尾车机构。

尾车机构连接主体门架与地面皮带机,包括二层平台、电缆卷筒、皮带驱动机构等。

4.2.2.2 火车装车楼

散粮装车是散粮火车运输的重要环节,其装运工艺水平是粮食运输现代化的重要体现。目前煤炭、矿粉行业单溜管火车装车工艺相对成熟。粮食方面,单溜管火车装车工艺在国外已有一些成功的使用案例,但国内其应用尤其在散粮专用车方面的应用仍很少,不过近几年也正在逐步推广。

1. 火车装车楼装车过程

火车装车楼如图4-16所示。装车时火车、公铁车或其他散粮车通过车辆识别系统进行识别，自动识别车厢并将相关数据导入控制系统，方便后续车厢装料。牵引车辆低速行驶至塔料斗秤下方装车位。当传感器检测到车厢上方装粮口对准车厢装料位置时，自动将物料引导管道放下，然后开启散料秤、卸料气动闸门开始放料。粮食在重力的作用下自动流入车厢，装车管下部粮食堆满时停止放料，牵引车辆向前移动，开始对下一节车厢进行装粮。选用合适的材料制作溜管可实现在装车的过程中刮平物料。溜管上装有传感器，当节车厢尾部到达溜管处时，溜管上的传感器接收信号，系统将装车管收回，当下一节车厢到达正确位置时装车管再次放下进行装车。

图4-16 火车装车楼

2. 火车装车楼各组成结构

火车装车楼整体布局如图4-17所示。

① 塔架。

塔架为装车楼的主体结构，通常情况下高度由数米到数十米不等，可分为多个楼层。塔架之中安装有皮带输送机、计量秤、缓冲仓、操作室、闸阀门等相关设备。塔架多采用钢结构或者剪力墙结构。

② 缓冲仓。

前方输送设备输送的物料暂时储存在缓冲仓中，它起到缓冲过渡的作用。缓冲仓的容量一般较大，有的可达100～200 t，缓冲仓的缓冲作用可以有效缓解运送物料不均匀的

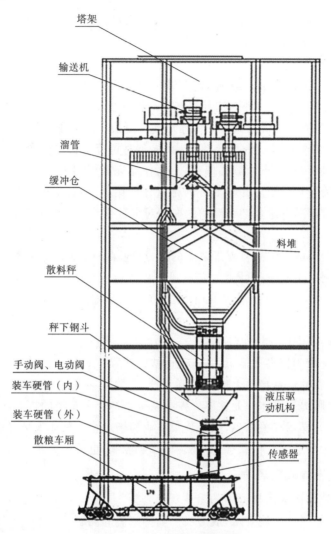

图 4-17 火车装车楼整体布局

问题,同时也可以保证在装车过程中均匀提供物料。缓冲仓一般可以采用钢结构或混凝土结构,为保证粮食可以自动流下,其倾角应设计得足够大,仓底多为方形倒锥结构。为避免积累灰尘和粮食,通常采用添加耐磨材料的内衬,以减小摩擦系数。

③ 散料秤。

为了保证粮食的定量装车,需要在装车楼中安装散料计量设备。散料秤一般通过多斗次的累计方法来大致计算火车每车厢装入的物料量。散料秤对物料的流动有阻碍作用,影响装车效率,故通常选型时会选择流量较大的散料秤。

④ 秤下钢斗。

安装秤下钢斗,临时储存过秤后的散粮,可以保证物料能够均匀地装车。秤下钢斗一般尺寸较小,容量在 10 t 左右。

⑤ 卸料闸门。

为了保证物料的密封效果,装车楼的阀门选择手动和气动组合的闸门,一般下部采用气动闸门,上部采用手动闸门。在装车作业时先将手动闸门完全打开,气动闸门由控制系统控制其开启和关闭,可以保证装料过程中的及时供料或断料。整车装料完成后,为避免漏料、确保安全,手动闸门应关闭。

⑥ 伸缩式装车管。

物料通过伸缩式装车管灌入车厢,装车管主要由内溜槽体、行程保护装置、外溜槽体、液压升降驱动杆等部件组成。外溜槽悬挂在内溜槽两侧的液压推杆上,内、外溜槽上有滑道,外溜槽可沿内溜槽上的滑道做上下伸缩运动。更换车厢装车时,外溜槽由液压驱动系统驱动进行升降。溜槽设计成内外套筒结构,装车时可降低高度并使用外溜槽刮平车厢内粮面,保证装车量和防止车辆重心偏移较大;作业完成时可升起外溜槽,保证车辆正常通行。内溜槽的位置相对固定并与上方的称重仓使用软连接,通常采用的连接方式有帆布连接、软胶皮连接等,以避免装车溜槽的振动对定量称重过程的干扰。

⑦ 控制室。

控制室位于较高的位置并且靠近装车的地方,确保具有良好的视野,方便操作和监视装车的过程。控制室中操作员可通过窗户观察物料装入车厢的情况,若出现问题可以及时采取措施。控制室也是个小型的管理中心,各类显示器、监视器、控制台等相关设备安放在此处。

⑧ 车辆识别系统和控制系统。

车辆识别系统用于扫描车辆识别码,迅速从中获取车厢尺寸、类型、吨位、车辆编号等有关信息,并可将有关信息自动上传至控制系统,为自动装车控制系统提供基本信息,可有效减少人工干预,提高整体作业效率。控制系统是整个装车楼的核心,它通过计算机控制所有单元,并实时显示有关信息,保证装车作业顺畅进行。操作人员可通过控制系统了解火车装车楼各个环节的工作状态,实现装车作业控制,也可由系统自动控制装车过程。

4.2.2.3 伸缩式装车机

铁路运输中装卸搬运是物流中的重要环节,进一步提高其机械化、自动化、智能化水平,对标铁路现代物流的发展要求,成为当下亟待解决的问题。

1. 作业过程

多功能装卸一体机(又称伸缩式装车机)是针对铁路货物装卸、搬运而研发的移动式装卸机具,配备油电双源动力,单机可装可卸。机身高度可调,以满足不同站台高度的火车车厢装卸需求,进出料臂均可伸缩、升降、旋转,伸缩范围 3~6 m,升降范围 0.5~5.5 m,旋转幅度可达 180°。独有的滑轨专业技术可使机身平移 2.8 m,覆盖车厢内所有作业点,真正实现货物的点对点装卸。整车作业姿态摆放可调,可"之"字形作业,满足狭窄空间的装卸需求。整车展开长度可达 15 m,收拢后 9.5 m,车身宽度为 2.25 m,"之"字形工作时最小摆放距离 6 m,物料输送速度可调,达到人机配合最佳状态。进出料臂可以手动收放回转,杜绝出现在车厢内卡死的极端情况,保障装卸作业和接发列车不受影响,配备油电双源动力,可自由切换,节能环保。进出料臂能够深入车厢内 7 m,极大降低掏厢作业劳动强度,转场灵活机动,行驶速度可达 25 km/h。多功能装卸一体机能够提高装卸作业效率,提升装卸服务质量,增强铁路物流竞争力。该设备将每名工人装卸车能力提高 2 倍以上,减少用工数量 50% 以上,装卸时间压缩 1/3 以上。伸缩式装车机作业过程如图 4-18 所示。

图 4-18 伸缩式装车机作业过程

2. 伸缩式装车机各组成机构
① 行走机构。

为了符合灵活、机动等特点,伸缩式装车机选用轮式行走机构。考虑经济性,伸缩式装车机选择普通轮式车辆的行驶系统作为行走机构,主要结构为车架、车桥、车轮、悬架等。司机移动伸缩式装车机如图 4-19 所示。

图 4-19 司机移动伸缩式装车机

② 升降机构。

为了满足不同站台高度的火车车厢装卸需求,伸缩式装车机在底盘装有 4 个升降液压缸,液压缸通过控制 4 个液压杆的伸缩以抬高或降低装车机的高度,进而满足装车需求。同时,装车机的两端皮带机与车架采用活动铰链连接且下端用液压缸做支撑。当传送端物料由高变低而堆方端物料由低变高时,可以通过控制液压缸活塞杆的伸出与收回来调整前、后端高度以实现连续装车的需求。准备起升的伸缩式装车机如图 4-20 所示。

图 4-20　准备起升的伸缩式装车机

③ 角度调整机构。

由于火车车厢门位于两侧,使用直列式装车机无法将物料直接运送到车厢两端。因此装车机需要有角度调整机构。将两端的皮带机机架与齿圈设计为一体,内部通过行星齿轮转动,可带动两端皮带机架转动一定角度,进而实现将物料运送到车厢两端的目的。调整角度时的伸缩式装车机如图 4-21 所示。

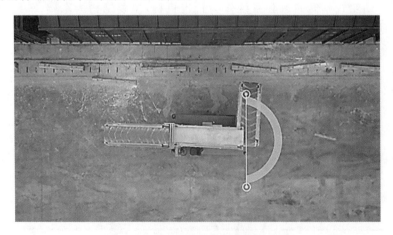

图 4-21　调整角度时的伸缩式装车机

④ 伸缩系统。

伸缩系统主要由基本臂和伸缩臂机构两部分组成。其中,伸缩臂机构包括两节伸缩臂以及伸缩液压缸。当伸缩系统工作时,各节伸缩臂在导向元件上滑动,臂架长度逐渐变化,当臂架达到最大或最小长度时液压缸停止工作。臂架的仰角是靠变幅油缸伸缩来实现的,臂架的质量由根部固定部件和液压缸来支撑。臂架在起升或回转作业时,它在两个方向上均处于悬臂状态,并承受压缩和弯曲的组合作用。伸缩时的伸缩式装车机如图 4-22 所示。

图 4-22 伸缩时的伸缩式装车机

4.2.2.4 粮食专用公铁车

铁路运输适应性强,可持续运营,受气候影响小。但铁路运输受路线、货站的限制,机动灵活性较差,不能直达货物目的地,不适合短途运输。公路运输具有机动灵活、适应性强、在中短途运输中运送速度较快等特点,可以对铁路运输、航空运输起到集中、疏散的作用。公铁车是指在公路和轨道上均可行驶的专用车辆,可用于列车牵引,也可用于货物转运,如图 4-23 所示。目前国内市场上有柴油机公铁车和蓄电池公铁车。由于国家大力提倡节能环保,蓄电池公铁车成为主流。公铁车灵活的运输优势,使其成为粮食物流装备的发展趋势。

图 4-23 公铁车

图 4-24 为目前连云港东粮码头有限公司使用的粮食专用公铁车。

1. 工作过程

公铁车具有两套传动系统,一套为橡胶车轮驱动,另一套由导向钢轮驱动。在公路上时,车辆钢轮由液压缸提起,前后导向钢轮离开地面,实现车辆在公路上行驶。当在轨道上时,车辆各导向钢轮被放下,支于钢轨上,此时橡胶车轮被稍微抬起而离开地面,驱动力由电机传到钢轮,实现车辆在轨道上行驶。

图 4-24　连云港东粮码头有限公司粮食专用公铁车

2. 主要结构

① 行走系统。

行走系统由公路行走系统和铁路行走系统组成。公路行走系统采用普通汽车底盘,具有汽车的各项功能,同时汽车底盘作为其他设备的安装载体,运行速度和普通货车相当。

铁路行走系统采用专门设计的导向钢轮系统,具备垂直上道和钢轮驱动功能。公铁车在铁路上的行驶状态如图 4-25 所示。铁路行走系统采用回转支承上安装座左、右两侧的螺栓和 U 形螺栓与车桥连接。铁路行走系统主要由导向轮、轮轴、升降转臂、回转支承上安装座、回转支承下安装座、导向油缸等组成,如图 4-26 所示。

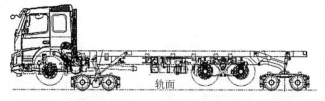

图 4-25　公铁车在铁路上的行驶状态

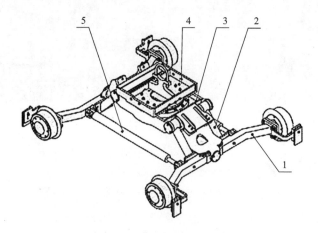

图 4-26　铁路行走系统结构

1—轮轴;2—升降转臂;3—回转支承下安装座;4—回转支承上安装座;5—导向油缸

导向轮与钢轨直接接触,负责导向和行驶,支撑车辆的全部质量,要求要有足够的强度和刚度。回转支承上安装座一般为焊接组件,起到连接车桥和回转支承的作用,采用U形螺栓和普通螺栓与车桥连接。回转支承下安装座与上安装座采用相同工艺,均为焊接组件,负责连接回转支承和升降转臂。回转支承安装于回转支承上、下安装座之间,在车辆通过曲线要转向时减小车轮与轨道间的挤压摩擦。升降转臂采用焊接件,一端通过铰接的方式连接回转支承下安装座,另一端通过螺栓连接轮轴。导向油缸两端铰接在轮轴上。

② 升降连杆机构。

升降连杆机构主要用于行走部件的升降,完成公路、铁路两种模式的转换。车辆上轨时,升降连杆机构通过液压缸伸出动作将行走部件下落至轨道上,同时将车辆抬高,使得橡胶车轮离开轨面一定距离。车辆下轨时,升降连杆机构通过液压缸收缩动作将行走部件收起且离开地面一定高度,使得车辆能够在公路上行驶。

升降连杆机构采用等腰梯形四连杆结构,如图 4-27 所示,其中 AB 为机架,AC、BD 为升降转臂,CD 为导向油缸伸缩机构,其中 $AC=BD$。导向油缸伸长和收缩可实现导向机构的升降。公铁车在公路上行驶时升降连杆机构处于 $ABDC$ 状态,导向油缸伸长,导向轮被提升到最高极限位置。

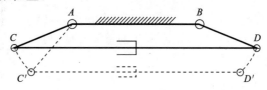

图 4-27 升降连杆机构原理图

③ 上装作业系统。

公铁车是具有多种用途的车辆,轻便灵活,运行速度高,使用范围大。它可按作业要求配备不同的上装作业设备,进行各种作业,如起重、挖掘、装卸、除雪、清扫线路,以及架设接触网导线、检查维修接触网上部设备、抢险救灾等。粮食专用公铁车以运输粮食为主,运输散粮时可以配备粮食运输罐,方便粮食密封运输,当运输袋装粮食时可以配备车厢。

习 题

1. 常见的粮食装车机有哪几类?请简述它们的结构组成。
2. 智能粮食转运专用装车装备由哪几部分组成?请简述各部分的作用。
3. 在设计落包移动机构时,导轨的选型需要注意哪些方面?
4. 智能粮食转运专用装车装备中转包机构受粮包位置、姿态的影响,如何有效提升转包机构的转包效果?
5. 火车粮食装车机有哪几种装车设备?请简述各装车设备的适用环境和特点。
6. 简述火车装车楼的工作过程,并指出各个执行机构的控制方式和工作顺序。

5 智能粮食转运车

5.1 总体结构设计

智能粮食转运车是在传统或者改进的车辆结构基础上，应用车辆自动驾驶技术，如车载传感器和环境感知技术、定位和建图技术、路径规划技术、决策以及智能控制技术等，自动实现原粮从称重、扦样到入库、数据信息上传等全部流程，在提高粮食物流转运效率和降低人工劳动强度的同时，有效提高粮食转运行业的自动化和智能化水平的智能装备。其所用技术的逐步发展、推广、迭代更新以及应用，最终推动了机器人学、智能驾驶车辆技术及相关行业的蓬勃发展。

本节将以电动车底盘为基础，介绍粮食转运车的主要机械结构，重点针对目前常用的重载电动车底盘，从动力电池、执行电机、转向系统、制动系统以及线控系统等方面进行阐述，着重介绍智能粮食转运车低速、重载的特点。同时结合当前先进的控制技术，对自动转运系统的"大脑"和"神经系统"——线控系统展开讨论。这些内容共同组成了智能粮食转运车的"骨骼"，是无人转运车能够正常工作的重要部分，为自主循迹、车道追踪、障碍物规避等功能奠定了基础。

5.1.1 底盘结构设计

区别于传统汽车底盘，纯电动汽车电动化底盘是依靠电能作为唯一能源来实现车辆驱动、转向、制动等功能的集成系统，它保证纯电动汽车安全、高效地正常行驶。电动化底盘包括电驱动系统、动力蓄电池系统或动力蓄电池-超级电容复合电源系统、车载充电系统以及包含转向系统、制动系统在内的辅助动力系统。下面主要介绍纯电动汽车底盘总体系统、驱动方式、助力转向系统、制动系统以及线控系统。

1. 电驱动系统概述

电驱动系统是纯电动汽车的心脏，把电能转化为机械能驱动车辆行驶，它与传统动力驱动系统的主要区别在于动力源用电机替代发动机，传统驱动系统中的离合器、变速器、传动轴和驱动桥等总成部件在不同类型的电驱动总成中被简化。电驱动系统由驱动电机、电机控制器和减变速机构组成，通过高低压线束、冷却管路与整车其他系统连接。其作用是在驾驶员的控制下，高效率地将动力蓄电池的能量转化为车轮的动能，或者将车轮上的动能回馈到动力蓄电池中。电驱动系统较传统驱动系统来说，具有体积小、功率密度高、布置空间小的特点，因此它在整车上的布置方式非常灵活，可以很容易地布置在前桥或后桥上，以实现前轮驱动、后轮驱动和四轮驱动这三种模式。当前电驱动系统在整车上的布置形式有三种——前置前驱、后置后驱和前后桥双电驱动系统（四驱），如图 5-1 所示。

图 5-1(a)所示为前置前驱电驱动系统布置形式，将电驱动总成直接布置在前桥上，分别驱动两侧半轴实现整车行驶；图 5-1(b)所示为后置后驱电驱动系统布置形式，与前置

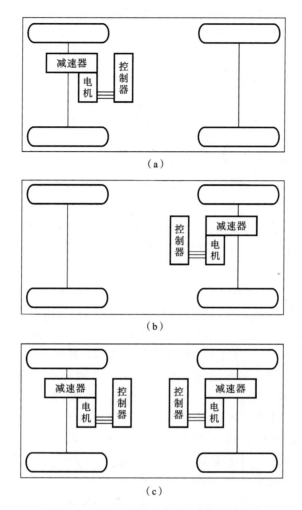

图 5-1 电驱动系统在整车上的布置形式
(a) 前置前驱布置形式；(b) 后置后驱布置形式；(c) 前后桥双电驱动布置形式

前驱的工作模式相同；图 5-1(c)所示为前后桥双电驱动系统布置形式，此种布置形式不仅可以实现整车四轮驱动，同时可以实现单独前轮驱动模式和单独后轮驱动模式，适应性强，具有根据整车实际工况灵活调整驱动方式的优势。

纯电动汽车的驱动方式主要有两大类：集中式驱动和分布式驱动。

(1) 集中式驱动对车辆本身改动小，开发周期短，难度小，是目前纯电动汽车的主流驱动方式，其中轿车多采用单电机＋减速器/变速器系统，客车多采用电机与车桥连接的系统。集中式驱动系统的关键零部件由分体式向集成式发展，需要对电机系统与减速器/变速器和驱动桥深度集成技术进行深入研究，以提升加工制造水平。

(2) 分布式驱动传动链有所简化，整车空间利用率高，动力性能和控制性能优越。随着电机集成及控制技术的不断进步和对车辆布置空间要求的进一步提高，分布式驱动方式将会是纯电动汽车的主要发展方向。

电驱动系统设计原则主要有以下几项：满足整车动力性能要求，如爬坡性能、加速性能等；满足整车经济性要求，在大部分工况下保持较高的系统工作效率，以增加纯电动汽车的续驶里程;功率密度高,调速范围大,稳定性和控制精度好;体积小,质量轻,成本低;可靠性高,安全性高,寿命长,噪声低。

2. 辅助动力系统

辅助动力系统主要包含助力转向系统和制动系统,是汽车底盘的重要组成部分,其性能直接影响汽车的行驶安全性、操纵稳定性和驾驶舒适性,对确保车辆的转向和制动过程安全、保护驾驶员的人身安全、改善驾驶员的驾驶条件以及减少交通事故起着重要作用。常规车辆的助力转向泵和空气压缩机(简称空压机)均通过传动带或齿轮由发动机驱动,并为转向系统和制动系统提供动力。在汽车底盘电动化的过程中,由于不再由发动机提供动力,因此需要实现包含转向系统和制动系统在内的辅助动力系统电动化。

(1)电动助力转向系统。

按照助力源种类来分,纯电动汽车的助力转向系统通常采用电控液压助力转向(electronic hydrautic power steering,EHPS)系统、电动助力转向(electric power steering,EPS)系统两种方式。

① 电控液压助力转向(EHPS)系统。纯电动商用车的助力转向系统以 EHPS 为主,它是在常规车辆液压助力转向(hydraulic power steering,HPS)系统的基础上,将转向油泵改由转向电机驱动,带动液压油为整车转向系统提供稳定、舒适的转向助力。

② 电动助力转向(EPS)系统。纯电动乘用车的助力转向系统以 EPS 为主。EPS 是一种直接依靠电机提供辅助转矩的动力转向系统,具有能耗低、低速转向轻便、高速转向稳定、回正性能好、结构紧凑、质量轻、无须更换液压转向油、系统电机及控制器免维护等优点;但受输出转矩的限制,EPS 在商用车上大范围应用还有一定的局限性。EPS 可以作为一种由电机直接提供辅助转矩的助力转向系统,不同类型 EPS 的基本原理是相同的,即转矩传感器与转向轴(小齿轮轴)连接在一起,当转向轴转动时,转矩传感器将输入轴和输出轴在扭杆作用下产生的相对转动角位移转换成电信号传给控制器,控制器根据车速传感器和转矩传感器的信号确定电机的旋转方向和电流大小,实时控制助力大小。EPS 可实现车速不同时提供不同的助力效果,保证汽车在低速转向行驶时轻便灵活,而在高速转向行驶时稳定可靠。因此,EPS 助力特性的设置具有较高的自由度。

EPS 一般由转矩传感器、电机、减速机构和电子控制单元(ECU)等组成。其中,转向盘转矩传感器用来检测转向盘输入力矩;车速传感器用来检测输入的车速信号,实现随速助力功能;电机输出力矩经减速机构作用于转向系统,实现助力功能;控制器用来检测传感器信号,控制电机输出助力,并具有诊断、通信功能。

与液压助力转向系统相比,EPS 系统具有以下几个特点:EPS 系统能在各种行驶工况下提供合理的助力,减小由路面不平所引起的对转向系统的扰动,改善汽车的转向特性,减小汽车低速行驶时的转向操纵力,提高汽车高速行驶时的转向稳定性,进而提高汽车的安全性;EPS 系统可通过设置不同的转向操纵力特性来满足不同使用对象的需要;只在转向时电机才给 EPS 系统提供助力(不像液压助力转向系统,即使不在转向,油泵也一直运转),因而能减少能量消耗;EPS 系统取消了油泵、传动带、带轮、液压软管、控制阀、油罐、液压油及密封件等,只需增加电机、减速机构、离合器、传感器及电子控制单元等,零件减少,质量更轻,结构更紧凑,在安装位置选择方面也更容易;EPS 系统没有液压回路,更易调整和检测,装配自动化程度高,并且可以通过设置不同的程序,快速与不同车型匹配,因而能缩短生产和开发周期；EPS系统不存在渗油问题，可大大降低保养、维修成本，减小对环境的污染。

根据电机布置位置和转向器的不同，EPS系统可分为如下类型：

a. C-EPS　转向轴助力式EPS，电机固定在转向轴一侧，通过减速机构与转向轴相连，直接驱动转向轴助力转向，适用于前轴负荷较小的乘用车和商用车。

b. P-EPS　齿轮助力式EPS，电机和减速机构与齿轮齿条转向器的小齿轮相连，直接驱动小齿轮助力转向，适用于前轴负荷适中的乘用车。

c. R-EPS　齿条助力式EPS，电机和减速机构为直接驱动齿轮齿条转向器中的齿条提供助力，适用于前轴负荷较大的乘用车。

d. RB-EPS　循环球助力式EPS，电机和减速机构为直接驱动循环球转向器中的螺杆提供助力，适用于前轴负荷较小的商用车。

（2）电动制动系统。

电动制动系统的核心作用是，使行驶中的汽车按照驾驶员的意图进行强制减速甚至停车，使已停驶的汽车在各种道路条件（包括在坡道上）下实现稳定停车，使下坡行驶的汽车速度得到稳定控制。目前，电动制动系统主要有气压制动系统和液压制动系统。气压制动系统是以高压气体为制动介质，通过管路将高压气体送到各个制动分泵达到制动效果；液压制动系统是以制动液为制动介质，由制动总泵通过制动管路将制动液输送到每个制动分泵，从而达到制动效果。

① 气压制动系统。气压制动系统是基于传统气压制动系统，以电子元件代替部分机械元件，并由电控部件和电机带动压缩机产生压缩气体来提供气压制动力的系统。

② 液压制动系统。液压制动系统是基于传统液压制动系统，以电子元件代替部分机械元件，由电控部件产生液压制动力的制动系统。液压制动系统一般由制动踏板、踏板行程传感器、踏板感觉模拟器、压力供给单元、液压调节单元、电子控制单元、压力传感器、制动主缸、制动轮缸、储液罐、制动管路等组成。其中，压力供给单元为制动管路建立制动压力，按照建立制动压力的方式不同，压力供给单元可以分为两类：基于高压蓄能器的压力供给单元和基于电动制动主缸的压力供给单元。基于高压蓄能器的压力供给单元由电机、泵、高压蓄能器组成，储液罐中的制动液经过电机、泵进入高压蓄能器，建立制动压力；基于电动制动主缸的压力供给单元由电机、传动机构（滚珠丝杠或蜗轮蜗杆）、制动主缸组成，电机转矩经过滚珠丝杠或蜗轮蜗杆转化为直线推力，同时滚珠丝杠和蜗轮蜗杆作为减速器，降低电机转速来增大转矩，以推动制动主缸活塞，建立制动压力。

基于高压蓄能器的液压制动系统的工作原理可以描述如下：压力供给单元中的高压蓄能器始终储存着高压制动液，当压力不足时，由电机带动泵，将储液罐中的制动液抽入高压蓄能器中，建立制动高压源。当驾驶员踩下制动踏板时，储液罐中的制动液经过制动主缸进入踏板感觉模拟器，踏板感觉模拟器为驾驶员提供与传统制动系统相似的踏板感觉。同时，电子控制单元根据踏板行程传感器信号感知驾驶员的制动意图，控制液压调节单元中的电磁阀组，从而控制由高压蓄能器进入制动轮缸中的制动液，最终实现对制动轮缸制动压力的控制。

3. 线控系统

线控系统采用柔性连接代替原来的机械、液压连接，由传感器、控制器、执行器、通信总线等组成,其是将驾驶员的操纵动作经过传感器变成电信号,再通过电缆直接传输到执行机构的一种系统。目前,线控系统主要包括线控转向系统、线控制动系统和线控加速系统等。

(1) 线控转向系统。

线控转向系统由转向盘模块、车轮转向模块、电子控制单元(ECU)、故障诊断与容错控制模块、电源等组成。目前,汽车正朝着智能化方向发展,线控转向是转向系统智能化的主要解决方案。传统意义的线控转向系统起源于20世纪70年代美国航空航天局在宇宙飞船上应用的Fly-By-Wire系统,而Fly-By-Wire系统已广泛应用在喷气式战斗机、部分民用飞机,以及船舶的操控系统中。

传统意义的线控转向系统取消了转向盘和转向轮之间的机械连接,主要由转向盘模块、转向机构模块和ECU三个主要部分,以及自动防故障系统、电源等辅助模块组成。转向盘模块的主要功能是将驾驶员的转向意图(通过测量转向盘转角)转换成数字信号并传递给主控制器,同时接收ECU送来的信号,控制路感模拟电机产生相应的转向盘回正力矩以给驾驶员提供相应的路感信号。转向机构模块包括前轮转角传感器、转向执行电机和前轮转向组件等。转向机构模块的功能是接收ECU的命令,控制转向执行电机实现要求的前轮转角,实现驾驶员的转向意图。ECU对采集的信号进行分析处理,判断汽车的运动状态,向转向盘回正电机和转向电机发送命令,控制两个电机的工作。

为了保证可靠性,在系统设计中大量引入了"冗余设计"的理念,如传感器的冗余、电机的冗余、车载电源系统的冗余等,这使得系统复杂,成本较高。并且由于交通法规要求在道路上行驶的汽车的转向系统必须保留机械连接,因此,传统的线控转向系统只能停留在实验室里。近年,英菲尼迪将线控技术应用到了车上,英菲尼迪Q50上安装了线控主动转向系统。这套线控转向系统的结构与传统转向系统的类似,该系统由转向执行电机、ECU、转向执行机构等组成。该系统在正常运转时,与传统的线控转向系统功能完全一样,如可实现变传动比转向功能、驾驶员路感可控功能。

(2) 线控制动系统。

线控制动系统主要由接收单元、制动控制器和执行单元组成,主要分为电液制动(electronic hydraulic brake,EHB)系统和电子机械制动(electronic mechanical brake,EMB)系统。EHB系统是从传统的液压制动系统发展而来的,但与传统制动方式有很大的不同。EHB系统以电子元件替代了原有的部分机械元件,是一个先进的机电一体化系统,它将电子系统和液压系统相结合。EHB系统主要由电子踏板、ECU、液压执行机构组成。电子踏板是由制动踏板和踏板传感器(踏板位移传感器)组成的。踏板传感器用于检测踏板行程,然后将位移信号转换成电信号传给ECU,实现踏板行程和制动力按比例进行调控的目的。正常工作时,制动踏板与制动器之间的液压连接断开,备用阀处于关闭状态。电子踏板配有踏板感觉模拟器和电子传感器,ECU可以通过传感器信号判断驾驶员的制动意图,并通过电机驱动液压泵进行制动。电子系统发生故障时,备用阀打开,EHB系统变成传统的液压系统。备用阀增强了制动系统的安全性,使车辆在线控制动系统失效时还可以进行制动。

EMB系统与常规的液压制动系统有很大不同,它以电能作为能量,通过电机驱动制动模块,由电线传递能量,由数据线传递信号。EMB系统的基本原理是,当驾驶员踩下制动踏板后，EMB踏板传感器检测到制动动作，经车载网络传给ECU。结合其他传感器信号，ECU计算出最佳制动力，输出给四个车轮上的独立制动模块EMB，通过它提供适当的控制量给电机执行器，使其完成必要的扭矩响应，从而控制制动块实现制动。在EMB系统中，所有的液压装置，包括主缸、液压管路、助力装置等均被电子机械系统代替，液压盘和鼓式制动器的调节器也被电机驱动装置取代。整个系统中没有连接的制动管路，结构简单，体积小，信号通过电传播，反应灵敏，制动响应时间缩短，制动距离减小，工作稳定，维护简单，没有液压油管路，不存在液压油泄漏问题，且通过ECU直接控制，易于实现ABS、ESP、ACC(adaptive cruise control，自适应巡航控制)等功能集成，但该线控动系统需要完善其容错功能。

(3) 线控加速系统。

线控加速系统主要由加速踏板、踏板位移传感器、ECU、数据总线、伺服电机和加速执行机构组成。踏板位移传感器安装在加速踏板内部，随时监测加速踏板的位置。当监测到加速踏板高度变化时，会瞬间将此信息传递到ECU，ECU对该信息和其他系统传来的数据信息进行运算处理，计算得出一个控制信号，并通过线路送到伺服电机继电器，伺服电机驱动加速执行机构，实现节气门控制。

5.1.2　动力电池

电池的应用原理是将电能转变为化学能存储，再以电能形式输出的能力转换过程。经过多年的发展，尤其是近几年锂电池的飞速发展，不论其电极的材料如何变化，其基本的电化学原理是不变的。尽管不同的电池，如锂电池、铅酸电池具有不同的电化学特性和应用特征，但是其基本原理是相同的。本小节将着重介绍动力电池的主要分类以及目前应用广泛的车载电池。

1. 动力电池分类

动力电池有按电解液种类划分、按工作性质和存储方式划分、按电池正负极材料划分三种分类方式。

(1) 按电解液种类划分。

① 碱性电池。碱性电池的电解液主要是碱液，如以氢氧化钾水溶液为主，有碱性锌锰电池(俗称碱锰电池或者碱性电池)、镉镍电池以及氢镍电池等。

② 酸性电池。酸性电池主要以硫酸水溶液为介质，如传统汽车常用的动力电池铅酸蓄电池，就是以酸性溶液为电解液。

③ 中性电池。中性电池以盐溶液为介质，如锌锰干电池、海水激活电池等。

④ 有机电解液电池。有机电解液电池主要以有机溶液为介质，如目前最常用的锂离子电池等。

(2) 按工作性质和存储方式分类。

① 一次电池。一次电池又称原电池，即不能再充电使用的电池，如锌锰干电池、锂原电池等。

② 二次电池。二次电池即可充电电池，如铅酸电池、镍镉电池、镍氢电池、锂离子电池等。

③ 燃料电池。燃料电池通过电化学反应把燃料的化学能转换成电能。在燃料电

中,活性材料在电池工作时才连续不断地从外部加入电池,如铝空气电池、锌空气电池等。

④ 储备电池。储备电池储存期间电极板不直接接触电解液,直到电池使用时,才接触电解液,如镁-氯化银电池,又称海水激活电池。

(3) 按电池正负极材料分类。

① 锌系列电池,如锌锰电池、锌银电池等。

② 镍系列电池,如镍镉电池、镍氢电池等。

③ 铅系列电池,如铅酸电池等。

④ 锂系列电池,如锂离子电池、锂聚合物电池和锂硫电池等。

⑤ 二氧化锰系列电池,如锌锰电池、碱锰电池等。

⑥ 空气系列电池,如锌空气电池、铝空气电池等。

2. 锂电动力电池

20世纪90年代研究人员就发明了锂电池,其能量密度高、循环寿命长、环境污染小等优点使其成为动力电池应用领域研究的热点。近些年来,锂电池已经成为新能源汽车的主要能量来源。

相对于其他类型电池,锂离子电池具有以下显著优点。

① 工作电压高。

钴酸锂离子电池的工作电压为 3.6 V,锰酸锂离子电池的工作电压为 3.7 V,磷酸铁锂离子电池的工作电压为 3.2 V,而镍氢电池、镍镉电池的工作电压仅为 1.2 V。

② 比能量高。

锂离子电池正极材料的理论比能量可达 200 W·h/kg 以上,实际应用中,由于不可逆容量损失,比能量通常低于这个数值,但也可达 140 W·h/kg,该数值仍为镍镉电池的 3 倍,为镍氢电池的 1.5 倍。

③ 循环寿命长。

目前,锂离子电池在深度放电情况下,循环次数可达 1000 次以上;在低深度放电条件下,循环次数可达上万次。其性能远远优于其他同类电池。

④ 自放电小。

锂离子电池月自由放电率仅为总电容量的 5%~9%,大大缓解了传统的二次电池放置时自由放电所引起的电能损失问题。

⑤ 环保性高。

相对于传统的铅酸电池、镍镉电池甚至镍氢电池废弃时可能造成的环境污染问题,锂离子电池中不包含汞、铅、镉等有害元素,是真正意义上的绿色电池。

根据锂离子电池所用电解质材料的不同,锂离子电池可以分为液态锂离子电池(lithium ion battery,LIB)和聚合物锂离子电池(polymer lithium ion battery,PLB)两大类。它们的主要区别在于电解质不同,液态锂离子电池使用的是液体电解质,而聚合物锂离子电池则使用聚合物电解质。

不论是液态锂离子电池还是聚合物锂离子电池,它们所用的正负极材料都是相同的,工作原理也基本一致。锂离子电池在原理上实际是一种锂离子浓差电池,正、负电极由两种不同的锂离子嵌入化合物组成,正极采用锂化合物 Li_xCoO_2、Li_xNiO_2 或 $Li_xMn_2O_4$,负极采用锂碳层间化合物 Li_xC_6,电解质为 $LiPF_6$ 和 $LiAsF_6$ 等有机溶液。Li^+ 在正、负电极间的往返嵌入和脱嵌形成电池的充电和放电过程。充电时，Li⁺从正极脱嵌，经过电解质嵌入负极，负极处于富锂态，正极处于贫锂态，同时电子的补偿电荷从外电路供给碳负极，保持负极的电平衡。放电时则相反，Li⁺从负极脱嵌，经过电解质嵌入正极，正极处于富锂态，负极处于贫锂态。正常充放电情况下，锂离子在层状结构的碳材料和层状结构氧化物的层间嵌入和脱嵌，一般只引起层面间距的变化，不破坏晶体结构；在放电过程中，负极材料的化学结构基本不变。因此，从充放电的可逆性看，锂离子电池中的反应是一种理想的可逆反应。

锂离子电池的电极反应表达式如下。

正极反应式：
$$LiMO_2 \longrightarrow Li_{1-x}^+ MO_2 + xLi^+ + xe^-$$

负极反应式：
$$nC + xLi^+ + xe^- \longrightarrow Li_xC_n$$

电池反应式：
$$LiMO_2 + nC \longrightarrow Li_{1-x}MO_2 + Li_xC_n$$

式中，M表示Co、Ni、W、Mn等金属元素。

随着移动电子设备的迅速发展和能源需求的不断扩大，人们对锂电池的需求也越来越高。锂电池因其高容量、适中的电压、广泛的来源、循环寿命长、成本合适、性能高等优势，已经成为蓬勃发展的新能源汽车的主要动力源。未来作为新一代的绿色高能电池，锂电池会成为最有前途和最具发展潜力的能量来源。

5.2 智能粮食转运车自动驾驶技术的实现

5.2.1 智能控制系统架构设计

智能驾驶车辆中的关键技术是路径规划。现以智能粮食转运车为对象，以车载高精度北斗/INS传感器信息为基础，以常用的Linux系统和机器人操作系统(ROS)为平台，综合利用相关方法和理论，自主完成车辆运行路径的规划。

路径规划任务分为全局路径规划和局部路径规划，全局路径规划负责在全局地图内按照一定的评价标准寻找一条从起点到终点的无碰撞路径；局部路径规划起到修饰全局路径的作用，在全局路径的导引下，动态地更新调整路径。目前，自动驾驶车辆常用的局部路径追踪算法有基于几何追踪的方法和基于模型预测的方法。纯路径追踪算法是一种典型的基于几何追踪的方法，在动力学约束的速度容许空间内进行纵向规划，可以实现安全稳定行驶。基于时间弹性带(time elastic brand, TEB)算法，设计了应用于阿克曼底盘的在线运动规划算法，保证车辆在运行过程中的稳定性。

5.2.2 智能粮食转运车控制技术

1. 车辆运动模型

以简化的自行车模型描述阿克曼底盘的运动规律。如图5-2所示，参考坐标系为$O_wX_wY_wZ_w$，O为瞬时旋转中心，O_b为车辆坐标系原点，v为车辆中心的运动速度，x,y表

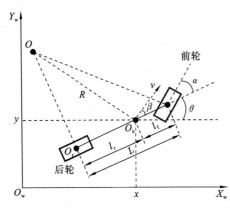

示车辆在世界坐标系中的位置,θ 为航向角,α 为前轮转向角,l_f 和 l_r 分别为前轮和后轮到 O_b 的距离,L 为轴距,等于 l_f 与 l_r 之和。R 为转弯半径,阿克曼式转向车辆在转弯时,需考虑最小转弯半径 $R_{\min}$,即 $R \geqslant R_{\min}$。

l_f,l_r 与 α 满足如下关系:

$$\beta(t) = \tan^{-1}\left(\frac{l_r}{l_r+l_f}\tan\alpha(t)\right) \quad (5\text{-}1)$$

$$\boldsymbol{u}(t) = [v(t),\beta(t)]^{\mathrm{T}} \quad (5\text{-}2)$$

可以推导出运动学方程:

$$\boldsymbol{s}'(t) = \begin{bmatrix} x'(t) \\ y'(t) \\ \beta'(t) \end{bmatrix} = \begin{bmatrix} v(t)\cos[\theta(t)+\beta(t)] \\ v(t)\sin[\theta(t)+\beta(t)] \\ v(t)\tan\beta(t)/l_r \end{bmatrix}$$

$$(5\text{-}3)$$

图 5-2 车辆运动学模型简图

式中,$\boldsymbol{s}(t) = [x(t),y(t),\beta(t)]^{\mathrm{T}}$,表示车辆的位姿状态量。

2. 控制算法原理

经典的弹性带(EB)由一系列相对于世界坐标系的机器人位姿 $\boldsymbol{p}_i = [x_i,y_i,\theta_i]^{\mathrm{T}}$ 来表示,其中 (x_i,y_i) 表示车辆在世界坐标系中的坐标,θ_i 表示航向角,EB 可表示为

$$Q = \{\boldsymbol{p}_i\}_{i=0,1,\cdots,n-1}, \quad n \in \mathbf{N} \quad (5\text{-}4)$$

时间弹性带(TEB)在弹性带(EB)的基础上,增加了相邻两个位姿之间的时间间隔 ΔT_i,可表示为

$$\tau = \{\Delta T_i\}_{i=0,1,\cdots,n-1}, \quad n \in \mathbf{N} \quad (5\text{-}5)$$

初始化阶段根据全局路径,生成由位姿序列和时间序列构成的初始化轨迹序列 $B(Q,\tau)$,如图 5-3 所示,可表示为

$$B = (Q,\tau) = \{(\boldsymbol{p}_0,\Delta T_0),(\boldsymbol{p}_1,\Delta T_1),\cdots,(\boldsymbol{p}_{n-1},\Delta T_{n-1})\} \quad (5\text{-}6)$$

在轨迹修正阶段,为了遵循初始的 dt_ref(时间分辨率),该序列函数 $B(Q,\tau)$ 可以新插入或删除路径中的点,如图 5-4 所示。

$$\mathrm{dt} = \frac{\boldsymbol{p}_i - \boldsymbol{p}_{i-1}}{\max\_\mathrm{vel}\_\mathrm{x}} \quad (5\text{-}7)$$

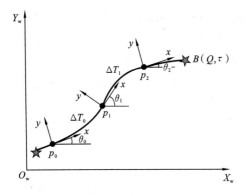

图 5-3 TEB 轨迹位姿和时间间隔图

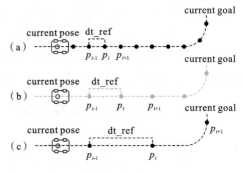

图 5-4 轨迹修正图

上式中，dt 为初始轨迹 $B(Q,\tau)$ 中两个相邻位姿之间的时间间隔；p_i 和 p_{i-1} 为机器人两个相邻的位姿；max_vel_x 为定义的最大速度。在图 5-4（b）中，当 dt>dt_ref+dt_hysteresis(dt_hysteresis 为滞后时间，范围为±0.1·dt_ref)，在 p_{i-1} 和 p_i 的中间位置插入 p_i，如图 5-4（a）所示，原 p_i 变为 p_{i+1}，p_{i-1} 和 p_i 之间的时间间隔为原来 p_{i-1} 和 p_i 之间的时间间隔的一半。当 dt<dt_ref-dt_hysteresis 时，删除 p_i，p_{i+1} 成为新的 p_i，如图 5-4（c）所示，p_{i-1} 和 p_i 之间的时间间隔为原来 p_{i-1} 至 p_{i+1} 之间的时间间隔。如此往复的增加和删除，最终能够保证整个 TEB 相邻位姿间的时间间隔都在期望的 dt_ref 范围内。

TEB 算法的关键思想是通过实时加权多目标优化的方法对车辆的位姿和时间差进行调整和优化，以获得最优的路径点。

$$f(B) = \sum_k \gamma_k \xi_k(B) \tag{5-8}$$

$$B^* = \arg\min f(B) \tag{5-9}$$

其中，$f(B)$ 表示各目标函数 $\xi_k(B)$ 乘权重系数 γ_k 之和，其目标函数有两种类型，一是用惩罚函数表示的速度和加速度约束函数，二是与轨迹有关的目标函数，比如跟随约束函数；B^* 为被优化的 TEB 序列结果。

TEB 被描述为一个多目标优化问题，但目标函数的大部分位姿都是局部的，只依赖几个连续的运动状态，在 ROS 系统中，采用分段连续、可微分的代价函数计算破坏约束的惩罚值。

$$e(x,x_r,\varepsilon,s,n) \cong \begin{cases} \left[\dfrac{x-(x-x_r)}{s}\right]^n, & x > x_r - \varepsilon \\ 0, & x \leqslant x_r - \varepsilon \end{cases} \tag{5-10}$$

式中，x_r 表示边界值；ε 表示边界值附近的一个小位移；s 表示缩放比例；n 表示多项式阶数。

3. 轨迹跟踪约束

线速度和角速度约束的作用是使优化的轨迹能够满足车辆的运动学约束。线速度和角速度是根据相邻两个位姿间的欧几里得距离、方位角变化量以及两个相邻位姿的时间间隔用有限差分近似得到的，可表示为

$$\begin{cases} v_i \approx \dfrac{1}{\Delta T_i} \left\| \begin{pmatrix} x_{i+1}-x_i \\ y_{i+1}-y_i \end{pmatrix} \right\| \\ w_i \approx \dfrac{\theta_{i+1}-\theta_i}{\Delta T_i} \end{cases} \tag{5-11}$$

在 TEB 算法优化过程中，遍历路径点集合，寻找与每个路径点最近的 TEB 轨迹位姿点，两者间的欧几里得距离为 d_j。在路径跟随时，规划出的轨迹位姿点至初始路径的允许最大距离为 $d_{j\max}$，跟随约束目标函数可表示为

$$e(d_j,d_{j\max},\varepsilon,s,n) \cong \begin{cases} \left[\dfrac{d_j-(d_{j\max}-\varepsilon)}{s}\right]^n, & d_j > d_{j\max} - \varepsilon \\ 0, & d_j \leqslant d_{j\max} - \varepsilon \end{cases} \tag{5-12}$$

通过实时加权多目标优化方法调整车辆的位姿和时间差时，时间分辨率越小，跟随约束权重越大，相邻位姿间的速度越小，角速度越小。

4. 实验设计及分析

实验车辆是一个具备阿克曼转向结构的低速、重载自动驾驶车辆，如图 5-5 所示。车

辆底盘基于非承载式车身结构设计,前、后悬架分别采用麦弗逊式独立悬架和纵臂式螺旋弹簧;驱动方式为后置后驱,驱动电机为 72 V/5 kW 的交流同步电机;转向系统为电动助力转向系统,转向电机为 24 V/360 W 的直流有刷电机,转向盘的最大速度为 1 r/s,转角分辨率为 1°;前、后制动均采用 EMB 碟式制动方式;电池采用 72 V/150AH 的铅酸电池,续航可达 100 km。

图 5-5 "阿波粮"智能物流车

本实验的运动控制框架基于 ROS 系统中的 navigation 框架,如图 5-6 所示。地图服务器将原始地图数据转换成两种代价地图——全局代价地图和局部代价地图来存储周围环境信息,全局代价地图用于全局导航,局部代价地图用于局部导航。利用 move_base 框架充当决策层,通过终端设定一个目标点,调用全局路径规划器(Dijkstra)规划出当前位置到目标位置的最优路径信息。全局路径规划器将最优路径信息发布给局部路径规划器(TEB),局部路径规划器综合一定的评价标准选取最优路径,计算行驶周期内的线速度和角速度,通过 CAN 总线将控制指令下发给车辆底盘;为了实时获取车辆在地图中的位置,将 RTK 数据通过 TF 转换为车辆的自定位数据。

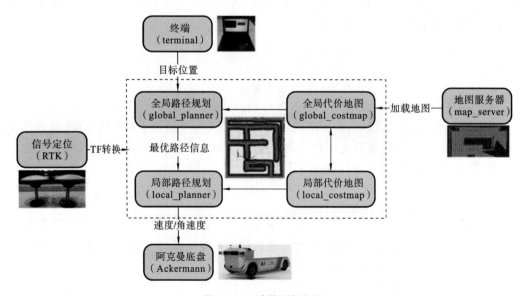

图 5-6 运动控制框架图

实验在一块带有道路边界的长方形区域进行,其尺寸为 150.05 m×60.5 m,如图 5-7 所示,以地图右上角 O 点建立平面直角坐标系,X、Y 轴分别指向正东、正北方向。地图中 A 点坐标为 $(91.5,3.7)$,B 点坐标为 $(137.0,3.7)$,C 点坐标为 $(145.9,11.0)$,D 点坐标为 $(147,28.5)$。$ABCD$ 为实验路段,其余路段为实际道路。

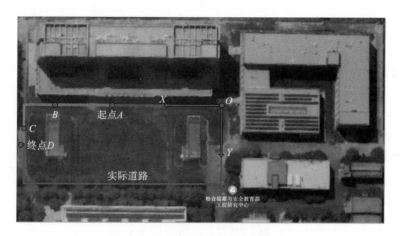

图 5-7 实验道路卫星鸟瞰图

在全局代价地图中,白色区域及灰色区域均为可通行区域,灰色区域为膨胀层,越靠近边界惩罚值越大,黑色区域为不可通行区域,车道宽度为 6 m。在局部代价地图中,长方形框为车辆轮廓,长方形框内的坐标系为车体坐标系,RTK 坐标系与车体坐标系重合,全局规划路径和局部规划路径用不同颜色表示,一连串的坐标系用于预估位姿信息。路径规划示意图如图 5-8 所示。

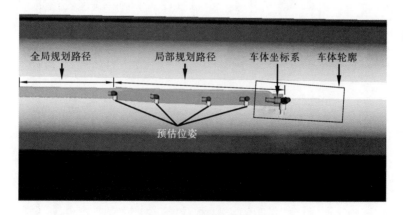

图 5-8 路径规划示意图

本实验以智能粮食物流车为平台,以组合导航 RTK+IMU 为环境感知传感器,利用现有的时间弹性带算法,对自动驾驶中的路径规划技术进行了实车验证,其中车载工控机采用机器人操作系统。结果表明,相对于常用的几何跟踪和模型预测的局部路径规划方法,本实验方案所用的时间弹性带算法,通过改善时间分辨率参数,能够保证阿克曼底盘在转弯过程中的位姿和直行过程中的稳定性,在很大程度上提高智能粮食转运车的局部规划效率。

习 题

1. 在大型粮仓中为什么要采用粮食散装运输设备来运输粮食？与传统转运设备相比，它有哪些优势？

2. 谈谈你对现代智能车的理解。

3. 基于组合导航 RTK+IMU 的自主导航方法，结合相关坐标系转换知识，从 RTK 的输出信息开始，到最终实现地图上的定位，需要用到哪些坐标系？试写出这些坐标系之间的旋转矩阵。

4. 查资料深入了解 ROS 系统中的 navigation 框架，并结合书中实验描述 navigation 框架。

6 智能粮仓清扫车

6.1 总体结构设计

6.1.1 底盘结构设计

清扫车作为一种特殊车辆,其底盘结构和普通车辆底盘结构是一样的,即由行驶系统、传动系统、转向系统和制动系统四部分组成。

1. 行驶系统

车辆底盘行驶系统的作用如下。

(1) 接收经传动系统传来的转矩,并通过驱动轮与路面之间的附着作用,使路面产生对驱动轮的牵引力,以保证车辆正常行驶。

(2) 传递并承受路面作用于车轮上的各项反力及其所形成的力矩。

(3) 尽可能缓和不平路面对车身造成的冲击,并衰减其振动,保证车辆行驶的平顺性。

(4) 与转向系统协调配合工作,实现行驶方向的正确控制,以保证车辆操纵的稳定性。

行驶系统的基本组成和结构,在很大程度上取决于车辆经常行驶路面的性质。绝大多数行驶路面比较坚实,直接与车辆行驶系统的车轮接触,因而称这种行驶系统为轮式行驶系统。行驶系统一般由车架、车桥、车轮和悬架组成。

车架的结构形式首先应满足车辆总体布置的要求。在复杂多变的行驶过程中,固定在车架上的各部件之间不应该发生干涉。在崎岖不平的道路上行驶时,车架在载荷作用下可能产生扭转变形以及在纵向平面内发生弯曲变形。当一侧车轮遇到障碍时,还可能使整个车架扭曲成菱形。这些变形将会改变安装在车架上的各部件之间的相对位置,进而影响其正常工作。因此,车架还应具有足够的强度和适当的刚度。为了提高整车的轻量化程度,要求车架质量尽可能小。此外,车架应布置得离地面近一些,使车辆重心降低,以利于提高车辆的行驶稳定性。

车桥(也称车轴)通过悬架与车架相连,它的两端安装车轮,其作用是传递车架与车轮之间各方向的作用力与力矩。车轮与轮胎是车辆行驶系统中的重要部件,其作用包括支承整车;缓和由路面传来的冲击力;通过轮胎同路面间的附着作用来产生驱动力和制动力;车辆转弯行驶时产生平衡离心力的侧抗力,在保证正常转向行驶的同时,通过车轮产生的自动回正力矩,使车辆保持直线行驶;承担越障功能,提高通过性;等等。

悬架是车架与车桥之间的一切传力连接装置的总称。其作用是把路面作用于车轮上的垂直反力(支承力)、纵向反力(牵引力和制动力)和侧向反力以及这些反力所形成的力矩都传递到车架上,以保证车辆正常行驶。为了缓和路面作用于车轮上的具有冲击性的垂直反力,悬架应当装设弹性元件,并具有减振作用,使振动迅速衰减,避免持续的振动所引起的疲劳效应。悬架还设有辅助弹性元件,即横向稳定器,防止车身在转弯行驶的情况下发生过大的倾斜。此外,悬架中的导向机构还承担着使车轮按一定轨迹相对于车身进行移动的任务,减小对行驶性能的不利影响。

2. 传动系统

车辆传动系统的基本作用是将发动机产生的动力传递给驱动轮。传动系统的组成及其在车辆上的布置形式,取决于发动机的形式和性能、车辆总体结构形式、车辆行驶系统以及传动系统本身的结构形式等许多因素。目前广泛应用于普通双轴货车上,并与活塞式内燃机配用的机械式传动系统的组成及布置形式一般如图 6-1 所示。发动机纵向安置在车辆前部,并且以后轮为驱动轮。发动机产生的动力依次经过离合器 1、变速器 2、由万向节 3 和传动轴 8 组成的万向传动装置以及安装在驱动桥 4 中的主减速器 7、差速器 5 和半轴 6 传到驱动轮。

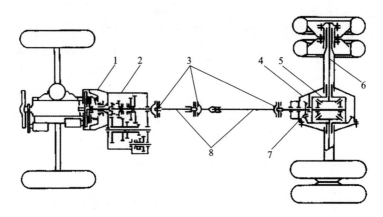

图 6-1 机械式传动系统的组成及布置

1—离合器;2—变速器;3—万向节;4—驱动桥;5—差速器;6—半轴;7—主减速器;8—传动轴

传动系统的首要任务是与发动机协同工作,以保证车辆能在不同使用条件下正常行驶,并具有良好的动力性和燃油经济性。为此,任何形式的传动系统都必须具有以下功能:减速增矩,实现车辆倒驶,必要时中断传动,差速作用。

① 减速增矩。

只有当作用在驱动轮上的牵引力足以克服外界对车辆的阻力时,车辆才能起步和正常行驶。如果仅仅将发动机所产生的转矩直接传给驱动轮,则车辆不但不能爬坡,而且即使在平直的良好路面上也不可能匀速行驶。而如果将发动机与驱动轮直接连接,则对应发动机曲轴转速的车辆速度将过高,假设发动机在最大功率时的转速为 3000 r/min,则对应这一曲轴转速的车速将达到 510 km/h。

为解决上述矛盾,传动系统必须具有减速增矩作用,即使驱动轮的转速降低至发动机转速的若干分之一,则在不计摩擦、保持同样功率的情况下,驱动轮所得到的转矩增大到发动机转矩的若干倍。在机械式传动系统中,这种情况下,驱动轮转矩与发动机转矩之比等于发动机转速与驱动轮转速之比,二者统称为传动比,以符号 i 表示。

传动系统传动比的最小值 i_{min} 应当能保证清扫车在平直良好的路面上克服滚动阻力和空气阻力,并以相应的最高速度行驶。最小传动比通常是依靠装在驱动桥中的主减速器来实现的。当要求牵引力足以克服最大行驶阻力,或要求清扫车具有某一最低稳定速度时,传动系统传动比就相应取最大值 i_{max}。由于驱动桥尺寸受到离地间隙要求的限制,单靠主减速器来实现 i_{max} 是不可能的。因此,除了主减速器以外,传动系统还应设置由一对或两对减速齿轮组成的传动比为 i_g 的辅助减速机构,其与主减速器串联。这样,整个传动系统的传动比便等于 i_g 与 i_0 的积。只要 i_g 的值足够大,便可实现 i_{max}。

由于路况环境受道路坡度、路面状况、道路宽度和曲率等因素影响,且变化范围很大,这就要求车辆牵引力和速度也有相当大的变化范围。为了使车辆牵引力和速度在足够大的范围内变化,传动系统传动比应当在最大值和最小值之间变化,即起到变速作用。

② 实现车辆倒驶。

车辆在某些情况下(如进入停车场或车库,在狭窄路段上调头时),需要倒向行驶。因此,需要驱动轮能够反向旋转,一般结构措施是在变速器内加设倒挡(具有中间齿轮的减速齿轮刷)。

③ 必要时中断传动。

在变换传动系统传动比挡位(换挡)以及对车辆进行制动之前,有必要暂时中断动力传递。而在车辆长时间停驻以及车辆仍保持运转的情况下使车辆暂时停下,或在车辆获得相当高的车速后,欲停止对车辆供给动力,使之靠自身惯性进行长距离滑行时,传动系统应当能保持长时间的中断传动状态。为此,变速器应当设有空挡,即所有各挡齿轮都能自动保持在脱离传动位置的挡位。

④ 差速作用。

当车辆转弯行驶时,左、右车轮在同一时间内滚过的距离不同,如果两侧驱动轮仅用一根刚性轴驱动,则二者角速度必然相同,那在转弯时必然产生车轮相对于地面滑动的现象。这将使转向困难,车辆的动力消耗增加,传动系统内某些零件和轮胎加速磨损。因此,驱动桥内装有差速器,使左、右两驱动轮可以不同的角速度旋转。动力由主减速器先传到差速器,再由差速器分配给左、右两半轴,最后传到两侧的驱动轮。

在车辆行驶过程中,变速器与驱动轮经常有相对运动。在这种情况下,两者之间不能用简单的整体传动轴传动,而应采用图 6-1 所示的由万向节 3 和传动轴 8 组成的万向传动装置传动。

3. 转向系统

转向系统是一套用来改变或恢复车辆行驶方向的专设机构。转向系统主要包括转向器、操纵机构以及传动机构。在车辆的发展历程中,转向系统经历了四个发展阶段:从最初的机械式转向(manual steering,MS)系统发展为液压助力转向(HPS)系统,然后又出现了电控液压助力转向(EHPS)系统和电动助力转向(EPS)系统。

为了避免车辆转向时路面产生对车辆行驶的附加阻力和轮胎过快磨损,要求转向系统能够保证车辆在转向时所有车轮均做纯滚动。显然,这只有在所有车轮的轴线都相交于一点时才能实现。此交点 O 为转向中心,如图 6-2 所示。内转向轮偏转角 β 应该大于外转向轮偏转角 α。在车轮为绝对刚体的假设条件下,角 α 和 β 的理想关系如下:

$$\cot\alpha = \cot\beta + \frac{B}{L} \tag{6-1}$$

式中,B 为两侧主销轴线与地面相交点之间的距离;L 为车辆轴距。

为此,必须精心确定转向传动机构中转向梯形的几何参数,但是迄今为止,所有车辆的转向梯形实际上都智能设计在一定车轮偏转角范围内,使得两侧车轮偏转角的关系大

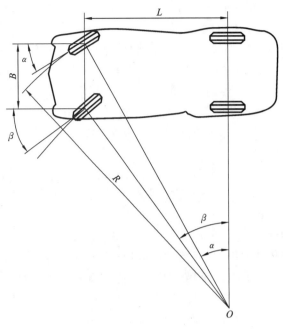

图 6-2　转向系统示意图

体上接近于理想关系。

由转向中心到外转向轮与地面接触点的距离,称为车辆转弯半径。转弯半径越小,则车辆转向所需场地就越小。由图 6-2 可知,当外转向轮偏转角达到最大值 $\alpha_{\max}$ 时,转弯半径 R 最小。在图示的理想情况下,最小转弯半径 $R_{\min}$ 与 $\alpha_{\max}$ 之间的关系为

$$R_{\min} = \frac{L}{\sin \alpha_{\max}} \tag{6-2}$$

转向角的转角增量与转向摇臂角的相应增量之比为 $i_{\omega 1}$,称为转向器角传动比。转向摇臂转角增量与转向盘所在一侧的转向节的转角相应增量之比为 $i_{\omega 2}$,称为转向传动机构角传动比。转向盘转角增量与同侧转向节相应转角增量之比则为转向系统角传动比,以 i_ω 表示。显然,$i_\omega = i_{\omega 1} i_{\omega 2}$。转向系统角传动比 i_ω 越大,为了克服一定的地面转向阻力矩,所需的转向盘上的转向力矩越小,但是 i_ω 过大将导致转向操纵不够灵敏。

4. 制动系统

使行驶中的车辆减速甚至停车,使下坡行驶的车辆保持稳定速度,使已停驶的车辆保持不动,这些作用统称为制动。对车辆起制动作用的是作用在车辆上的方向与行驶方向相反的外力。作用在行驶车辆上的滚动阻力、上坡阻力、空气阻力都能起到制动作用,但这些外力具有随机性,不可能进行有效的控制。因此,车辆必须装设一系列装置,在车辆某些部分(主要是车轮)施加一定的力,进行一定程度的强制制动。这种可控的对车辆进行制动的外力,称为制动力。而这样一系列的专门装置即称为制动系统。

制动系统具有以下四个组成部分:

① 供能装置,包括供给、调节制动所需能量以及改善传能介质状态的各种部件,其中产生制动能量的部分称为制动能源。

② 控制装置,包括产生制动动作和控制制动效果的各种部件。

③ 传动装置，包括将制动能量传输到制动器的各个部件。

④ 制动器，产生阻碍车辆运动或运动趋势的力（制动力）的部件，其也包括辅助制动系统中的缓速装置。

较为完善的制动系统还具有制动力调节装置以及报警装置、压力保护装置等附加装置。

一般制动系统的工作原理可用图 6-3 进行说明。一个以内圆面为工作表面的金属制动鼓 8 固定在车轮轮毂上，随车轮一同旋转。在固定不动的制动底板 11 上，有两个支承销 12，支承着两个弧形制动蹄 10 的下端。制动蹄的外圆面上装有摩擦片 9。制动底板上还装有液压制动轮缸 6，用油管 5 与装在车架上的液压制动主缸 4 相连。制动系统不工作时，制动鼓的内圆面与制动蹄摩擦片的外圆面之间保持一定的间隙，使车轮和制动鼓可以自由旋转。图 6-3 所示制动系统中，主要由制动鼓 8、摩擦片 9、制动蹄 10 构成的对车轮施加制动力矩（摩擦力矩 M_μ）以阻碍其转动的部件，称为制动器。

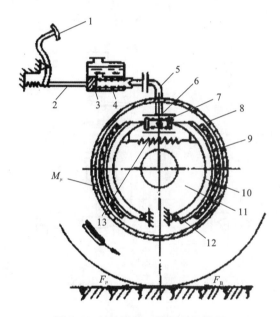

图 6-3　制动系统工作原理示意图

1—制动踏板；2—推杆；3—主缸活塞；4—制动主缸；5—油管；6—制动轮缸；7—轮缸活塞；
8—制动鼓；9—摩擦片；10—制动蹄；11—制动底板；12—支承销；13—制动蹄回位弹簧

当需要制动时，油液在一定压力下流入轮缸，并通过两个轮缸活塞 7 使两制动蹄绕支承销转动，上端向两边分开而以其摩擦片压紧在制动鼓的内圆面上。这样，不旋转的制动蹄对旋转着的制动鼓作用一个摩擦力矩 M_μ，其方向与车轮旋转方向相反。制动鼓将该力矩 M_μ 传到车轮后，由于车轮与路面间有附着作用，车轮对路面作用一个向前的周缘力 F_μ，同时路面也对车轮作用一个向后的反作用力，即制动力 F_B。制动力 F_B 由车轮经车桥和悬架传给车架以及车身，迫使车辆产生一定的减速度。制动力越大，则车辆减速度越大。当制动蹄回位弹簧 13 将制动蹄拉回原位，摩擦力矩 M_μ 和制动力 F_B 消失，制动作用就终止了。

阻碍车辆的制动力 F_B 不仅取决于制动力矩 M_μ，还取决于轮胎与路面间的附着条件。

如果完全丧失附着作用,则这种制动系统事实上不可能产生制动的效果。

随着电子技术的发展,制动系统在电子控制和技术集成方面取得了很大的进展和成就,越来越多的清扫车辆也逐渐开始使用电动制动系统。所谓电动制动,指的是正常工作时在制动踏板和制动器之间没有机械连接,而是用电控制线连接并控制部分或全部制动管路,并省去制动系统的很多阀门。电动制动系统主要组成包括电制动器、电子控制单元(ECU)、轮速传感器、线束、电源等。

电动制动系统可以有效缩短制动距离,并优化车辆制动稳定性。另外,电动制动系统不需要制动液,因而更加环保。在乘车舒适性上,由于制动踏板可以调整,因此电动制动系统更具优势。另外,电动制动系统相对需要更少的零件,更加节省空间,安装也更加方便,工作时几乎没有噪声。最后,电动制动系统可以实现所有制动和稳定功能,并且方便集成附加功能,比如电子驻车制动等,可以与未来的交通管理系统轻松联网。

电动制动系统示意图如图 6-4 所示。

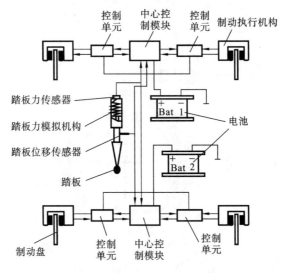

图 6-4 电动制动系统示意图

不过,电动制动系统目前在开发过程中仍存在一些需要关注的问题。电动制动系统由于没有机械或液压设备,所以系统的可靠性要求高,并且必须要有较高的容错空间,因而需要可靠的能量来源、可容错的通信协议以及一些硬件的冗余等。此外,由于装用电机控制的执行器,因此其也非常需要具有高温性能、高性价比的半导体。同时,系统对抗干扰能力也有着很高的要求。

5. 电动清扫车辆动力系统

粮仓中使用的清扫车辆大多采用电动底盘,下面主要介绍电动底盘清扫车辆的动力系统。电动清扫车底盘架构和普通的电动车辆架构有一定的相同之处。电动车辆作为一种新型车辆,其动力系统与内燃机驱动的车辆有较大的差别。与电动车辆类似,电动清扫车的动力系统可以分为 3 类,包括纯电动车辆动力系统、混合动力车辆动力系统以及燃料电池车辆动力系统。

(1) 纯电动车辆动力系统。

典型的纯电动车辆动力系统基本结构如图 6-5 所示。其电力驱动子系统由电控单元、控制器、电机、机械传动装置和驱动车轮组成；主能源子系统由主能源、能量管理系统和充电系统构成；辅助控制子系统具有动力转向、温度控制和辅助动力供给等功能；电力驱动及控制系统是电动车辆的核心，也是其与内燃机车辆的最大不同点。

对于驱动系统而言，其电机的作用是将电源的电能转化为机械能，通过传动装置直接驱动车轮和工作装置。此外，电机的另一个功能是在电动车辆制动时实现再生制动。纯电动车辆动力底盘模型如图6-6所示。

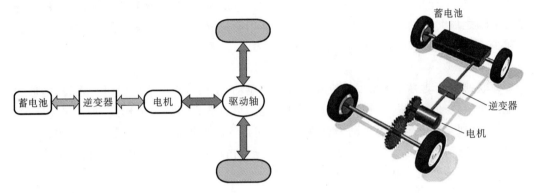

图6-5 纯电动车辆动力系统　　　　图6-6 纯电动车辆动力底盘模型

（2）混合动力车辆动力系统。

部分清扫车辆（主要为较大型的清扫车辆）为了平衡续航与可靠性等指标，会采用混合动力作为车辆动力，其混合动力架构与普通混合动力车辆类似。混合动力车辆（hybrid electric vehicle，HEV）是以蓄电池与辅助动力单元（APU）共同作为动力源的车辆。根据动力系统结构，目前混合动力架构主要有三种混合驱动结构：串联式、并联式和混联式。

① 串联式。

串联式混合动力车辆系统结构由驱动轴、电机、逆变器、蓄电池、发电机以及发动机等组成，如图6-7所示。串联式混合动力车辆其实是一种发动机辅助型的电动车辆。车辆行驶时，发动机输出的机械能首先通过发电机转化为电能，转化后的电能一部分给蓄电池充电，延长行驶里程；另一部分经由电机和传动装置驱动车轮。

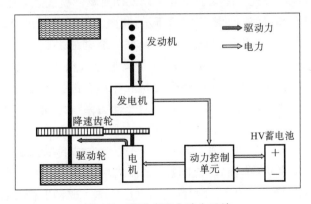

图6-7 串联式混合动力系统

串联式混合动力系统可以经常保持在稳定、高效、低污染的状态,从而控制有害气体的排放,总体结构简单、易控制,发动机、发电机和驱动电机三大部件总成有较大的自由度。然而,串联式混合动力车辆在热能-电能-机械能的能量转换过程中能量损失较大,综合效率比内燃机车辆低,且只有一条能量提供路线,若电力系统故障将导致车辆停止运行。

串联式混合动力驱动系统一般用在大型客车上,行驶在道路复杂的市区,可以完全以纯电动行驶,不使用发动机,有效降低尾气排放。随着对蓄电池研究的深入,蓄电池的能量密度随之加大,更加符合纯电动的要求,因此串联式混合动力车辆使用发动机的次数越来越少,最终会向纯电动车辆的目标迈进。

② 并联式。

并联式混合动力车辆由发动机和电机共同驱动,发动机与电机分属两套系统,能够独立地向车辆传动系统提供扭矩,针对不同的工况,可以选择多种组合形式,如图6-8所示。因此,发动机与驱动电机两个动力总成的功率可以互相叠加,从而满足车辆行驶的最大功率需求。此外,整个系统装配尺寸小,质量小,能量损耗较串联式小,能量的利用率相对较高,更趋近于内燃机车辆,通用性也更好。

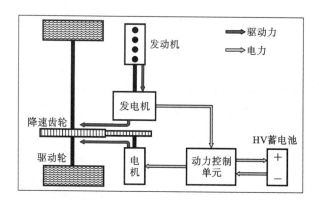

图6-8 并联式混合动力系统

并联式混合动力架构有四种驱动方式,分别为驱动力组合式、双轴式转矩结合式、单轴式转矩结合式、转速结合式。驱动力组合式以发动机驱动模式独立驱动前轮行驶,以电力驱动模式独立驱动后轮行驶,如图6-9(a)所示,其中E表示发动机,M表示电机,B表示蓄电池。两套系统可以独立地驱动车辆,也可以联合驱动使之成为四轮驱动车辆。发动机-变速器组成的驱动系统与电机组成的驱动系统是各自独立的,没有机械式的连锁装置,两套驱动系统在混合动力驱动时的牵引力是互相结合的。但是由于有两套动力总成和传动系统,故其结构复杂,体积和质量增加,两套动力系统之间的牵引力分配与控制也十分复杂。

如图6-9(b)、(c)所示,单(双)轴式转矩结合式驱动方式下,发动机通过传动系统直接驱动混合动力车辆,并直接(单轴式)或间接(双轴式)带动电机、发电机转动向蓄电池充电,电池也可以向电机、发电机供能,此时电机、发电机成了驱动电机,组成电力驱动模式。这两种驱动模式输出的转矩可以互相叠加,两个动力总成同用一根轴来驱动传动系统,结构较简单,总质量较小。其由于是以发动机模式为主要的驱动模式,所以更趋近于内燃机

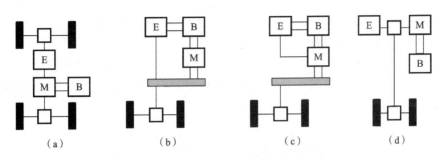

图 6-9 并联式混合动力架构的四种驱动方式

(a) 驱动力组合式；(b) 双轴式转矩结合式；(c) 单轴式转矩结合式；(d) 转速结合式

车辆。

如图 6-9(d)所示，转速结合式驱动方式下，发动机通过离合器和一个动力组合器来驱动电动车辆，电机也是通过动力组合器来驱动电动车辆。由于发动机驱动系统与电力驱动系统通过同一个动力组合器来驱动电动车辆，因此这种驱动方式的结构比较简单，改制更容易，维修也很方便。然而动力组合器为了保持行驶时转矩的稳定，需要通过调节发动机节气门的开度来与电机的转速相互配合以获得最佳传动效果，因此其控制装置复杂，对车辆低速行驶时的动力性能不利。

总之，并联式混合动力系统最适合高速、大功率行驶，工况稳定，价格较低，因此，在电池技术问题彻底解决之前，它会成为新能源车辆产业的主流产品。但是由于清扫车辆一般并不需要高速工况，所以并联式混合动力系统并不适合作为清扫车辆的动力系统。

③ 混联式。

混联式混合动力系统由驱动轴、电机、逆变器、蓄电池、发电机以及发动机等组成，如图 6-10 所示。发动机的功率在动力系统中有两路能量传递路线，既可通过机械路径驱动车轮，又可转换成电功率，通过动力耦合装置实现电功率和机械功率的汇合。混联式混合动力系统有更多工作模式选择，燃油经济性更佳。然而，这也会导致传动系统更加复杂，因而在布置上存在困难。另外，混联式混合动力系统需要更多动力部件，导致系统控制难度更高。

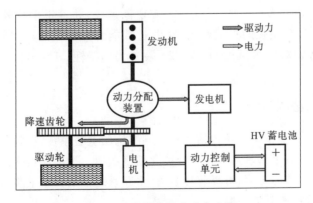

图 6-10 混联式混合动力系统

总之，混合动力车辆可以克服蓄电池性能的制约，并继承传统内燃机的技术优势。在繁华市区，混合动力车辆可以关停内燃机，由电池单独驱动，从而实现零排放。由此，混合动力车辆可以解决续航时间短、空调耗能大等纯电动车辆遇到的难题。

（3）燃料电池车辆动力系统。

燃料电池动力系统也是一种新型的电动动力系统，在未来有可能用于清扫车辆上。一般的燃料电池车辆动力系统组成包括燃料电池发动机、蓄电池组、DC/DC 转换器、DC/AC 转换器和电机等，如图 6-11 所示。

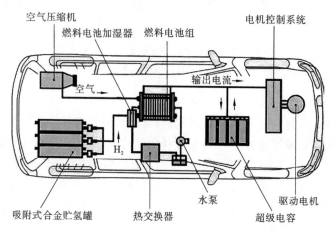

图 6-11 燃料电池动力系统

燃料电池动力系统以燃料电池发动机系统及动力蓄电池作为车辆的主、辅电源，电机作为原动机。在大功率用电情况下，动力蓄电池和燃料电池一起向电机供电。DC/DC 转换器对燃料电池的最大输出电流和功率进行变换控制，将系统高压总线上的电能转变为适于电机运行的电能，同时控制电机的运行。燃料电池车辆的动力电控系统主要由燃料电池发动机管理系统（FCE-ECU）、蓄电池管理系统（BMS）、动力控制单元（PCU）及整车控制系统（VMS）组成。在上述基本动力系统架构基础上，可以根据混合度的不同把燃料电池混合动力车辆分为电量消耗型和电量维持型。

相较于传统汽油车辆的能量转换效率（20%~40%），燃料电池车辆能量转换效率可高达 60%~80%。此外，燃料电池车辆续航里程长，长途行驶能力与动力性能接近于传统车辆。燃料电池车辆绿色环保，可以基本实现零排放，并且正常行驶时具有较低的噪声。燃料电池车辆具有很强的过载能力，短时过载能力可达额定功率的 200%。考虑到燃料电池动力系统低噪声、长续航和高过载承受能力的特性，其在清扫车辆领域也有较为良好的发展前景。

6.1.2 上装结构设计

除去底盘系统，清扫车车体还包括多种不同结构的上装系统，现阶段国内外企业针对清扫车上装结构也进行了很多自动化与智能化控制改造。下面简要介绍清扫车上装系统整体结构和与清扫相关的扫刷、垃圾收集装置、水路系统等清扫车上装结构。

1. 清扫车上装系统整体结构

针对不同的应用场景，清扫车上装系统需要具备各种不同的功能与结构。较为常见的清扫车可以分成大型清扫设备与小型保洁设备；而根据清扫功能，其可以分为扫路车、洗扫车、吸尘车、洒水车、吸污车等。下面介绍几种清扫车上装整体结构。

(1) 扫路车。

扫路车是应用范围最广的道路保洁车辆,主要有滚刷式扫路车和真空式扫路车。滚刷式扫路车主要使用滚筒式扫刷将垃圾直接扫入垃圾箱中。而真空式扫路车主要使用扫刷对地面进行清扫工作,然后通过吸尘口吸取垃圾并储存在垃圾收集箱中,最后通过后喷嘴进行清洗,是一种集路面清扫、垃圾回收、垃圾转运于一体的环卫装备。其他类型的清扫车也是由基础扫路车改进而来。大型扫路车配置多个扫盘,清扫效率高,覆盖面积大,可以进行全方位、大面积清扫,适用于城市干道、市政广场、大型矿场等环境;小型扫路车扫盘数量少,去除喷嘴和水路装置,小巧灵活,在城市小巷、人行道辅道、公园景区等环境有广泛应用,也比较适用于粮仓环境。

(2) 洗扫车。

大型洗扫车以喷水清洗为主,扫路与吸尘为辅。如图 6-12 所示,洗扫车主要结构包括前冲高压喷口、前冲低压喷口、后喷雾高压喷口、中喷高压喷口、侧喷高压喷口、底部扫盘与吸盘、污水箱、清水箱等部分。洗扫车可以实现宽阔空间的喷水清洁,清洁范围大,作业时间长,工作成本低,工作过程中不会产生扬尘,特别适于城区干道的清洗保洁作业。

图 6-12 洗扫车结构图

与大型洗扫车不同,小型洗扫车的设计更具有针对性,减少了喷嘴数量,去掉了扫盘和吸盘装置,保留了前清洗喷口,增加了针对性的高压单点清淤喷口、高压可旋转侧喷、高压洗车枪等功能构件。车体小巧,造型美观,机动灵活,作业效率高,清洁能力强,适用于狭窄道路、非机动车道、公园、学校、小区等环境的清洗。

(3) 吸尘车。

吸尘车整体使用气流进行作业,采用负压纯吸原理,不采用扫刷和喷水系统,实现无扬尘清扫,基本实现零 $PM_{2.5}$ 排放。如图 6-13 所示,吸尘车的主要部件包括吸盘、副吸盘、风机、副发动机、空气过滤系统、垃圾箱,部分车型加入滤筒清灰装置和气动反吹装置,可以有效清除滤筒内的灰尘,提高效率,延长寿命。吸尘车适用于易产生扬尘污染,且粉尘多、浓度高的工矿企业,如搅拌站、水泥厂、石粉场等,在粮仓环境中也比较适用。

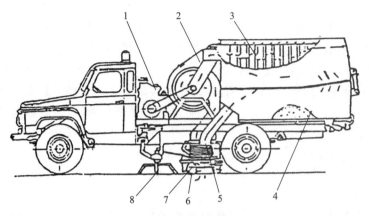

图 6-13 吸尘车结构图

1—副发动机;2—风机;3—布袋箱;4—落尘箱;5—吸尘管;6—回吹管;7—吸尘嘴;8—侧刷

2. 主要功能部件

(1) 扫刷。

扫刷是清扫车最主要的功能部件,其功能是将道路上的垃圾扫至吸盘口处,方便吸盘将垃圾吸入垃圾箱中。如图6-14所示,扫刷主要有滚筒式和盘式两种,滚筒式扫刷使用连接结构安装在清扫车车头位置,通过滚刷的旋转将地面上的垃圾带入清扫车的垃圾箱,达到清扫目的。盘式扫刷在扫路车上使用更为广泛,大型扫路车一般采用双排扫刷,左、右各布置两个可升降盘式扫刷,扩大清扫面积,提高清扫效率;小型扫路车则多使用一对盘式扫刷或一对主刷加一对副刷的模式,减小功率消耗。

图 6-14 滚筒式扫刷(左)和盘式扫刷(右)

扫刷在进行路面清洁时,刷毛需要与路面直接接触,因此易产生较大的磨损,通过调节扫刷与地面间的距离、角度,以及扫刷本身转速等参数可以减小损耗。针对滚筒式扫刷,可以将滚筒主轴连接至滚筒摆臂上再连接至车体,在滚筒主轴两端与车体间连接电动推杆,同时使用弹簧进行辅助固定,达到调节扫刷上升下降和清扫角度的目的。针对盘式扫刷,可以在扫刷支架与车体间增加可伸缩杆,用以调节扫刷高度,利用连杆机构调节扫盘的角度,利用弹簧等弹性件辅助固定。

针对不同清洁对象,滚筒式扫刷刷毛可选择不同排布方式,包括并排排布、V形排布、螺旋形排布等,以达到更好的清扫效果。盘式扫刷则是直接将刷毛束固定在扫盘上。刷体材料常使用钢材料、PVC 材料、PP 材料等,刷毛常使用尼龙、PP 刷丝或钢丝等。

对于盘刷的功率计算与参数选取,国内外学者多有研究。盘刷对地面的接地压力,可以利用如下经验公式进行计算:

$$p = 5.3 \times 10^3 d \left(\frac{EJ}{L}\right) \cdot 2h^{\frac{1}{3}} z [1 + 0.18(v_m - 2)] \arccos\left(1 - \frac{h}{R_m}\right) \quad (6-3)$$

式中,d 为刷毛直径;E 为刷毛的弹性模量;J 为刷毛断面的惯性矩;L 为刷毛长度;h 为刷毛的最大变形量;R_m 为盘刷半径;v_m 为盘刷的圆周线速度,$v_m = 2\pi R_m n/60$,其中 n 为盘刷转速;z 为工作刷毛的数量,$z = \beta v/(\pi d n)$,其中 β 为盘刷刷毛与路面的接触中心角,v 为清扫车工作时的行走速度。

根据盘刷的接地压力,可以计算出克服刷毛与路面间摩擦力所需的功率:

$$P_a = KN \frac{p\mu(v + v_m)}{1000\eta} \quad (6-4)$$

式中,K 为功率储备系数;N 为盘刷数量;η 为机械传动效率;μ 为刷毛和路面间的摩擦因数。

另外,利用以上参数也可以计算出消耗在刷毛变形上的功率 P_b 与空气阻力所消耗的功率 P_c:

$$P_b = 0.26 \times 10^{-6} zN \frac{n^{\frac{3}{2}}}{d} \sqrt{h} \frac{EJ}{L} \arcsin\left[\frac{(R_m - h)\sqrt{3(2R_m h - h^2)}}{R_m(R_m - 2)}\right] \quad (6-5)$$

$$P_c = 0.01 P_a \quad (6-6)$$

最后,根据 $P_总 = P_a + P_b + P_c$ 计算驱动盘刷所需的总功率。

另外,有学者研究得到,清扫车的清扫效率与刷毛接地点的速度大小和方向关系较大,因为其决定了垃圾抛射的距离和方向。根据分析得出,在清扫车保持车速不变作业时,提高盘刷的转速可以提高盘刷接地点的绝对速度大小,但同时清扫车的清扫效率受到风机风量的限制。在风机风量固定的情况下,可以根据实验情况选择清扫效率最高时的盘刷转速。另外根据清扫车其他参数,计算扫盘需要的总功率,最终对发动机或电机进行针对性选型。

(2) 吸尘装置。

如图 6-15 所示,吸尘装置是真空式扫路车以及纯吸式扫路车的重要上装部件,主要采用气流来进行作业,利用副发动机驱动风机产生负压,将吸盘口处的垃圾、灰尘吸入管道中,最终吸入垃圾储存箱中。其主要部件包括风机、风道、吸盘口、落尘箱、垃圾滤网等,为了避免出风口处出现二次扬尘,需要在出风口处添加滤芯。

风机是吸尘装置的核心,大风量和高风压是高效吸取垃圾的保证。同时,在选择风机时也要注意其体积、耐磨性、防尘能力是否满足清扫环境要求。吸盘口和风道也起到重要作用,清扫车的风道形式有带反吹风的风道和不带反吹风的风道两种,风道本身形状、是否带反吹风和反吹风风量占风机风量比例会对道路清扫车的气流阻力产生影响,从而影响清扫车的吸尘能力和功率利用率。

在纯吸式道路清扫车上,吸尘装置有更进一步的改进,增加了多次集尘系统和过滤系统,不采用反吹风形式,增大风机功率,利用电控系统控制风机转速、吸盘升降等,实现气流只进不出,$PM_{2.5}$ 排放为零,除尘效果好,需频繁更换的零部件较少,维护成本低。

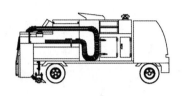

图 6-15　吸盘口(左)和吸尘装置整体(右)

(3) 水路系统。

水路系统是洗扫车的核心部件,也是很多扫路车喷淋的必要部件。水路系统主要零部件包括液体容器(清水箱、污水箱)、不同型号的喷嘴、用于进行液体输送的管道、增压部件、过滤器、吸嘴、水泵等。清水由清水箱送入增压水泵中,不同压力的水流送入不同管道,然后进行分流,由喷嘴喷出进行道路清洗,之后在车体后部布置吸污装置,通过吸污口将污水吸取后经吸污管吸入污水箱中,完成对道路的清洗。

常见的喷口布置包括前置双高压喷口、中置高压侧喷、后置高压喷雾等。前置喷嘴压力可设置为 20~30 MPa,喷杆可以成 150°左右夹角,喷嘴与地面间成 60°左右夹角,这样能有效清除地面的垃圾污渍,并可以缩小产生的水花向车外侧飞溅的范围。中置高压侧喷与吸嘴成"V"形布置,通过调整"V"形角度及高压喷嘴角度,可以有效汇集污水,防止污水向两侧散开,提高作业效率,增强保洁能力。各喷嘴之间尽量减少重叠冲洗范围,提高水资源利用率,减小能耗。

水路系统可以使用电磁阀控制水流的流量,利用电动推杆控制整体管路的高度和方向角,利用流量传感器对喷杆内水流量进行实时检测,实现对水路系统的智能控制。另外,水路系统常常也连接了清扫车车体的自清洁系统,可以在需要的时候使用高压水枪对清扫车车体进行清洁,也有部分清扫车具有垃圾收集箱内清洁设备,在垃圾倾倒后对垃圾收集箱进行冲洗。

(4) 垃圾收集与处理装置。

清扫车基本都带有一个垃圾收集装置,如图 6-16 所示,用于将收集到的垃圾保存起来,以运输并倾倒至固定的垃圾投放点。垃圾收集装置的主体部分是垃圾收集箱,其余零部件包括卸料门、输料管、滤网、电动推杆或液压推杆等,部分清扫车额外配备有降尘机构、多级过滤机构、垃圾压缩装置等,以对特殊环境进行针对性清扫。

清扫车在进行清洁作业时,垃圾首先由吸尘装置吸入,传输至进料口。部分清扫车将水雾降尘装置独立设置在进料口之前,也有部分清扫车在垃圾收集箱中集成了降尘装置。在垃圾收集箱中间设置滤网,下侧设置排污口,用于将过滤出的污水排入污水箱中。由于垃圾箱内环境恶劣,清洁不便,可在箱体内部安装高压喷口,实现垃圾倾倒后自清洁。

垃圾收集箱的卸料门大多安装在垃圾箱后侧,使用连杆机构或加钢丝绳的方式控制开闭,在倾倒时常常利用液压杆将垃圾收集箱倾斜,方便垃圾倒出;也有部分垃圾收集箱的卸料门设置在顶部,方便与后续特定垃圾处理车进行对接;还有一些垃圾收集箱与车体呈半分离状态,使用连杆机构实现垃圾箱的举升,然后将卸料门设置在垃圾收集箱体下

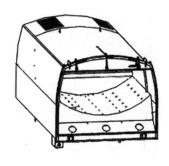

图 6-16 垃圾收集箱

侧,方便举升后的垃圾倾倒。

部分清扫车增加了垃圾压缩处理装置,在垃圾收集箱中设置电动推杆、隔板、垃圾压缩挡板,通过电动推杆带动垃圾压缩挡板绕转轴转动,使之与隔板之间空间变小,实现对蓬松的树叶、塑料袋等垃圾的一次压缩。还有清扫车在垃圾收集箱上侧空旷部分布置太阳能电池,实现对车内蓄电池的充电,节约能源,增强续航能力。针对不同应用场景,垃圾收集箱也各有特色。

(5) 其他上装结构。

除了扫刷、吸尘装置、水路系统与垃圾收集装置外,清扫车上装结构还包括主副发动机、驾驶室、警示灯等辅助功能构件,整体配合形成完整的清扫车设计。

对于较大型的清扫车,其主要使用副发动机给风机、水泵等功能部件供能。各个清扫车开发制造公司大多研发自己的专用发电机,发电机多采用涡轮增压动力形式,利用离合器对风机和高压水泵进行驱动,减小风机启动和停止时对发动机的损耗。发电机所用的离合器需要具备高耐磨、低噪声、低油耗等功能特点。小型电驱动清扫车主要使用蓄电池加电机的组合方式驱动风机、水泵等部件,蓄电池常使用锂离子电池或铅酸电池,其中,铅酸电池持续工作时长可达 $5\sim6$ h,锂离子电池的持续工作时长可达 $6\sim8$ h。电机包括底盘电机、扫刷电机、风机电机等。

清扫车驾驶室一般是单排驾驶室。大型清扫车包括司机和副驾驶两个座位,可供驾驶人员交换休息。小型清扫车驾驶室一般为单个座椅,空间狭窄,驾驶较为困难,同时也很难进行人员的更换交班,因此针对小型清扫车的无人驾驶技术改造也迫在眉睫。在驾驶室内,布置有常规车辆均需要的转向盘、油门、刹车、挡位变速杆等,还包括控制扫刷升降、吸尘口升降、垃圾倾倒、喷水等功能部件的控制仪表盘以及多方向显示器,主动控制每个功能构件,提高清扫效率和清扫效能。

在清扫车车灯方面,除去车辆都有的前照灯、尾灯、轮廓灯等常用车灯外,大多数大型清扫车会安装 LED 警示灯以对附近车辆进行预警。此外,也有很多清扫车在车顶安装橘红色或红色警示灯,并搭配喇叭等设备进行清扫预警,以保证作业安全。部分小型清扫车为方便晚上作业,还在车头安装较高功率大灯,对清扫区域进行照亮。

清扫车仪表盘和 LED 警示灯如图 6-17 所示。

图 6-17 仪表盘(左)和 LED 警示灯(右)

6.2 智能粮仓清扫车专用控制系统设计

6.2.1 智能控制系统架构设计

典型的粮仓作业场景与传统清扫作业场景不同,其包括粮仓室外和粮仓室内两个作业区域。根据作业环境的不同,粮仓清扫车的感知、导航和定位技术都需要做出一定的调整。在整个清扫作业流程中,室内清扫和室外清扫的任务需求也有所不同。粮仓室内光线交叉,同时也不具备结构化的道路条件,需要清扫车对整个粮仓区域进行覆盖式清扫,同时清扫要求也较高。而粮仓室外道路则一般比较规整,具备结构化的道路,导航和定位都较为方便,同时清扫要求也相对较低。从清扫车需要执行的清扫动作上来看,智能化清扫车需要完成包括贴边清扫、断点续扫等功能。贴边清扫需要清扫车贴近道路外沿或者仓库边缘进行作业,对定位精度和局部规划技术有较高的要求。断点续扫一般是指清扫车执行一部分清扫任务后,因为加水、倾倒垃圾或者充电等需要中断目前的清扫任务,到另外一个地方完成加水等操作之后再回到原先的中断点继续完成清扫任务。断点续扫对清扫车的定位精度、全局规划及局部规划技术也有较高的要求。总的来看,在粮仓场景下开发智能无人驾驶清扫车,需要综合利用各种传感器和硬件设备,包括激光雷达、摄像头、组合导航设备、工控机和底层线控设备等以实现自动驾驶功能。图 6-18 和图 6-19 所示为清扫车在粮仓室内和室外的工作状态。

粮仓清扫车无人驾驶技术主要包括环境感知、建图定位和规划控制三个部分。在粮仓场景下开发无人驾驶清扫车,有以下几个技术难点:① 粮仓场景存在大量扬尘,影响环境感知;② 粮仓内部信号不佳,难以收到组合导航设备的信息;③ 无人驾驶清扫车涉及断点规划等较为复杂的规划问题。

针对这些技术难点,一般可以采用以下方法应对。对于环境感知,可以使用以摄像头视觉为辅助的激光雷达-视觉后融合目标检测方法,同时对激光雷达点云和视觉图像进行处理,提升扬尘环境下感知精度;对于建图定位,可以综合使用视觉/激光 SLAM 和组合导航,在组合导航信号不佳的粮仓室内换用 SLAM 方法进行定位;对于断点规划,则可以采用基于全局规划和局部规划相结合的方式求解路径,并依据铰接式车辆控制模型实现循迹功能,通过记录断点信息并进行局部规划实现路径重规划。

图 6-18 粮仓清扫车室内工作

图 6-19 粮仓清扫车室外工作

目前无人驾驶粮仓清扫车的制造与测试大致可以分为两种：一种是根据现有的有人驾驶清扫车进行改装，通过加装传感器和相应硬件设备使其完成智能化、无人化任务；另一种则是在底盘制造阶段就安装好工控机和传感器，从最初的设计层面就考虑清扫车的智能化与无人化需求。改装有人驾驶清扫车可以分三步进行：第一步是实车平台的搭建,在有人驾驶清扫车上加装所需的传感器并建立工控机与底层控制的通信设备,方便后期算法的调试;第二步是开发与测试各部分算法,验证运行效果;第三步是实车验证并进行评估(包括各部分算法评估与整体指标评估)及交付。改装有人驾驶清扫车的方式对底盘的智能化要求低,但是改装和测试流程都较为麻烦。随着粮仓整体技术不断向智能化、无人化的方向发展,直接设计并制造智能化的无人驾驶清扫车将会成为主流。

智能化无人驾驶清扫车设备从环境感知开始,通过建图与定位和最后的规划控制,可以综合实现清扫车智能化、无人化的完整技术链路。清扫车的智能化、无人化不仅有助于解决粮仓场景下的清扫和粮食重提取问题,也为其他场景下的无人驾驶技术提供了相应的技术经验。

6.2.2 智能粮仓清扫车控制技术

对于智能粮仓清扫车,控制技术是非常重要的基石。在通过相应的规划算法计算得到相应的路径后,控制粮仓清扫车沿着该轨迹行驶,即循迹,从而实现自动清扫功能。关于粮仓智能清扫车的控制技术,下面主要探讨清扫车数学模型、清扫车路径跟踪控制方法,以及云端调度技术内容。

1. 清扫车数学模型

在探讨清扫车的控制方法之前,需要对清扫车进行相应的数学建模。建立合理的车辆运动学模型与动力学模型有助于实现更好的运动跟踪控制。然而,出于实际应用中算法实时性的考虑,准确但过于复杂的模型并非最优解,必须根据无人驾驶车辆的具体行驶工况,进行合理的约束简化,并通过选取合适的控制变量,建立能够准确描述粮仓清扫车运动关系约束的运动学模型和描述动力学约束的运动学模型。而粮仓清扫车由于存在刚体车和铰接车等不同型号,故其相应的数学模型也不一样。刚体型清扫车的数学模型和普通车辆更接近,而铰接式清扫车的数学模型由于其特殊的结构而与普通车辆的差别较大。刚体型清扫车与其他粮仓智能车辆有共通之处,在此不多加赘述,此处主要对铰接式清扫车的数学模型进行介绍。

(1) 铰接式清扫车运动学模型。

铰接式清扫车由于采用前后车体折腰的形式完成转向,具有特殊的构型,因此铰接式车辆具有较为特殊的运动学、动力学特性。铰接式清扫车的运动学模型分为无侧滑模型、有侧滑模型和误差模型。无侧滑模型和有侧滑模型均属于运动学模型,而误差模型通常是基于运动几何关系推导获得的运动学模型衍生物。

① 无侧滑模型。

无侧滑模型如图 6-20 所示,铰接角定义为后车体航向角减去前车体航向角,即

$$\phi = \theta_r - \theta_f \tag{6-7}$$

则该模型在全局坐标系下的一般形式可以列为

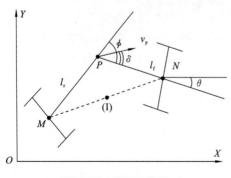

图 6-20 无侧滑模型

$$\begin{cases} \dot{x}_f = \dfrac{dx_f}{dt} = v_r \cos\theta_f \\ \dot{y}_f = \dfrac{dy_f}{dt} = v_f \sin\theta_f \\ \dot{\theta}_f = \dfrac{d\theta_f}{dt} = -\dfrac{v_f}{l_f} \tan\delta \\ \dot{\phi} = \dfrac{d\phi}{dt} = v_f \left[-\dfrac{\sin\phi}{l_r} + \left(\dfrac{1}{l_f} + \dfrac{\cos\phi}{l_r}\right)\tan\delta \right] \end{cases} \qquad (6\text{-}8)$$

式中,x 为横坐标,y 为纵坐标,θ 为航向角,v 为纵向速度,l 为车桥到铰接点的距离,下标 f 表示前车,下标 r 表示后车,δ 表示铰接点速度矢量与前车体之间的夹角,ϕ 为铰接角。

将上式中的 $\tan\delta$ 消去,并用 ω_ϕ 表示铰接角速度,即可获得另一种表达形式:

$$\begin{cases} \dot{x}_f = v_r \cos\theta_f \\ \dot{y}_f = v_f \sin\theta_f \\ \dot{\theta}_f = -\dfrac{v_f \sin\phi + l_r \dot{\phi}}{l_f \cos\phi + l_r} \\ \dot{\phi} = \omega_\phi \end{cases} \qquad (6\text{-}9)$$

在行驶速度较低时,这种运动学模型的精度较高,且相对简单。对于粮仓的绝大多数工况,铰接式清扫车并不会有高速行驶的需求,因此该模型的应用十分广泛。

② 有侧滑模型。

铰接式清扫车的运动学模型中,有侧滑模型提出的时间相对更晚,由 Scheding 在 1997 年提出。相较于无侧滑模型,该模型的测试数据更加接近于实车测试数据,具备更高的精度。

在有侧滑模型中,需要将侧偏角作为已知量输入运动学模型。虽然该模型比无侧滑模型更加接近于实际工况,但是由于运动学模型中不考虑侧向加速度,有侧滑模型无法预测铰接式车辆未来的侧滑情况。在作为参考模型设计控制器时,如果铰接式车辆的纵向行驶速度较低,该模型相对于无侧滑模型在控制精确性方面的提升较为有限。而如果铰接式车辆的纵向行驶速度过高,误差中将包含较多侧滑导致的成分,控制器会通过增大横摆角速度来消除侧向速度带来的额外误差,从而进一步增大侧向加速度,进而导致铰接式车辆侧向速度继续增大,最终发生危险。因此,从理论上来看,铰接式车辆有侧滑运动学模型更加适合作为仿真系统中的被控对象,而在作为路径跟踪控制器的参考模型时存在增大侧滑趋势的倾向。

总之,无侧滑模型作为经典的铰接式车辆运动学模型,虽然无法考虑轮胎侧滑现象,但是由于其结构简单,在行驶速度较低时精确性尚可,因而在路径跟踪控制中应用广泛。

(2) 铰接式清扫车动力学模型。

由于基于运动学模型的控制器无法有效处理侧滑问题,只能在低速工况下运动,而如果有高速运行的需求,则需要对铰接式车辆动力学模型进行研究。铰接式车辆动力学模型主要包括两种类型,即虚拟样机和数学模型。研究虚拟样机的目的是为悬架系统、差速系统的设计提供参考,而对于路径跟踪控制,虚拟样机仅作为测试控制方法的被控对象。

铰接式车辆动力学模型的建模方法主要分为两类,即牛顿-欧拉法和拉格朗日法。基于拉格朗日法的动力学模型计算量较大,不适宜作为路径跟踪控制的参考模型,因此仅通常作为被控对象,用于验证控制器的性能。相较而言,基于牛顿-欧拉法的铰接式车辆动力学模型较为常见,下面主要对其进行介绍。

基于牛顿-欧拉法的建模研究可以根据模型自由度细分为二自由度、三自由度、四自由度和多自由度模型。其中,二自由度的铰接式车辆模型较为罕见,相关研究较少。三自由度模型则较为常见,常见的一类是选择前、后车体的横向速度和横摆角速度作为输出状态的模型,由于前、后车体的横向速度和各项角速度存在耦合,所以其自由度为3,这种模型通常称为原地转向模型;另一类是将铰接角视为固定值的动力学模型,在这种模型中,前、后车体被视为刚性连接或弹簧阻尼连接,其输出状态为前车体的纵向速度、横向速度和横摆角速度,这种模型也叫作稳态转向模型。然而,以上两种模型常用于铰接式车辆的行驶稳定性等研究领域,而如果要实现路径跟踪控制,则还需要对前车体的纵向速度、横向速度、横摆角速度以及后车体的横摆角速度进行控制,所以三自由度模型对于铰接式车辆路径跟踪不具有完备性。

铰接式车辆四自由度动力学模型能够完备地反映前车体纵向速度、横向速度、横摆角速度以及后车体横摆角速度等状态,原则上可以满足铰接式车辆路径跟踪控制的需求。然而部分模型只考虑了铰接式车辆前、后车体在铰接角发生变化时的瞬态转向特性,而忽略了铰接角不变时前、后车体受纵向力和横向力作用的稳态转向。因此,虽然四自由度模型在理论上可以满足路径跟踪控制的需求,但是现有模型仍然不足以作为铰接式车辆路径跟踪控制的理论基础。

已知的铰接式车辆多自由度动力学模型包括五自由度模型、七自由度模型、十二自由度模型。对于路径跟踪控制而言,多自由度模型包含过多非控制目标的状态变量,而多个变量之间的耦合关系可能会引起控制器优化函数的非凸等问题,因此这种模型通常更适合作为测试控制方法的被控对象。不过,多自由度模型处理瞬态转向与稳态转向之间关系的方法,可以移植到四自由度模型的建模研究中,从而帮助建立能够满足铰接式车辆自动行驶控制需求的动力学模型。

总之,基于牛顿-欧拉法建立的动力学模型更适合作为路径跟踪控制的参考模型,但目前的四自由度模型仍然存在无法同时反映瞬态转向特性和稳态转向特性的问题,因此还需要参考多自由度模型的建模方法继续改进,才能满足铰接式车辆路径跟踪控制的需求。

2. 清扫车路径跟踪控制方法

铰接式车辆的路径跟踪控制需要对环境信息和车身姿态信息进行综合分析,以控制铰接式车辆的车速和转向,从而在保证安全的前提下,使铰接式车辆沿着规划决策系统给出的参考路径行驶。根据日常的驾驶经验,如果驾驶员将目光适当前移,偏离预定路线的情况将大幅度减少。目光前移的动作可以称为预瞄,其本质是在驾驶员的控制行为中加入预定路线上的前馈信息。引入前馈信息可以有效提高铰接式车辆路径跟踪控制的精度,可以按照有无前馈信息对相应的路径跟踪控制方法进行分类。

(1) 无前馈信息的路径跟踪控制方法。

无前馈信息的路径跟踪控制方法可以分为无模型控制方法和有模型控制方法。无模型控制方法主要包括三类,分别是 PID 控制、滑动模态控制、智能控制。有模型控制方法主要包括反馈线性化控制和最优控制(optimal control)。

① 无模型控制方法。

PID 是最为经典的无模型控制方法，其设计过程简洁、方便，适用于工程开发，因此 PID 控制在路径跟踪控制中的应用十分广泛，但是其控制性能受参数影响较大。

滑动模态控制，即变结构控制（variable structure control，VSC），是一种于 20 世纪 50 年代提出的特殊非线性反馈控制。其原理是基于系统的状态，动态地改变控制系统结构，从而使系统按照预先设定的状态轨迹运动。滑模控制（sliding mode control，SMC）是一种特殊类型的变结构控制，近年来应用较为广泛。由于 SMC 的设计与被控对象的模型无关，所以 SMC 具有响应速度快、鲁棒性强等优点，但是 SMC 也具有固有缺陷，即当状态轨迹到达滑模面后，控制量可能会产生振动。

智能控制的定义是具有学习功能、适应功能、组织功能等能力的新型控制方法，是人工智能和自动控制学科交叉产生的最新成果。目前已经出现了多种智能控制方法，其中较为重要的分支包括模糊控制、神经网络和遗传算法，这些智能控制方法本身属于无模型控制方法，但是也可以和其他有模型控制或无模型控制方法结合，形成复合控制器，从而提高控制性能。

② 有模型控制方法。

反馈线性化控制在铰接式车辆路径跟踪控制中较为常见，该方法将铰接式车辆的运动学模型推导为误差模型，然后基于状态反馈控制解算消除各误差值所需的控制输入，从而获得能够使移动装备跟踪参考路径的控制律。这类控制方法在跟踪不同参考路径时需要设置相应的控制器参数来保证控制效果，所以在参考路径较为复杂时难以保证路径跟踪控制的效果。这个特点导致基于反馈线性化控制方法的铰接式车辆路径跟踪控制器在实际应用中受到了诸多限制。

最优控制与其他反馈控制的区别主要在于，其镇定函数为运动状态等性能指标的泛函。求解泛函的极大值或极小值，可获取某一个或某几个性能指标的最优控制律。镇定函数为二次型的最优控制，即 LQR（linear quadratic regulator）控制。相对于反馈线性化控制方法，LQR 具有设计简便、鲁棒性较强等优势。但是由于缺乏前馈信息，传统的 LQR 路径跟踪控制器在参考路径存在较大幅度的曲率突变时性能不佳。

总之，由于缺乏前馈信息，所有无前馈信息的路径跟踪控制方法均无法有效解决参考路径存在较大幅度的曲率突变时误差较大的问题。而对于车辆等工作环境较为狭窄的移动装备而言，跟踪存在较大幅度曲率突变的参考路径是十分常见的工况，因此无前馈信息的控制方法在车辆路径跟踪控制中的应用受到较大限制。

（2）有前馈信息的路径跟踪控制方法。

引入前馈信息的路径跟踪控制可以通过预瞄获得部分前方道路信息，从而更加有利于进行控制。这种路径跟踪控制方法可以大致分为两类，即前馈-反馈控制（feedforward and feedback control）和模型预测控制（model predictive control，MPC）。

① 前馈-反馈控制。

在路径跟踪控制中，前馈-反馈控制是一种将参考路径上的前馈信息引入无前馈信息的反馈控制器的方法。前面所提到的反馈线性化控制、最优控制、PID 控制、SMC 和智能控制均可作为前馈-反馈控制中的反馈控制方法。然而，受限于预瞄距离的设置，前馈-反馈控制器在参考路径包含不同幅度的曲率突变时误差仍然较大。

② 模型预测控制。

模型预测控制（MPC）也是一种最优控制，它在路径跟踪控制中的应用十分广泛，其原理是基于移动装备的数学模型建立预测模型，然后通过预测模型基于当前的位姿状态和所有可行的控制输入预测未来所有可能的位姿状态，接着通过优化目标函数找出其中与参考状态最为接近的位姿状态，进而得到该状态对应的控制输入。由于在引入参考状态时，可以加入参考路径的变化趋势等信息，所以 MPC 跟踪复杂参考路径的能力显著优于其他控制方法。而且在确定控制输入的可行范围时，可以加入系统的约束条件，所以 MPC 能够显式地处理系统约束，从而获得相对其他控制方法十分明显的优势。

在有前馈信息的路径跟踪控制方法中，MPC 能够有效引入参考路径的前馈信息，而且无须考虑预瞄距离的设置等问题，同时 MPC 在处理系统约束方面也具有十分显著的优势，因此 MPC 有助于提升铰接式车辆路径跟踪控制在参考路径存在较大幅度曲率突变时的精确性。

3. 云端调度技术

在实际粮仓清扫的工作场景中，受限于车辆的行驶速度、供能状况、路况环境等，一辆粮仓清扫车的工作区域和工作效率往往是有限的，无法满足粮仓日常清扫的需求。为了解决这个困境，往往需要投入多辆清扫车才能完成较大区域范围的粮仓清扫工作，而这就涉及多辆粮仓清扫车的协作问题。

对于多车协作问题，往往需要在上层设置相应的调度系统，例如基于移动互联网的清扫车云端调度系统等。这种调度系统往往采用集中式规划控制，总体框架与网约车调度系统相近。其组成包括无人车车端调度响应系统、配置于云服务器上的调度管理系统以及移动端和固定站的用户调度应用三部分，如图 6-21 所示。调度系统针对无人车的调度特点进行设计，具有用户端自由接入、园区可行路径自动路径规划、云端服务器智能调度管理等功能。

图 6-21　云端调度模型

（1）云端调度模型。

在探讨云端调度算法之前，首先需要对云端调度模型相关概念以及约束作形式化定义。

定义 1：道路网络。

一个道路网络可以表示为无向图 $G=(N,E)$，其中 N 是节点的集合，E 是边的集合。

定义 2：路段。

一个路段可以用 I 表示，$I=(n,e,n_S,n_E,r,w)$，其中 $n\in N$，是道路网络 G 中节点 N 的子集；$e\in E$，是道路网络 G 中连通边的有序集合；n_S 是路段起始节点；n_E 是路段终止节点；r 为路段编号；w 为路段等级，分为快速路、主干路、次干路、支路共四个等级。定义 L 是一个道路网络 G 中所有路段 I 的集合。

定义 3：采集点位。

采集点位是路段中用于获取路段实景的一个节点，可以表示为 $c=(I,\text{pos})$，其中 c 位于路段 I 中的边 $e(e\in E)$ 上；pos 是该采集点与路段 I 终止节点 n_E 之间的网络距离；C 是一个路段 I 中所有采集点位的集合。采集点位用于云端调度采集命令中制定一个路段中唯一确定的路况信息采集位置。

定义 4：云端调度模型。

云端调度模型 S 可以表示为 $S=(G,R,C,F)$。其中，G 是云端可调度的道路网络；R 是移动终端（即清扫车）进入新路段后上传至云端的路段编号集合；C 是云端针对路段编号 R，调度生成的实时路况采集点位集合；F 是移动终端执行调度命令后采集上传的实时路况信息集合。

云端调度模型定义了移动终端与云端服务器之间的基本交互单元，一共包括三类，即移动终端进入新路段时提供当前路段编号的定位信息；基于调度策略，云端生成并下发包含当前路段采集点位的路况采集命令；移动端执行命令，并将实时路况信息上传至云端。

约束（路况采集命令的时间有效性约束）：云端调度模型中，路况采集命令具有一定的时间有效性约束，需要满足 $T_L+T_S\ll T_V$，其中 T_L 是移动终端上传定位信息时间，T_S 为云端生成并下发该路段采集命令时间，T_L+T_S 反映了采集命令的响应时间；T_V 为移动终端在同一路段的滞留时间。该约束表明，只有当车辆在一个路段的行驶时间远大于采集命令的响应时间，采集命令才有效；否则，车辆因已错过采集点位，或者进入新路段，而无法执行正确命令。因此，需要对道路网络 G 中的小路段进行精简，以满足时间有效性约束。

（2）云端调度算法实现。

云端调度算法实现可以分为离线预计算和云端在线调度两部分内容，以提高系统执行效率。

离线预计算主要完成对道路网络的预处理工作，包括路段精简等工作，在整个算法应用过程中只需执行一次。算法根据云端调度模型的时间有效性约束，对道路网络中的路段进行精简，去除无法满足时间约束的最小路段。此外，针对路段存在折线、弯曲等情况，对路段形态进行分析、过滤和提取特征点，为每个路段配置实时路况信息采集阈值，供云端在线调度算法使用。

提取路段形态的特征点采用 Douglas-Peucker 算法，其实质是一种折线的拓扑保持算法，基本思想为对每一条折线的始、末两节点虚连一条直线，求其间所有节点到直线的距离，并找到最大距离值 $d_{\max}$，与限差 D 进行比较。如果 $d_{\max}$ 较小，则这条折线的中间点全部舍去；反之，则保留 $d_{\max}$ 对应的坐标点，并以该节点为界，将折线分为两部分，对这两部分递归使用该算法。

云端在线调度部分，通过设计云端服务器与移动终端的交互协议，结合路况采集调度以及状态更新策略，实现云端对终端路况采集行为的远程、动态调度，主要工作包括终端定位信息采集与判定、路况采集命令生成与下发、路况采集信息接收与存储、路况采集状态更新等。

云端调度管理系统中的路径规划可以采用 Floyd 算法实现,通过计算得到当前距离目标地点最近的清扫车,进行相应的智能调度。Floyd 算法逻辑如下:假设 $D(i,j)$ 为节点 i 到节点 j 的最短路径距离,对于每一个节点 k,检查 $D(i,k)+D(k,j)<D(i,j)$ 是否成立,若成立则覆盖原来的距离,这样遍历完所有节点 k,$D(i,j)$ 中记录的便是 i 到 j 的最短路径距离。计算车的位置与欲调度地点的距离,选取最近车辆,进而进行相应的调度。

习　题

1. 查阅资料,简要说明各种路径跟踪控制方法的优缺点。
2. 查阅资料,探讨云端调度模型策略。
3. 清扫车上装系统有哪些部件,功能是什么?
4. 大型清扫车和小型清扫车有哪些区别?
5. 清扫车如果想获得前方障碍车的位置及大小,有哪些方法?
6. 自行查阅资料并尝试建立 YOLO 检测网络进行清扫车工作环境下的目标检测。

7 智能粮库平仓车

现代粮库平房仓多采用输粮设备移动进粮方式,会在仓内形成多个大小不一的圆锥状粮堆,不利于安全储粮和粮情监测。粮食储藏是粮食生产中较为重要的过程,其中关键一步就是粮面的平整,即在入粮完成后需对粮面进行平整,平仓后的粮面高度一致。粮面平整作业,对粮仓粮情监测、粮食生虫霉变预防和粮食管理的规范化起到重要作用。目前,国内粮仓平粮作业基本由人工完成,效率低,作业时扬起的灰尘会引起呼吸道疾病,而且粮面属于松散路面,工作人员容易陷入粮堆中或因粮堆突然坍塌而被掩埋,以致威胁生命安全。可用于平粮作业的机械较少,主要分为固定式和移动式两种。固定式平粮机械固定在粮仓顶部进行平粮工作,如桁架式平粮机器人,工作效率高、作业质量好,但较大的执行机构使得作业时动作不灵活、局部粮面不能到达、平粮完整性差。移动式平粮机械体积小、质量轻、操作简单、运动灵活,可以在粮仓粮面上自由行走,还可以辅助完成信息探测、粮面施药等作业。

平仓车就是一种典型的移动式平粮机械,如图7-1所示。平仓车结构简单,各部分独立设计,便于快速拆除、组装,一般采用遥控方式,工作人员不需要和设备近距离接触,所以不会受灰尘影响;采用履带式底盘与行走机构,行驶稳定性好、扭矩大、接触面积大、接地比压较小,在粮面行走时不易出现下陷情况,能进行粮堆爬坡作业;粗平阶段采用螺旋进料和抛粮进行大范围作业,细平阶段采用多功能平粮板进行平粮作业。典型平仓车的平粮作业流程包括:将设备搬运到粮面上,工作人员手动遥控设备,尾部螺旋轴进入粮面下进行出料,物料进入抛粮机进行抛粮。抛粮采用变频作业,可以根据距离调节作业功率。当粮食粗平完成之后,使用前端推粮板进行细平。平仓机进仓及出仓时全部采用快速式拆卸,结构简单,组装方便。

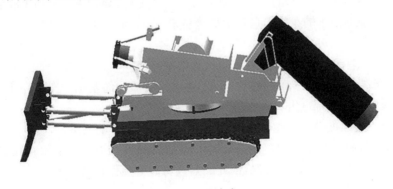

图7-1 平仓车

传统平仓车仍需要人工遥控,平粮效果依赖工作人员的经验,还需工作人员长时间操控机器。粮食安全涉及生产、收购、加工、储藏、销售等全产业链,涉及新型基础设施建设,应充分运用云计算、物联网、人工智能等新一代技术,加大绿色科技储粮技术和数字化技术的融合,支持节粮减损技术和装备研发推广应用,实现粮食仓储和监管的智能化升级,筑牢粮食安全底座。

7.1　总体结构设计

围绕粮食高效安全储藏需求,面对新粮入库高效平仓任务,提出智能平仓车,其硬件系统包括摆臂式履带底盘及行走机构、驱动系统及板式电池包、电子机械制动系统、智能平粮系统、承载式车身,以及包括双目摄像头、超声波雷达和激光雷达在内的智能化硬件架构,如图 7-2 所示。其中,底盘结构包括摆臂式履带底盘及行走机构、驱动系统及板式电池包、制动系统与悬架系统;上装结构包括平粮系统、车身及智能化硬件系统。

图 7-2　智能平仓车三维模型图

7.1.1　底盘结构设计

7.1.1.1　智能粮库平仓车的摆臂式履带底盘及行走机构设计

1. 底盘机构设计要求

(1) 保证行走机构(履带)的位置和重心方向的合理性,顺利完成各种工况的转换。

底盘稳健,能够使车辆在行走过程中保持稳定,在面对不同情况的粮面时可迅速做出调整。

(2) 支撑、安装动力传动系统以及车身、悬架等部件。

电池箱、悬架系统等都装配在底盘上,底盘是其他部分的基础。车是一个整体,只有各部件协调配合才能正常工作。

(3) 具有一定强度、刚度,能够在有限的空间中确保整车的完整。

车辆在选材时应当充分考虑工作环境对车辆的影响,在平仓过程中存在粮食飞溅等情况,在运输过程中存在磕碰等情况,因此底盘选材时必须保证其刚度。

(4) 可以确定全车尺寸。

底盘是全车的基础,通过底盘的尺寸可以确定全车的尺寸,因为要考虑工作场地,所以全车的尺寸也至关重要。只有尺寸合适,才能最大限度地发挥平仓车的功能。

2. 行走机构设计要求

(1) 有足够的附着力以保证行走的平顺性。

采用履带式的行走机构以及橡胶材质,在增加与粮面接触面积的同时还能保证车辆在行驶过程中不出现打滑和下陷的情况,使平仓车可以正常工作。

(2) 可靠性高，具有良好的避障能力和爬坡能力。

平仓车工作之前需要爬上一定角度的坡面以到达工作场地；在工作过程中，当遇到障碍物时应当具备完美的自动避开障碍物的能力，以防止车辆损坏。

(3) 通用性好，面对各种不同的粮食平面都具有很好的行走能力。

平仓车的适用范围非常广，面对各种粮食都应当具备平仓能力，所以应当充分考虑履带的材料和尺寸，在不同的粮面上工作时，其平仓效果都可以达到人们的要求。

3. 常用的底盘及行走机构

(1) 轮式。

优点：轮式车辆适用于路面条件好的路段，摩擦小，能耗低，较轻便，具有较高的机动性能和防护性能，行驶速度快，噪声小，舒适性高。并且轮式车辆造价低，机械故障率低，机动灵活，行程远。

缺点：复杂地形通过能力欠佳，承载能力不足，越障能力、地形适应能力差，转弯半径大；与粮面接触面积小，车辆易下陷、易倾覆，所以不适合应用于平仓车。

(2) 螺旋推进式。

优点：质量轻，能自动清除粮堆障碍，转弯能力强，不易下陷、倾覆；在粮堆上作业时，具有爬坡能力强、平仓效果好的优点，适用于平仓车。

缺点：能耗高，传动效率低，易造成粮食飞溅、挤碾，应用有局限性；由于粮食与机槽、叶片摩擦，单位动力消耗大，机槽和螺旋叶片易磨损；粮食在平仓处理过程中易破碎；由于螺旋轴的刚性要求，其不宜进行长距离的平仓处理。

(3) 履带式。

优点：双履带进行行走作业，在粮面上不会出现下陷情况；行走采用双列同步驱动；扭矩比较大，能在35°粮面爬坡作业且目前已有比较成熟的产品，适用于平仓车。

缺点：质量大、体积大、挤碾粮、转向不便、能耗高、不易提升到粮面等。

轮式行走机构操作方便简单，容易配合控制系统完成各项任务，但是在粮仓的松软粮堆上却容易发生车轮打滑的情况，车辆整体重心难以控制，若如操作不当很容易发生翻车事故。在翻越障碍物和上下粮堆等方面，履带式行走机构具有结构优势，适用于松软的粮堆。行驶路面适应性是平仓车工作的基础，而履带式行走机构由于履带的支撑面积大，所以总体接地比压小，滚动阻力小，相比其他行走机构更能保证整车工作时的稳定性。

4. 平仓车底盘及行走机构组成构件

履带式平仓车底盘及行走机构装配示意图如图7-3所示。

① 底板。

底板是全车的基础，既决定了全车的尺寸，又保证了车辆的完整性。车辆底板的作用是支撑、安装车辆发动机及其各部件、总成，形成车辆的整体造型，并接收发动机的动力，使车辆产生运动，保证正常行驶。底板在选择材料制造时应考虑以下问题。

a. 防腐蚀：附着在底盘上的泥土、洗车后积存在底盘的污水，以及潮湿的空气、粮食等都会对车辆底盘产生腐蚀作用，导致使用一段时间后车辆的底盘锈迹斑斑。防锈是底盘设计需首要考虑的，因此可以选择装甲涂层保护底盘。底盘使用装甲涂层就可以很好地避免外界污物、水汽对底盘的侵蚀，为底盘提供良好的保护。

b. 防撞击：车辆在行驶中溅起的粮食颗粒等物体猛烈撞击底盘，会对底盘相关部件

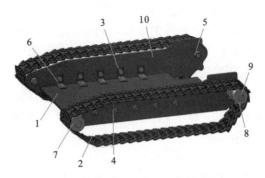

图 7-3　履带式平仓车底盘及行走机构装配示意图
1—底板；2—履带；3—六角头螺栓；4,5—六角螺母；
6—角钢；7—链轮 A；8—链轮 B；9—六角头螺栓；10—侧板

上涂有的保护漆膜造成损坏，导致金属部件缺少防护层而生锈。

c. 隔音降噪：车辆行驶中噪声主要由轮胎噪声和道路噪声组成。若底盘具有出色的密封性，在一定程度上可抵御噪声从底盘侵入车内，从而提高车辆在行驶过程中的舒适度。同时，底板还通过角钢和螺栓与侧板连接，底板上要装电池箱等机构，所以承载能力一定要好，不可出现断裂等故障。车辆底板示意图如图 7-4 所示。

图 7-4　车辆底板示意图

② 履带。

履带是指履带式车辆行进的环形链带，是由主动轮驱动的围绕着主动轮、负重轮、诱导轮和托带轮的柔性链环。履带由履带板和履带销钉等组成。履带销钉将各履带板连接起来构成履带链环。履带板的两端有孔，与主动轮啮合，中部有诱导齿，用来规正履带，并防止车辆转向或侧倾行驶时履带脱落，其在与地面接触的一面有加强防滑筋，以提高履带板的坚固性和履带与地面间的附着力。履带设计中要考虑的主要参数是履带数量、履带节距、履带接地长度、履带轨距、履带宽度以及履带接地比压。考虑到工作环境，平仓车使用橡胶履带。由于整机质量较轻，选择履带总数为 2 根。履带的接地长度和轨距之间的比值 L/B 对履带行走机构的转向性能影响较大，该比值一般为 1～1.7，当该值小于 1 时，行走装置的直行性能较差;当该值大于1.7时,行走装置转向费力。履带板示意图如图7-5所示。

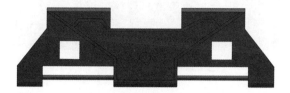

图7-5 履带板示意图

③ 链轮。

链轮是一种带嵌齿式扣链齿的轮子,与节链环或缆索上节距准确的块体相啮合。链轮广泛应用于化工、纺织机械、自动扶梯、木材加工、立体停车库、农业机械、食品加工、仪表仪器、石油等行业的机械传动中。链轮齿形必须保证链节能平稳自如地进入和退出啮合,尽量减小啮合时链节受到的冲击和接触应力,而且要易于加工。链轮材料应保证轮齿有足够的强度和耐磨性,故链轮齿面一般都经过热处理,使之达到一定硬度。链轮为主动轮,主动轮是主动件,它由轮毂、齿圈、带齿垫圈、锥齿杯、固定螺母和止动螺栓组成。当发动机的动力传到主动轮上时,主动轮按顺时针方向拨动履带,接地履带和地面之间产生了相互作用力。根据力的作用与反作用原理,履带沿水平方向给地面一个作用力,而地面给履带一个反作用力,这个反作用力使车辆运动,称为牵引力。同时,它还通过齿轮和履带啮合,将减速器传来的动力传给履带而使车辆运动。主动轮安装在传动终端的从动毂上,将驱动转矩转换成驱动履带的作用力,实现履带式底盘的行驶运动。主动轮的轮毂是主动轮的主体部分,负责将动力组的扭矩传至齿圈;齿圈负责将扭矩转换为推力推动履带前进。实车安装后主动轮与履带的啮合齿数共3对,如图7-3所示,所以当履带式车辆行走时,主动轮的整体受力并不是均匀分布的,存在受力不对称现象。链轮A与链轮B示意图分别如图7-6和图7-7所示。

 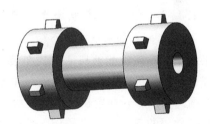

图7-6 链轮A示意图　　　　　图7-7 链轮B示意图

④ 侧板。

侧板将主动轮、从动轮、底板通过螺栓连接起来,且该部位的结构强度对车辆的整体框架强度和正常使用有重要影响,应利用其自身结构提高抗冲击性,同时降低自重,减轻车辆质量。侧板示意图如图7-8所示。

5. 新型摆臂式履带底盘及行走机构设计

智能平仓车摆臂式履带底盘总体设计主要由一个主动轮和多个从动轮配合减振弹簧,构成行走机构,并充当灵活的减振系统,以适应各种复杂作业环境。摆臂式履带结构

图 7-8 侧板示意图

增强了履带式平仓车底盘设计的灵活性与实用性。这种摆臂式履带底盘,包括机架和安装于机架上的主履带驱动装置以及摆臂传动装置。摆臂传动装置包括摆臂支架、摆臂履带驱动轮、摆臂履带舵机、摆臂履带和第二电机、第二主同步带轮、第二从同步带轮、与第二主同步带轮和第二从同步带轮传动连接的第二同步带。第二电机控制整个摆臂支架的摆动角度,使得在主履带和摆臂履带同时旋转的过程中,能随时根据地形的要求调节摆臂的角度,从而使得平仓车能有效和快速地翻越障碍物,灵活性、稳定性和可靠性高。智能平仓车摆臂式履带底盘及行走机构如图 7-9 所示。

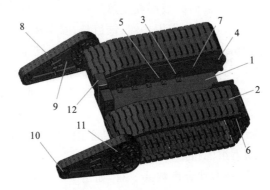

图 7-9 智能平仓车摆臂式履带底盘及行走机构

1—底板;2—履带;3—六角头螺栓;4—六角螺母;5—角钢;6—链轮;7—侧板;
8—摆臂履带;9—摆臂副轮轴及支架机构;10—摆臂小副轮;11—摆臂大副轮;12—舵机

7.1.1.2 智能粮库平仓车的驱动系统及板式电池包设计

1. 驱动系统和动力电池箱介绍

平仓车驱动系统能够保证车辆在粮仓粮面上行驶,可以将电池箱提供的电能转化为支持履带运转的机械能。平仓车通过电机带动驱动轴进而带动履带,以实现正常行驶。转向时通过另一个转向电机带动差速装置使得两侧履带转向相反,实现中心转向。这就是履带车常用的双流传动。平仓车采用的双流传动能够实现较为灵活的中心转向,在狭窄路面转向更加方便,零部件磨损也更加轻微。

电池箱为整车的行驶和吸粮、抛粮作业提供能量。由于粮仓粮食小、颗粒居多,故将电池系统安装在较为密封的箱体内,以保证电池系统拥有一定的寿命。同时考虑到粮仓环境比较干燥,要求电池箱具有一定的散热性能,所以箱体要选择散热性能良好的材料。另外,考虑在粮食面工作,要求减轻整车质量,所以箱体也要选择合适的轻量材料。

2. 减速电机介绍

(1)减速器性能对比。

减速器在系统中起到降低电机转速、增大输出扭矩的目的。常用的减速器有齿轮减速器、蜗轮蜗杆减速器、行星减速器。相较于其他两种减速方式,行星减速器具有高精度、高刚性、高负载、高效率、高速比、高寿命、低惯性、低振动、低噪声、低温升、外观美、结构轻小、安装方便等特点。同时行星减速器的传动效率可达到90%以上,性能优越,应用范围广。同时行星减速器运转更加流畅,故减速器选择行星减速器。

履带式平仓车减速电机结构如图7-10所示。

(2) 直流电机的参数。

电机选择的是 EMP-DC1.2-M5 直流电机,电机额定功率为 1.2 kW,额定电压为 36 V,额定电流为 41.4 A,额定转速为 3300 r/min,额定转矩为 3.47 N·m,正常工作效率为 80.5%,工作时噪声平均为 67 dB。

(3) 减速器内部构造。

减速器内部构造如图7-11所示。

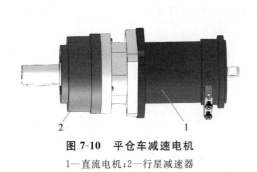

图7-10 平仓车减速电机
1—直流电机;2—行星减速器

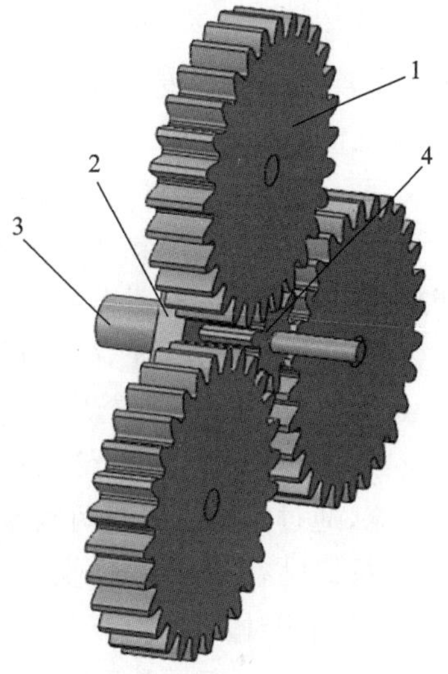

图7-11 减速器内部构造
1—行星减速齿轮;2—行星架卡盘;
3—减速输出轴;4—太阳轮及输入轴

① 行星减速齿轮。

三个行星减速齿轮由中心太阳轮带动转动,同时将太阳轮输入的高转速经行星齿轮减速输出至行星架,同时增大扭矩,提升性能。行星减速齿轮对硬度要求较高,材料一般采用20CrMnTi,同时采用渗碳淬火。齿面硬度可达57~63 HRC。渗碳淬火能保证齿轮有较大的硬度,但是要对齿轮进行精加工以消除热变形、提升精度。采用三个行星减速齿轮结构稳定,能承受较大的扭矩。

② 行星架卡盘。

行星架卡盘上的三角连接着三个行星减速齿轮,由行星减速齿轮的转动带动卡盘上的输出轴转动,达到减速输出的目的。

③ 减速输出轴。

减速输出轴与行星架卡盘固定,将得到的减速后的转速和扭矩输出。输出轴材料选择45钢和合金钢40Cr。通过比较发现,40Cr 在淬火后的硬度强度虽然比45钢更好,但是其淬火后内应力更大,可能会使零件断裂,且对淬火时介质要求较高,所以成本更高。

因此设计时不采用 40Cr，选择 45 钢，虽然其强度、硬度较 40Cr 差一些，但仍能较好地满足要求，同时也能承受较大的转矩。故减速输出轴材料选用 45 钢。

④ 太阳轮及输入轴。

太阳轮与输入轴固定，输入轴一端带有套筒，与电机转轴配合，将电机的输出转速和扭矩传递到太阳轮，太阳轮高速转动带动行星减速齿轮以较低速度转动。输入轴材料同样选择 45 钢。

3. 履带式底盘驱动系统

(1) 常见的履带式底盘驱动系统。

① 单流传动。

优点：发动机的输出动力在变速箱按比例分配给两侧履带，动力损耗比较小；结构比较简单，对车身结构要求低。

缺点：变速箱分配给两侧履带动力的比例是固定的，转向时转弯半径是固定的，因此当车辆在比较高的速度转弯时有侧倾的危险，并且履带不能实现原地转向。

② 双流传动的外分流传动。

优点：两个电机分别驱动两侧履带，这就是双流传动的外分流传动，动力性较好，同时转向时可控制两侧电机的转速实现差速，转向灵敏，可实现原地转向。

缺点：结构较为复杂，对车身空间要求较高；增加负重，可能会导致严重的磨损；不可避免地会产生功率循环现象，一定程度上降低了系统的传动效率。

③ 双流传动的内分流传动。

优点：双流传动的内分流传动依靠一个行驶功率流和一个转向功率流驱动，利用行星齿轮排汇流，通过控制可以使两侧履带转向相反，从而实现原地转向，且转向比较灵活、方便；同时对操纵性有一定提升，操作方便。

缺点：机构相对复杂，对车身构造要求比较高；对零件材料性能要求比较高。

(2) 履带式平仓车驱动系统结构。

履带式平仓车驱动系统结构如图 7-12 所示。

① 驱动输入轴。

由牵引电机带动，正常行驶时，将电机输出的转矩由另一端的锥齿轮传到驱动轴，完成对两侧履带的驱动功率输入。

② 转向电机。

转向电机作为平仓车的转向动力，通过转向输入轴与锥齿轮将转向动力分配给差速齿轮。正常行驶时，转向电机不工作，在需要转向时转向电机可以单独工作，由锥齿轮将转向功率分配给两侧履带，实现两侧履带反转；也可与驱动电机同时工作，将转向功率通过差速器按不同的功率与两侧驱动功率叠加，实现两侧履带差速转向。

③ 转向输入轴。

转向输入轴一端与转向电机连接，收到转向电机的转向功率时通过两个锥齿轮将转向功率分配给差速齿轮。

④ 转向轴。

转向轴为驱动轴上的横轴，两侧有两个差速齿轮，在结构中主要是将转向功率传给差速齿轮。

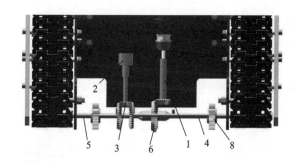

图 7-12 履带式平仓车驱动系统结构

1—驱动输入轴；2—转向电机；3—转向输入轴；4—转向轴；5—驱动轴；
6—驱动轴锥齿轮；7—行星齿轮（双侧）；8—差速齿轮（双侧）

⑤ 驱动轴。

驱动轴带动两侧履带实现车辆的前进后退，中间通过键连接一个锥齿轮，两侧有行星齿轮带动履带转轴转动。

⑥ 驱动轴锥齿轮。

驱动轴锥齿轮是连接在驱动轴中间的一个锥齿轮，通过键连接在驱动轴上，其作用是将纵轴的电机驱动输入转为横向的履带的驱动输出；同时可以起到一定的减速作用，以提高整个驱动系统的稳定性。键的连接方式使得拆卸、更换零部件更方便。

⑦ 行星齿轮（双侧）。

与驱动轴两端相连的行星齿轮，与传统的轮系相比，该结构更为紧凑，工作时有更大的传动比，传动更平稳，承受负载能力更强。它可以将单一、单向的输入转化为同时、同轴的双向输出，非常适合平仓车驱动系统。

⑧ 差速齿轮（双侧）。

在转向轴两侧的差速齿轮将转向功率传递到驱动轴上，实现两侧履带转速不同的叠加，以实现差速转动。

4. 动力电池箱

（1）动力电池箱设计要求。

① 电池箱安装要求。

电池箱作为整车的动力源，一般安装在底盘上。考虑到工作时的环境，要求安装电池箱时要尽可能紧固,避免车辆振动导致电池箱移位而发生故障。设计时电池箱采用螺钉紧固,使履带在上下坡面粮面时能够保持稳定。

② 电池箱的性能要求。

电池箱作为电池系统的保护结构,对其性能也有很多要求。

a. 耐振动强度:电池箱的静强度一般比较好,但是考虑到车辆行驶时的车身振动,要求电池箱拥有一定的耐振动强度。

b. 耐冲击强度:虽然电池箱安装在车厢内部,但是工作过程中可能会有一定的粮食颗粒等渗入进来,对箱体造成冲击,同时也要考虑电池箱跌落时的冲击,这就要求电池箱拥有一定的耐冲击强度。

c. 耐腐蚀性:考虑到粮仓环境,要求电池箱有一定的耐腐蚀性,以保障电池安全供电。同时,电池箱还应有一定的耐疲劳特性,这就要求箱体应选择耐腐蚀的材料,并且要有一定的强度和韧性。

d. 密封性:由于工作时车辆有抛粮过程,所以散落的粮食会比较多,这就要求电池箱应有一定的密封性,避免粮食落入电池箱而产生危险。电气侵入防护等级设计选用IP55。IP即 ingress protection(进入防护),IP后第一个数字表示防尘等级,数字越大,等级越高,选用5级防护,表示不可能完全阻止灰尘,灰尘进入不会影响电池箱运转;第二个数字表示防水等级,数字越大,等级越高,5级防水是指任何方向对准设备射水都不会影响设备运转。

e. 轻量化:电池箱在整车中所占的质量比例大,所以需要在尽量满足其他要求的同时选择合适的材料以减轻整车的质量,提高履带式平仓车的动力性能。同时,轻量化的标准还有利于电池箱的拆装与电池更换。

f. 散热性:电池工作时会放出大量的热量,如果电池箱散热性能不够好,则会影响到电池以及电池箱的性能以及寿命,所以要添加散热结构,并且箱体尽量选择散热性能更好的材料制作,以加快散热。

g. 低成本:考虑到市场价格因素,电池箱的价格应尽量低一些。

(2) 动力电池箱箱体结构。

动力电池箱箱体如图 7-13 所示。

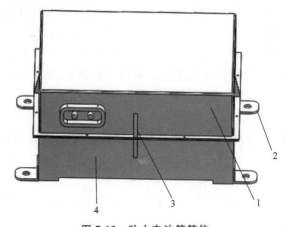

图 7-13 动力电池箱箱体
1—上箱体;2—吊耳;3—肋板;4—下箱体

① 上箱体。

电池箱的上箱体上有电池正负极导出接口。整个电池箱的上箱体不宜设计成一个平面，易因强度不足而引发共振。故在上箱体的四面增加肋板，以提高强度。同时为了保证密封性，上箱体在与下箱体连接处均匀地开有螺孔，通过螺钉与下箱体密封。

② 吊耳。

吊耳与下箱体焊接，上有螺纹孔与底盘连接，能够起到固定整个电池箱的作用。

③ 肋板。

考虑到整个电池箱的强度与耐碰撞挤压能力要求，在电池箱的四个侧面增加了肋板，以提高电池箱的性能。同时，此结构也比较美观、小巧。

④ 下箱体。

下箱体承载电池模组，同时与底盘固定在一起，所以为了保证稳定性，下箱体四侧也增加了肋板。下箱体与电池模组联合在一起，所以其散热尤为关键。下箱体的主要材料选择新型的碳纤维增强复合材料。该材料耐热性较好且热膨胀系数低，相较于传统的钢制外壳和铝合金外壳，新型碳纤维增强复合材料在硬度方面有所提升，并且质量也仅仅是钢制外壳的40%左右。同时，新型碳纤维增强复合材料在散热性以及抗压、抗振、耐摩擦、耐腐蚀等方面也有很大提升。

（3）电池箱内部构造。

电池箱内部构造如图7-14所示。

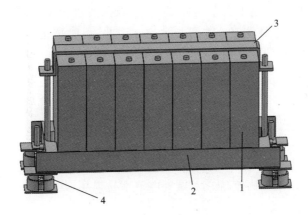

图7-14 电池箱内部构造

1—电池单体；2—固定底架；3—限位器；4—减振器

① 电池单体。

电池单体即单个的电池，外形选择方形。其优点是便于安装，电池能量密度高；结构简单，扩容方便；密封性好，封装程度高。考虑到平仓车工作条件，选择这种方形电池单体。

② 固定底架。

固定底架即安装电池单体的底架，两侧有限位装置，可以保证电池组的稳定性。底架采用钣金冲压制作，钣金质量较轻便，批量生产较简单，生产成本低，工艺简单。

③ 限位器。

一组电池单体安装在固定底架上,其上部有限位装置,保证电池在车辆颠簸时不会散乱。与固定底架相同,限位器也采用钣金工艺,质轻、便宜且质量也符合要求。

④ 减振器。

减振器通过螺栓安装在固定底架四角,内部装有弹簧,可以吸收车辆工作时的振动。通过弹簧的缓冲,电池组可获得更好的稳定性。

(4)电池箱的布置形式。

传统的电池箱布置形式有水平放置式、立式、卧式等,动力电池箱的质量一般达到整车质量的20%~30%。这就导致电池箱布置时会对整车质量分布产生影响,从而影响整车的性能。立式和卧式布置的电池箱重心对整车质量分布影响较大,故不考虑。所设计平仓车选用水平放置式,这样整车质量分布较平均,车辆行驶更加稳定。

5. 智能平仓车驱动系统及新型板式电池包设计

智能平仓车驱动系统与前述典型平仓车一致。电池箱承载着整车动力系统的能量来源,考虑到整车的空间及其与电池间的互联问题,一般将电池系统置于一个封闭的箱体内,而现有的电池箱分为箱式和板式两种。箱式电池箱所占空间比较大,且整个电池箱在整车中所占的质量比例较大,不利于整车质量的均衡分布,所以参考采用现在新能源汽车所采用的板式电池箱。其一,板式电池箱的质量分布更加均衡,可以避免平仓车在工作时出现重心不稳的情况,也可以防止智能平仓车在转向时产生侧倾危险。其二,板式电池箱可以直接安装在平仓车的底盘上,在较大程度上减小平仓车在垂直方向上的空间占用量,对于小型智能平仓车更加适用。因此,智能平仓车电池箱设计采用板式电池箱。

(1)单电池的选择。

目前市场上常见的单电池的类型有圆柱电池、软包电池和方形电池三种。三者各有优劣,比较三者优劣后确定电池箱单电池的类型。

① 圆柱电池。

优点:a. 圆柱电池是生活中常见的电池,其个体单一性比较好。b. 圆柱电池生产的工业链比较成熟,生产效率比较高。c. 圆柱电池不易损坏,其损坏后产生的危害小,对电池系统的影响比较小。

缺点:圆柱电池的电池密度比较小,一般用于家用电器遥控设备,不适合作为智能平仓车的驱动动力源。因此不选择圆柱电池作为平仓车的动力源。

② 软包电池。

优点:a. 软包电池一般采用铝塑薄膜包装,所以电池单体在损坏的时候会先鼓包,便于及时发现。同时铝塑薄膜包装也具有一定的耐冲击性,故电池损坏时不易影响到其他电池。b. 软包电池的电池容量比较大,电池密度远高于圆柱电池,可以提升平仓车的续航性能。

缺点:a. 铝塑薄膜包装成本高,同时软包电池的制造成本高。b. 目前制造铝塑薄膜软包电池的生产厂家比较少,电池生产的规模性差。c. 软包电池由于特性问题,生产时可能会因为机器的差异性而导致电池的一致性比较差,不利于电池箱及电池系统的装配与维护。

③ 方形电池。

优点：a. 方形电池的能量密度比较高，符合平仓车驱动系统的要求。b. 方形电池结构简单，适用性比较强。c. 方形电池的封装比较可靠，电池产生问题时，对其他电池的影响比较小。

缺点：方形电池的型号比较多。

综上，选择方形电池更加合适。

(2) 电池的参数计算。

方形电池外形如图 7-15 所示。

方形电池参数如表 7-1 所示。

图 7-15　方形电池外形

表 7-1　方形电池各参数表

项目	参数	项目	参数
正极材料	磷酸锂铁	充电电压/V	4.2
标称容量/Ah	3.35	质量/kg	0.55
标称电压/V	3.6	尺寸/(mm×mm×mm)	27×9×34

根据设计之初的目的，要求平仓车工作时长在 50 h 以上，由此结合方形电池的参数计算所需的电池数量。

50 h 电机做功总量：

$$W_1 = Pt \tag{7-1}$$

单电池的标称容量：

$$W_2 = UC \tag{7-2}$$

所需电池个数：

$$n = \frac{W_1}{W_2} \approx 17.5 \tag{7-3}$$

电池个数取整，得所设计平仓车所需的电池单体个数为 18 个。

(3) 电池箱箱体结构设计。

① 电池箱外形尺寸计算。

电池箱外形尺寸根据电池单体大小计算，设计电池单体在电池箱内 4×4 排列，再加上电池架的宽度，计算出电池箱外形尺寸至少应为 220 mm×140 mm×25 mm。计算所得的尺寸适配于智能平仓车的底盘，故采用这种方案。

② 电池箱的外壳结构。

电池箱的外壳包括上箱体(盖板)与下箱体(底板)两个部分，如图 7-16、图 7-17 所示。

电池箱的盖板厚度设计为 5 mm，这种较薄的盖板可以保障电池工作时能够即时散热。为了提升电池箱整体的密封性能，螺钉开孔一般选择按 X、Y 轴对称分布。在防水防尘方面，《电动汽车用动力蓄电池安全要求》(GB 38031—2020)规定电池包的防护等级为 IP67，即被测试产品需耐受浸泡在 1 m 深、压力约 10.3 kPa 水中 0.5 h。

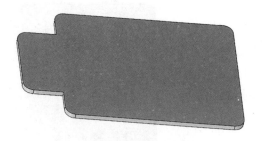

图 7-16　电池箱上箱体(盖板)

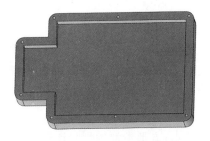

图 7-17　电池箱下箱体(底板)

电池箱的下箱体一般要承受来自平仓车底盘振动时的冲击,故不能设计为薄板,应在不影响散热的情况下设计得稍厚一些。下箱体周围均匀地开有螺纹孔,便于与盖板配合。

③ 电池箱箱体的选材。

电池箱箱体同时与电池模组联合在一起,所以散热尤为关键,本书设计的平仓车电池箱箱体的材料选择碳纤维增强复合材料。

(4) 电池的减振设计。

电池箱箱体主要承受车载环境激励和冲击,其结构强度、循环耐久性和在冲击激励条件下的安全性,对整体车辆的稳定安全运行至关重要。因此一般要在电池箱上增设减振装置。点阵夹心结构的电池箱可以减轻车辆振动碰撞对电池箱的影响,设计采用减振垫片对电池模组进行减振。减振垫片与电池的安装见图 7-18。

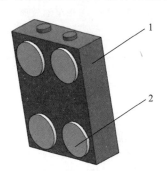

图 7-18　减振垫片安装在电池单体上
1—电池单体;2—减振垫片

减振垫片一般选用弹性较好的绝缘材料,可使用硅胶介电弹性材料,以满足减振垫片设计要求。同时,这种材料还具有一定的温度耐受性,电池工作散热时也不会对垫片产生较大的影响。

7.1.1.3　智能粮库平仓车的电子机械制动系统与悬架系统设计

首先介绍传统典型平仓车的制动系统与悬架系统。由于传统平仓车主要依靠人工遥控指挥来进行平粮作业,所以其制动性一般由遥控操作驱动电机供电来实现。

1. 悬架系统介绍

比起平滑路面,粮仓环境复杂多变,这对平仓车行驶模式提出了较高要求,同时也加大了机器人导航和定位的难度。粮库平仓车的悬架系统要求如下。

(1) 各悬架部件的质量应当尽可能地考虑轻量化,非悬架部件应将轻量化做到极致。

(2) 保证车辆在转弯时不会发生侧向倾斜。当车辆车速突然增大或者减小时,车辆能够具有良好的纵向稳定性,不会发生纵向倾斜。

(3) 保证车辆行驶的平顺性,减少粉尘的产生。

悬架装置的结构和性能,对防止履带式平仓车的颠簸和振动有很大的作用。履带式车辆悬架系统是将车体和负重轮连接起来的所有零部件的总称。该系统包括弹性元件、减振器、缓冲限制器、导向装置及其他辅助零件。提高车辆的最大行驶速度和平均行驶速度受到悬架装置性能的影响和限制。悬架系统弹性连接车身与负重轮,缓和并衰减因路面不平而引起的冲击、振动,保证车辆平稳行驶。优良的悬架装置特性对履带式车辆的机动性、通过性和舒适性具有重要意义。

悬架是车的重要总成之一,其主要任务是传递作用在车轮和车架(或车身)之间的切力和力矩;减小路面传给车架(或车身)的冲击载荷,衰减由此引起的承载系统的振动,保证汽车行驶的平顺性;保证车轮在路面不平和载荷变化时有理想的运动特性,保证汽车操纵的稳定性,使汽车获得高速行驶能力。

悬架系统的具体功能主要体现在以下两个方面:一是弹性支承车体,缓和行驶装置(履带和负重轮)在路面行驶时产生并传给车体的冲击与振动,改善车辆上各部件的工作环境,使其可以更高效、准确地完成任务;二是减轻振动对车辆各部件的损伤和破坏,提高可靠性,从而确保车辆在任何路面上都能充分发挥动力传动装置的最大效能,使车辆具有良好的机动性。

2. 常用的悬架系统

履带式车辆悬架系统根据作用形式通常分为被动悬架装置、主动悬架装置和半主动悬架装置三种。

(1) 被动悬架装置。

被动悬架系统是指悬架的弹性和阻尼参数不会随外部状态而变化的悬架形式。按弹性元件分类,被动悬架系统可分为扭杆悬架、油气悬架、混合悬架等。

① 扭杆悬架。

扭杆悬架主要由扭杆弹簧、减振器及平衡轴等组成。扭杆弹簧实际上是横向安装在车底甲板上的细长金属杆,通过扭转吸收地面对车体的冲击能量。扭杆悬架具有安装空间小、结构简单、保护性好及工艺相对成熟等优点,但其刚度几乎不变,固有频率较高,俯仰角振动的阻尼力不足,且受扭杆材料性能限制,悬架动行程较小,导致其对路面适应能力不足,因此限制了履带式车辆越野速度的提高。

② 油气悬架。

油气悬架主要由油气弹簧、导向机构及控制机构等组成。油气弹簧集成了弹性元件和阻尼元件,从而起到缓冲减振的作用,省去了扭杆悬架中单独的减振器结构。

履带式车辆使用油气悬架的出发点是利用其非线性、变刚度特性,以及其可实现车姿调整、悬架闭锁等功能,能够在一定程度上提高平均越野速度,改善车辆行驶的平顺性,但密封性及可靠性等问题制约了其在重载履带式车辆上的推广应用。

③ 混合悬架。

车首、车尾的悬架在减小俯仰角振动中的作用大于中间负重轮上的悬架,而可调式油气悬架造价较高,因此在高强度扭杆问世之后,科研人员便尝试将中间负重轮的油气悬架替换成高强度扭杆悬架,而车首、车尾悬架采用可调式油气悬架,这种悬架形式称为混合悬架。

混合悬架兼顾了高强度扭杆悬架和可调式油气悬架两种悬架的优点,既保证了悬架的功能,又降低了油气悬架系统造价,节省了液压源和连接管线,一定程度上提高了悬架的可靠性。

(2) 主动悬架装置。

主动悬架的概念最早于1955年提出,用作动器替代弹性元件与阻尼器,根据设定的控制策略,最大限度降低车体振动,改善车辆的平顺性和安全性,实现车辆减振特性的最优化。当前主动悬架主要分为3类:主动油气悬架、电磁主动悬架、馈能式主动悬架。理论上,主动悬架能显著提高车辆机动性,但其需要安装复杂的液压管路,成本高,可靠性低,体积庞大,增加了车辆总质量,且需要消耗大量的发动机功率。

(3) 半主动悬架装置。

半主动悬架的出现晚于主动悬架,主要由弹性元件、阻尼可控减振器(阻尼元件)、控制系统等部件组成。半主动悬架理论上能够提高车辆行驶的平顺性及通过性,但其可靠性不足,只是主动悬架不成熟或成本过高的一种无奈选择。

(4) 摇臂式悬架。

摇臂式悬架机构可以兼顾车辆的越障性能和高速运动时的稳定性,使车辆的综合机动性能得到提高,且具有结构简单、可靠性高、易于维修等优点。传统平仓车工作环境为粮仓,路况较差,摇臂式悬架较为符合平仓车设计需求,如图 7-19 所示。

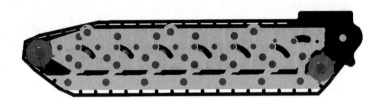

图 7-19　摇臂式悬架系统

3. 履带式平仓车悬架系统结构

履带式平仓车悬架系统结构见图 7-20。

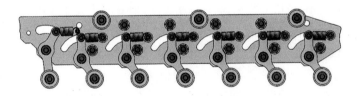

图 7-20　履带式平仓车悬架系统结构

悬架装置由弹性元件、支撑板、减振器、缓冲器等组成,一般是将车体和负重轮连接起来的所有部件和零件的总称。

(1) 弹性元件。

常见的弹性元件有扭杆弹簧、片状弹簧、涡卷弹簧和螺旋弹簧。安装螺旋弹簧无须润滑补剂,它所需的纵向空间不大,弹簧本身质量小。因所设计的平仓车采用螺旋弹簧独立式悬架方案,故弹性元件采用螺旋弹簧。

(2) 减振器。

为加速车架和车身振动的衰减,改善车辆行驶的平顺性,在大多数车辆的悬架系统内部都装有减振器。减振器和弹性元件是并联安装的。

为解决弹性元件与减振器之间的矛盾,对减振器提出如下要求。

① 在悬架压缩行程(车桥与车架相互移近的行程)内减振器阻尼力应较小,以便充分利用弹性元件的弹性,缓和冲击。

② 在悬架伸张行程(车桥与车架相对远离的行程)内减振器的阻尼力应大。

③ 当车桥(或车轮)与车架的相对速度过大时,减振器应当能自动加大液流通道截

面,使阻尼力始终保持在一定范围之内,以免承受过大的冲击载荷。

减振器是安装在车体和负重轮之间的阻尼元件,用来消耗车体的振动能量,衰减振动,以防止共振情况下车体振幅过大。常见的减振器主要分为液压减振器和摩擦式减振器两种,其中液压减振器又可分为筒式减振器和叶片式减振器。

筒式减振器结构简单,制造工艺好,工作性能稳定,应用广泛,采购容易,成本较低。筒式减振器结构如图 7-21 所示。

图 7-21　筒式减振器

叶片式减振器本身牢固,又布置在负重轮内侧,防护性好,但是制造比较复杂,质量和尺寸比较大,内部密封困难,缝隙多,阻尼力散布大,存在大量的缝隙,因此阻尼系数受液体黏度影响大,温衰明显。

摩擦式减振器可与扭杆同轴布置,占用空间小,结构紧凑,但在此布局下,摩擦式减振器的发热量容易使扭杆端部退火,所以对摩擦片与扭杆之间的隔热要求较高。摩擦式减振器对摩擦片的加工精度和材料等级要求高,因此成本较高。

减振垫片的作用是避振;它在车子过弯重心移转到一边造成车身倾斜而压缩弹簧后起到支撑的作用,这样可以避免车子侧倾。

传统平仓车体积较小,故减振垫片更适合平仓车。

（3）支重轮。

支重轮的作用如下:保证车辆行走时履带接触地面和提供较大的牵引力给车辆,避免履带脱轨;同时由于缓和了振动和冲击,车辆部件的耐用性和驾驶舒适性得到了提高。

（4）结构形式。

平衡式悬架装置中几个组成车架的负重轮通过共用弹簧与车体连接。在车辆行驶速度不高的情况下,车辆拥有极高的行驶平稳性。连锁负重轮数量越多,车辆纵向振幅越低,行驶平稳性越好。平衡式悬架装置的缺点为蓄能量小,使用寿命短,制造成本高,保养困难,即便有一个负重轮受损,车架上所有负重轮均无法工作,因此其可靠性较低。同时连锁负重轮数量越多,结构越复杂,悬架寿命越短。

独立式悬架装置的每一个负重轮都单独与车体连接,一个负重轮振动或者损坏不影响其他负重轮和车体的关系,相较于平衡式悬架和复合悬架,独立式悬架装置可靠性最高,蓄能量也最高。其制造成本不高,但维修保养费用较高。

复合悬架装置中,两端的负重轮采用独立式悬架装置,其他部位采用平衡式悬架。其各项性能都处于平衡式和独立式悬架装置之间。

传统平仓车工作环境为粮仓,路况较差,需要悬架蓄能量高,可靠性高,且平仓车工作场景的路况条件较为固定,故选用图 7-22 所示的悬架单元。

4. 智能平仓车制动系统设计

智能平仓车悬架系统与典型平仓车一致,但是制动采用更为先进的电子机械制动系统(EMB)。在平仓车处于工作状态时,根据粮堆的高度和坡度不同,平仓车应能及时制动并调整方向等。这时就需要一种反应及时、制动性能好、制动效率高的制动系统来适配智能平仓车。随着工业技术不断进步,在汽车行业中常用电子元器件与机械部件配合的制动系统——电子机械制动系统,它可以很好满足智能平仓车制动系统的要求。

目前,市面上大部分车辆的制动系统是基于液压制动系统的,主要由制动踏板、真空助力泵、制动总泵(也称为制动主缸)、制动液(也称为刹车油)、制动油管、ABS 泵总成、制动分泵(也称为制动轮缸)和车轮制动器组成。其基本工作原理为,制动总泵、制动液、制动分泵和连接油管内充满制动液,它们组成一个封闭的压力传递系统。当踩下制动踏板时,制动总泵的活塞向前移,制动总泵内制动液的压力升高,通过油管进入各车轮的制动分泵,推动制动分泵的活塞移动,实现脚踩制动踏板的力向车轮制动器的传递,推动车轮制动器实施制动。当松开制动踏板时,制动总泵活塞在油压和回位弹簧作用下回位,制动分泵活塞和车轮制动器回位,解除对车轮的制动。

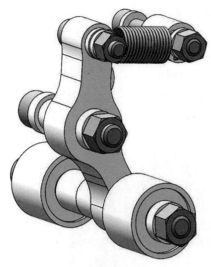

图 7-22 悬架单元

制动总泵的作用是产生高压油液通过油管传到各个轮缸,使轮缸张开推动制动蹄片产生制动力。真空助力泵是真空助力伺服制动系统的核心部件,它利用发动机进气管的真空和大气之间的压差起到助力作用。制动液是液压制动系统中传递制动压力的液态介质,有合成型和矿物油型,分为 DOT3、DOT4、DOT5、DOT5.1 四个级别。制动油管的作用是传递制动系统中的制动油液。制动分泵是制动系统中不可缺少的零件,它的主要作用是顶动刹车片,刹车片摩擦刹车鼓,使车速降低和车辆停止。踩下刹车后制动总泵产生推力将液压油压到制动分泵,制动分泵内部的活塞受到液压力开始移动并将刹车片推动。鼓式制动器主要包括制动轮缸、制动蹄、制动鼓、摩擦片、回位弹簧等部分,主要通过液压装置使摩擦片与随车轮转动的制动鼓内侧面发生摩擦,从而起到制动的效果。盘式制动器也叫碟式制动器,主要由制动盘、制动钳、摩擦片、分泵、油管等部分构成。盘式制动器通过液压系统把压力施加到制动钳上,使制动摩擦片与随车轮转动的制动盘发生摩擦,从而达到制动的目的。与封闭的鼓式制动器不同的是,盘式制动器是敞开式的,制动过程中产生的热量可以很快散去,拥有很好的制动效能。ABS 油泵是制动系统的核心部件,主要由电磁阀、控制活塞、液压泵和储能器等组成,是在原液压制动系统中增设一套液压控制装置,控制制动管路中容积的增减,以控制制动压力的变化。

液压系统作为一种传动技术,有其突出的优点:① 能产生很大的力,而且控制容易。可以用泵很容易地得到很高压力(20~30 MPa)的液压油,把此压力油送入液压缸后即可产生很大的力。② 能在很宽范围内无级调速。用控制阀对供给液压马达或液压缸的流量进行无级调节,即可随意控制其旋转或直线运动的速度。③ 能防止过载,安全性大。机械设备如果承受许用界限以上的负载是很危险的。液压系统中使用安全阀(溢流阀)就可以防止过载,即使在工程机械等可能发生预想不到的负载变动的场合,也可以确保安全。④ 尺寸小、出力大,安装位置可自由选择。无论把控制阀、执行器装在什么位置,只要把管子或软管接过去就可以了,所以设计时自由度很大。⑤ 输出力的调整简单、准确,可远程控制。如果用压力控制阀来控制压力,则很容易控制执行器的输出力。同时,液压系统也具有一些缺点:① 配管技术决定了系统的工作压力和管路元件布置方式,必须遵循一定的规律,而管路元件的损坏则将导致系统功能的损失并带来其他危险。② 污染物、灰尘的侵入,将导致系统工作不稳定、元件寿命急剧下降等。③ 故障诊断难。④ 液压油的温度变化带来的油液黏度的变化将降低系统的效率,同时加剧系统元件的老化。⑤ 漏油。

EMB 系统与常规的液压制动系统截然不同。与传统制动系统相比,EMB 系统制动执行机构的传动效率更高、反应更迅速、工作更可靠,更易通过与其他汽车电控系统协调合作来提高汽车的制动性能,是一种具有广阔应用前景的制动系统。电子机械制动系统已经成为包括汽车行业的工业制动领域的主流趋势,与传统制动系统常用的气压管路相比,EMB 使用的电线线路更轻、更方便,而作为动力能源的电能也比传统的气压更加环保,更符合新时代的发展趋势。与汽车行业电动制动系统用电子制动踏板来控制制动系统的制动力不同的是,无人驾驶智能平仓车使用的是人为远程遥控制动力。EMB 系统不仅结构简单,而且还具有体积小,载荷传递平稳、柔和,制动性能稳定,采用机械和电气连接,信号传递迅速,反应灵敏等优点。更为重要的是,其传动效率高,节省能源,且其电子智能控制功能强大,可以通过修改 ECU 中的软件和配置相关的参数来改进制动性能,易于实现 ABS、TCS、ESP 等功能。其采用模块式结构,装配较为简单,维修更加方便。并且考虑到环保问题,其没有液压制动管路和制动液,不存在液压油泄漏的问题,并且 EMB 系统没有不可回收的部件,对环境几乎没有污染。

一般来说,电子机械制动系统主要由电机电源、电子制动踏板、电子控制单元、制动力分配单元组成。电机负责向整个电子机械制动系统提供能源,负责为驱动轴和传感器提供稳定的输出电压。电子制动踏板则负责按照驾驶员(智能平仓车的遥控者)的意愿控制制动力的执行程度。电子控制单元的作用是实现制动力分配与制动控制单元的通信和互联。制动力分配单元则根据制动的需要对智能平仓车的履带进行制动。在电子机械制动系统控制系统的设计中,执行器技术、控制技术、线控制动踏板技术起着至关重要的作用。

在 EMB 执行器技术方面,制动执行器是电子机械制动系统的关键部件之一。其中,制动执行器一般由增力装置、驱动机、制动钳体和运动转换装置组成。增力装置的运行原理是利用行星齿轮机构、借力杠杆、蜗轮蜗杆配合增加制动时输入的力。运动转换装置的运动原理是借用滚珠丝杠、偏心轮或者齿轮齿条配合运动转换。根据驱动机的布置位置,执行器可分为内置和外置两类。

在 EMB 控制技术方面,国内外学者已经对电子机械控制系统技术展开了大量的技术攻坚并有不少学者已经取得了突破。控制技术可以说是电子机械制动系统的重中之重,一个优化后的控制方法足以弥补系统硬件的短板,可以最大化整个控制系统的精确度,甚至一个好的控制算法可以直接决定整个控制系统的层次。线控制动踏板,简单来说就是合理利用传感器收集驾驶员脚踏在制动踏板的移动信号,然后将其转换为电信号,以电信号的形式输出到制动控制单元。控制器根据驾驶员的物理踩踏制动踏板给出的信号和转换后的电信号来控制制动器的制动程度,以实现对车辆的制动。

平仓车用于粮食平整,若其漏油会对粮食安全造成一定影响,故而本平仓车设计采用的是 EMB 系统。但是,现阶段 EMB 系统并不完善,为了保证智能平仓车的稳定制动,针对现有问题还需要做出以下相应调整和改进。

① 由于智能平仓车相较于一般行驶载客车辆体积较小,故电机尽可能选体积小的,以便安装,并且保证能长期在狭小环境内工作,这就需要提高电机性能,保证力矩足够大、反应迅速。

② 由于制动时间短,这就要求传感器不仅性能稳定、体积小,更重要的是灵敏度要高。由于智能平仓车的工作对象主要是粮食等物料,对人的安全威胁并不大,所以现阶段传感器大多反应较慢、体积偏大,它们对制动性能的影响只需尽可能降低,保证工作时顺利、稳定即可。

本平仓车设计采用的是直流电机驱动滚珠丝杠形式的盘式制动器,如图 7-23 所示,其中制动盘采用通风式制动盘并安装在驱动轴上,以滚珠丝杠代替传统盘式制动器中的活塞,用来夹紧制动块,具高精度、可逆性和高效率的特点。

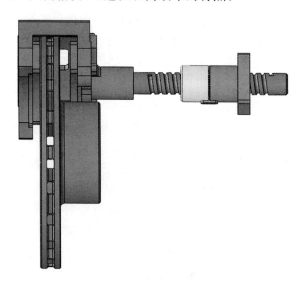

图 7-23 智能平仓车的制动系统

7.1.2 上装结构设计

7.1.2.1 智能粮库平仓车平粮系统

1. 典型平仓车的平粮系统

主流平粮系统主要包括控制系统和执行机构两大部分,下文主要论述执行机构部分。目前常见平粮系统有桁架式平粮系统、移动式平粮系统以及复合式平粮系统。

(1) 桁架式平粮系统。

桁架式平粮系统的特点是整体结构较大,且一般为固定安装,不能在不同粮仓间转移。

桁架式平粮系统主要由移动机构、升降机构、执行机构组成。通过移动机构，执行机构可实现在粮仓内的任意移动，升降机构控制执行机构的高度。桁架式平粮系统的移动机构部分采用桁架机器人结构。桁架机器人结构在制造业中被广泛使用，其结构特点适合方形大粮仓。

桁架式平粮系统的执行机构具有翻粮、散粮、平粮功能，通过切换不同的执行部件，以满足不同的工作要求。典型执行机构有梳齿式、螺旋式等形式。执行机构主要包括梳形扇叶、平板扇叶、卷扬机、旋转外壳、电动推杆、主轴、套筒、推力球轴承等。执行机构整体的运动方式为旋转运动，由电机通过减速器驱动旋转主轴来进行平粮、散粮等作业。其中，梳形扇叶和平板扇叶为平粮执行部件，卷扬机为执行机构切换装置，电动推杆为限位装置。执行机构工作原理是：当需要进行散粮、翻粮作业时，平板扇叶的电动推杆收缩解除限位，随后平板扇叶的卷扬机启动，将平板扇叶抬起，之后主轴旋转，梳形扇叶开始工作。由于桁架式平粮系统具有可靠的刚度，可以装设较大尺寸的执行机构，对提高平粮效率十分有利。其优点为平粮效率高，而缺点是由于执行机构尺寸限制，存在平粮死角，且便利性较差。这种平粮系统因其结构尺寸过大，不适用于平仓车。

（2）移动式平粮系统。

移动式平粮系统的特点是体积小、行动灵活，可实现任意粮仓间轮换使用，整体结构包括控制系统和执行机构。移动式平粮机构具有极高的灵活性，其执行机构为平粮推板，依靠机器整体前进的动力将粮食推平，推板本身的运动利用齿轮齿条机构传动。这种传动方式简单，不易受粮仓内环境的影响。

推板由导杆和固定环安装在支架上，由于推板比较大，在推板上平行对称安装两根齿条，以保证推板在上下运动中保持平稳。此外，在两边支架之间安装传动轴，轴上对称安装与两根齿条分别啮合的齿轮；在两齿轮中间的轴段上安装链轮；安装在步进电机上的小链轮通过滚子链将动力传递到传动轴上的链轮，进而驱动齿轮齿条带动推板上下运动。为实现推板智能化，在支架上安装光电开关，这样在无人干预情况下，系统可根据所设定程序调节推板高度。

移动式平粮系统灵活性强，可覆盖粮仓内任意位置。但粮仓内环境复杂，粮面起伏不平且有塌陷的可能，容易掩埋平粮机器。因其尺寸有限，当粮堆过大时，移动式平粮系统将无法工作。其优点为行动灵活、平仓无死角、可操纵性强；缺点是平仓效率较低。因其结构尺寸小，适用于平仓车。

（3）复合式平粮系统。

复合式平粮系统综合了桁架式平粮系统和移动式平粮系统，先由桁架式平粮系统进行大范围的高效平粮，再由移动式平粮系统对其死角位置补充平粮。此结构包含两种系统的优点，既保留了优异的平粮效率，也不会存在覆盖不到的死角问题，但同时也包含了两者的缺点，即两种系统结合无疑增加了成本和所占用的空间。

2. 平仓车平粮系统

平仓车平粮系统则将上述各平粮系统综合使用在智能车上。对移动式平粮系统来说，面对高大的粮堆无法进行平粮操作，而智能平仓车可根据工作环境调节平粮模式，分别进行粗平和细平。粗平阶段，在一个个小山丘似的粮食堆上，工作人员遥控平仓车，利用平仓车的吸粮口把粮堆高的粮食吸出并喷到粮堆的凹陷处;细平阶段,用车头的推粮板将粮面在空地上均匀地推平。循环往复,直到粮食平铺在粮仓内。这样既能完成平粮作业,也具有较高的平粮效率。

平仓车平粮系统包括控制系统、吸粮喷粮管道和多功能推粮板,整体结构如图7-24所示。

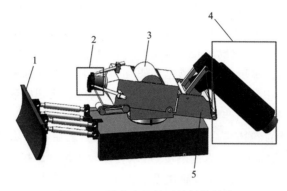

图 7-24　平仓车平粮系统整体结构

1—多功能推粮板;2—出粮口;3—鼓风机;4—吸粮管道;5—输粮支架

吸粮管道和多功能推粮板具体结构参考图 7-25、图 7-26。

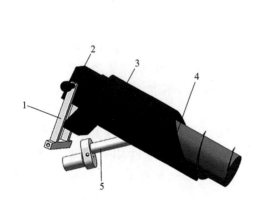 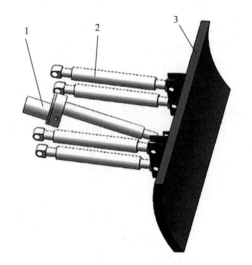

图 7-25　吸粮管道示意图　　　　　　图 7-26　多功能推粮板示意图

1—连杆;2—齿轮箱;3—吸粮管道;4—螺旋轴;5—电动推杆　　　1—电动推杆;2—接杆;3—推板

(1) 吸粮管道结构。

吸粮管道整体通过 U 形连杆连接在输粮支架上,并由螺栓固定,U 形连杆与输粮支架间不能发生相对运动,吸粮管道与 U 形连杆间可相对转动。从动辊与齿轮箱输入轴以带传动连接,带动螺旋轴转动,依靠螺旋轴上的螺旋齿将粮食卷入吸粮管道。吸粮管道角度可通过电动推杆调节,最大调节角度由电动推杆最大行程决定。电动推杆具体结构如图 7-27 所示。电动推杆内,电机由控制系统控制,可实现正反转,齿轮箱内一对啮合齿轮分别与电机和螺栓用键连接,通过齿轮传动将电机转矩传递给螺栓,再由推杆和螺栓之间的螺纹传动带动推杆实现伸缩运动。推杆尾部有两处凸起,与推杆壳内部凹槽相配合,保证推杆做直线运动。为保证螺纹传动效率,应采用梯形螺纹或锯齿形螺纹。

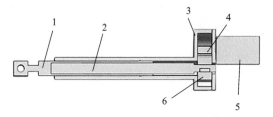

图 7-27　电动推杆示意图

1—推杆;2—螺栓;3—推杆壳;4—螺栓齿轮;5—电机;6—电机齿轮

（2）多功能推粮板结构。

推板通过接杆铰接于底架上,为保证推板上下移动平稳,铰接的四根接杆应分布在两条直线上。接杆本身不可伸缩,当铰接在推板中下方的电动推杆做伸缩运动时,推板将在电动推杆的带动下绕接杆平动,从而实现推板的上下移动。经粗平后的粮面比较平坦,设计时对推板结构刚度无过高要求,但推板侧面应设计为弧形,这样可避免推板推粮时所受负荷过大,对机构造成损伤。

（3）输粮支架带传动结构。

如图 7-28 所示,输粮支架前端下部利用电机座安装有驱动电机,输粮支架上部一端安装有主动辊,另一端安装有从动辊。主动辊和从动辊两端均通过轴承组件安装在输粮支架上,主动辊一端连接有第一带轮,从动辊一端安装有第二带轮。电机由驱动系统控制,电机上带轮通过皮带 1 与主动辊带轮联动,主动辊与从动辊通过传送带联动,从动辊与吸粮管道齿轮箱的输入轴带轮通过皮带 2 联动。输粮支架中部轴承座安装有压紧辊,该压紧辊与传送带接触,将传送带压紧,增大抛粮高度。为防止压紧辊与传送带挤碎粮食,压紧辊外部应安装柔性垫套。

（4）吹粮结构。

输粮支架前端上部固定安装有吹粮仓,吹粮仓前部为抛粮区,后部安装有鼓风机。当粮食从传送带抛撒至鼓风机出风口时,由鼓风机将粮食吹出出粮口,实现粮食的远距离抛撒。可通过调节鼓风机的风速来调节抛粮距离,通过调节出粮管道的角度来调节出粮角度。吹粮结构示意图如图 7-29 所示。

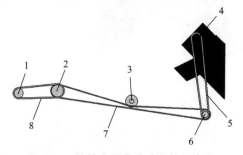

图 7-28　输粮支架带传动结构示意图

1—电机;2—主动辊;3—压紧辊;4—齿轮箱输入轴带轮;
5—皮带 2;6—从动辊;7—传送带;8—皮带 1

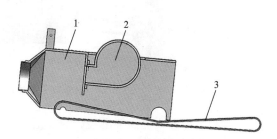

图 7-29　吹粮结构示意图

1—吹粮仓;2—鼓风机;3—传送带

3. 平仓车平粮系统装配方案

① 采用整体浮动式装配,如图 7-30 所示。除推板外,平粮系统部分可绕中心转盘旋转。底架总成上方安装有转盘,平粮系统安装在转盘上方,转盘与底架总成之间以轴承连接,下方有驱动电机来驱动转盘旋转,从而带动平粮系统旋转。吸粮管道和喷粮管道都可调整方向,灵活性强,但应考虑不能与推板结构相干涉,旋转范围可覆盖大部分周边区域。

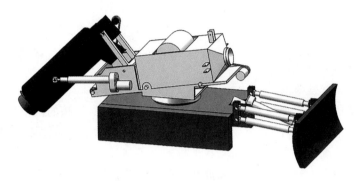

图 7-30 整体浮动式安装示意图

② 采用整体固定式装配,如图 7-31 所示。将转盘固定,使得底架上方平粮系统无法旋转。因实际粮仓内粮堆体积一般不会很小,即使有较小粮堆,可直接用推板推平,所以吸粮管道可只有上下角度调整的功能而不需要左右方向调整的功能。但考虑到喷粮应覆盖粮仓内任意粮面凹陷处,且粮面凹陷处一般分布在粮仓各处,范围较大,故喷粮管道的调整自由度应较大。因此,采用可调管道出口作为出粮口。出粮管道由出粮口、软管、管道头和电动推杆组成。将三个电动推杆的杆头看作三个点位,由三点确定一平面可知,理论上只需调节任意推杆即可组成任意角度的平面,就可使管道头朝向任意方向。实际应用时,由于零件结构所限,管道头不能实现 360°转向,但配合移动机构和调整鼓风机的风力,基本可实现粮仓内任意位置的喷粮作业。出粮口结构示意图如图 7-32 所示。

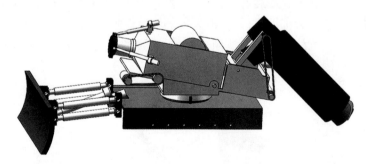

图 7-31 整体固定式安装示意图

这种装配方式提高了出粮口的灵活度,使其可单独自由调节出粮方向,同时,移动机构保证了吸粮管道的正常工作。但是吹粮口处结构过多,提高了对出粮口零件刚度的要求,同时增加了机构受损的风险。

4. 智能平仓车平粮系统设计

为保证智能平仓车具有良好的平粮效率,应着重提高平仓车粗平阶段的动作效率。

因此,吸粮口的吸粮速度决定着整个粗平阶段的动作效率。根据散粮的特点,设计智能平仓车平粮系统采用倾斜螺旋输送机进行粮食的运输。螺旋输送机从粮堆处吸入粮食,从螺旋轴管道的出粮口喷撒至输粮带上,再由输粮带将粮食抛撒至鼓风机出风口处,最后由鼓风机将粮食吹出出粮口,落至粮面凹陷处。总的看来,粗平阶段的效率由以下两部分组成:螺旋输送效率和输粮带运输效率。

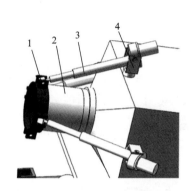

图 7-32　出粮口结构示意图(一)

1—管道头;2—软管;3—电动推杆;4—旋转台

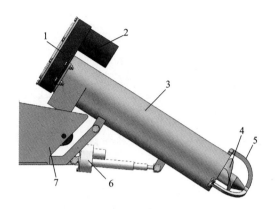

图 7-33　螺旋输送机整体结构

1—减速齿轮箱;2—电机;3—输粮管道;
4—螺旋轴;5—支架;6—电动推杆;7—输粮支架

(1) 平粮系统吸粮机构设计。

根据吸粮要求,螺旋输送机应有吸粮口上下可调节功能以及良好的输粮速度和工作稳定性。螺旋输送机整体结构如图 7-33 所示,其工作原理为电机 2 输入扭矩,经减速齿轮箱 1 减速后带动螺旋输送机的螺旋轴 4 工作,散状固体粮食在螺旋输送机中借助螺旋面的转动在输粮管道 3 内做轴向移动。其上下角度调节装置为电动推杆 6。

(2) 平粮系统喷粮机构设计。

① 输粮带结构设计。

由螺旋输送机吸入的粮食到达输粮带上后,输粮带带动粮食抛撒至出粮口,因此输粮带结构应满足以下要求:

a. 输粮带粮食输送量应大于或等于螺旋输送机的输送量,不能造成粮食堆积;

b. 有适当的摩擦力,保证粮食输送过程均匀、稳定;

c. 输粮带前后端应有一定的倾斜角度,以防止从螺旋输送机上落下的粮食从后方掉落,且便于向斜上方的出粮口抛撒粮食;

d. 输送过程中不能损坏粮食,避免损耗。

可见,粮食胶带输送机的输送量 Q 应大于或等于螺旋输送机输送量,即 $Q \geqslant 1.77$ t/h。在胶带输送机设计计算中,初选 $Q_0 = 20$ t/h。散粮输送带输送量可用式(7-4)计算。

$$Q = 3600 A v \rho \tag{7-4}$$

式中,Q 为输送量,t/h;A 为输送带工作时堆积在上面的散粮横截面面积,m²;v 为输送带工作速度,m/s;ρ 为散粮的密度,t/m³。

从式(7-4)中可看出,输送带的输送量主要取决于输送带的运行速度、散粮的密度和输送带工作时散粮堆积的横截面面积,可通过调整这些参数来控制输送量。

② 带速的选择。

从提高输送带的输送量角度来看，应尽量提高带速。但是，带速过高会导致输送带工作面与散粮间发生显著的相对滑动，反而会降低输送效率。参考实验得知，输送密度较大的散状物料如小麦、稻谷、大米和玉米等，可选择较高带速，具体带速可按表 7-2 选择。

表 7-2 胶带输送机带速的选择

带宽 B/mm		300～400	500～650
带速/(m/s)	粉状物料		0.8～1.2
	粒状物料	1.5～2.0	2.0～3.0
	包装物料	0.6～1.0	1.0～1.5

输送带结构示意图见图 7-34，因为设计的平仓车尺寸较小，所能使用的带宽较小，所以取表 7-2 中粒状物料最小带速 1.5 m/s。

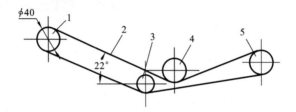

图 7-34 输送带结构示意图
1—主动辊；2—输送带；3—张紧辊；4—压紧辊；5—从动辊

输送机主动辊采用带传动，选择电机转速 $n=1440$ r/min，带传动传动比 $i=2$，主动辊直径 $D=40$ mm，则带速 $v=\dfrac{\pi Dn}{i\times 60\times 1000}=1.5$ m/s。

③ 带宽的选择。

胶带输送机输送带的类型有平带和槽型带。相比于平带，槽型带上物料横截面面积更大，输送量更大，但其托辊结构比较复杂。考虑到所设计的平仓车尺寸较小，输送量不大，故选择平带输送机。平带上物料横截面面积为

$$A=\frac{0.16B^2\tan(0.35\varphi)C}{b} \tag{7-5}$$

式中，A 为输送带工作时堆积在上面的散粮横截面面积，m²；B 为输送带带宽，m；φ 为物料的静自然坡角，(°)，本设计取 30°；b 为物料横截面底边边长，一般取 $b=0.8B$；C 为倾角修正系数，设计输送带倾角为 22°，倾角修正系数参考表 7-3 取 0.8。

表 7-3 螺旋输送机倾角修正系数

输送机倾角 β	0°～7°	8°～15°	16°～20°	21°～25°
修正系数 C	1.0	0.9～0.95	0.8～0.9	0.75～0.8

散粮在输送带上的横截面如图 7-35 所示。

由式(7-5)可得，带宽 $B=\dfrac{0.8Q}{576\tan(0.35\varphi)Cv\rho}=0.156$ m，取整选择带宽 $B=150$ mm。

核算输送量：

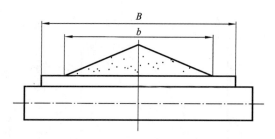

图 7-35　散粮在输送带上的横截面

$$Q=3600\times\frac{0.16B^2\tan(0.35\varphi)C}{b}v\rho=19.2 \text{ t/h}$$

根据验算结果,采用标准轻型橡胶输送带,带宽 $B=150$ mm,能满足生产需求。

支撑装置采用平托辊,托辊直径为 40 mm。另外,为防止压紧辊压碎输送带上的粮食,并保证压紧效果,将压紧辊外形结构设计为有间隙的鼓形,其结构示意图如图 7-36 所示。

图 7-36　压紧辊结构示意图

(3) 风机设计。

只靠输粮带给予粮食的初速度并不能实现输粮带上粮食远距离抛撒。因此,在输粮带抛粮的上方设置一个风机,将抛出的粮食进一步吹出,给予粮食较大的初速度,进而实现远距离抛粮。

① 风机类型的选择。

风机的主要性能参数包括流量、全压、功率、转速及效率等,所设计的平仓车要求风机的流量和全压较大,同时尽可能降低功率、提升效率。

风机的类型有叶片式和容积式,根据所设计的平粮系统中风机的预安装位置,只有叶片式风机能满足要求。叶片式风机又分为离心式、轴流式及混流式。离心式风机流体主要沿径向流动,应用最为广泛。轴流式风机流体在圆柱面上沿轴向流动,轴流式风机输送流量比离心式的大,但其全压比离心式的低。轴流式风机多用于大流量、低全压的场合,如大容量火力发电机组锅炉送引风机。混流式风机流体近似沿锥面流动。混流式风机的性能介于离心式和轴流式之间,其全压大于轴流式而小于离心式,流量大于离心式而小于轴流式。综上所述,所设计的平仓车采用离心式风机。

② 离心式风机的主要部件。

离心式风机主要部件包括机壳、集流器和叶轮。叶轮是风机传递能量的主要部件,其结构分为前盘、后盘、叶片及轮毂,叶轮结构示意图如图 7-37 所示。

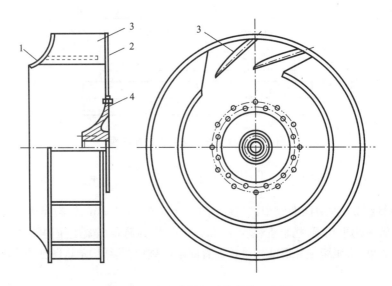

图 7-37　离心式风机叶轮结构示意图

1—前盘；2—后盘；3—叶片；4—轮毂

离心式风机的叶片类型有机翼型、直板型和弯板型。机翼型叶片的效率较高，但要求工作环境较清洁。由于机翼型叶片为空心结构，如果输送气体中含有固体颗粒，则在叶片被磨穿后，叶片内腔容易积累灰尘，使叶片失去平衡而产生振动。粮仓内一般灰尘较多，所以不宜采用机翼型叶片。直板型叶片结构简单，制造方便，成本较低，但其工作效率较低。弯板型叶片效率接近于机翼型叶片，且结构较简单，多用于锅炉引风机。综上所述，所设计的平仓车选用弯板型叶片。

集流器装在叶轮前，良好的集流器可保证气体均匀地进入风机，并且降低气流通过时的阻力。集流器有圆筒形、圆锥形、弧形、锥桶形及锥弧形，其中锥弧形的性能最佳，广泛应用于高效风机中，因此采用锥弧形集流器。

机壳是将气体引向出口，并将气体的动能转换为压力能的重要部件。一般离心式风机的机壳采用蜗壳外形，机壳外形为阿基米德螺旋线时效率最大。但为加工方便，常常将机壳外形制成近似的阿基米德螺旋线，且宽度不变。

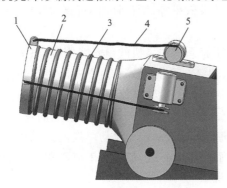

图 7-38　出粮口结构示意图

1—管道口；2—柔性软管；3—定位弹簧；4—钢索；5—电机

（4）出粮口结构设计。

为了发挥智能平仓车的灵活性，平仓车平粮系统的出粮口应有以下特点：

① 赋予从输粮带抛撒出的粮食一定的初速度；

② 出粮口结构尺寸合理，既不会阻碍粮食抛撒，也不会影响平仓车整体尺寸；

③ 具有上下、左右喷粮方向可调的功能。

所设计的平仓车在输粮带上方安装风机，给予输粮带抛出的粮食一定的初速度。如图 7-38 所示，出粮口由柔性软管、定位弹簧、3 个电机、3 根钢索及管道口组成。定位弹簧包裹在柔性软管外侧,两头固定在管道口和出粮仓口。调节过程如下:初始状态时,在钢索的初拉力下,弹簧有一定的压缩量,保证管道口的方向;当出粮口需要向上调节时,则上方电机正转,拉动钢索向上方压缩弹簧,由于弹簧原本存在一定的压缩力,使得弹簧向上弯曲,使管道口方向向上调整;同理,要向其他方向转向时,只需使对应的电机工作,并使其他电机反转。

7.1.2.2 车身及智能化硬件架构设计

传统典型平仓车一般将平粮系统直接装配在底盘总成上面,所以没有特定的车身部件。现面向粮库平仓智能化及多源异构传感器安装需求,设计智能平仓车车身部件及智能化硬件架构。

1. 承载车身

承载车身是车身结构最主要的部分,其连接底盘骨架和平粮系统结构并承载架在其上的整个平粮系统,有保护、连接和承载的作用。对于一般乘用车来说,车身结构可以安全稳定地容纳乘客或货物,避免其受到外力或环境的影响。对于智能平仓车来说,在安全保障方面,车身结构需要保护的是在车身和底盘中间安装的电池包,避免其因为环境或外力造成不必要的损失,这尤为重要;同时,车身结构也可以合理降低智能平仓车出现故障和维修的风险。在连接方面,承载车身由车身侧板和车身底架组成。车身侧板的作用是与底盘相连接,车身底架则与平粮系统相连接。在承载方面,将主要提供承载力的车身侧板设计为梯形,车身底架负责平粮系统的承载并保持稳定性,尾部多出的部分则用于安装超声波雷达和阻挡落尘。承载车身如图 7-39 所示。

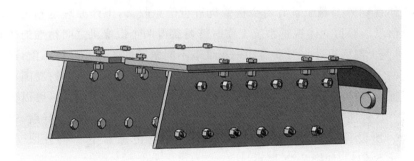

图 7-39 承载车身

2. 履带挡尘板与履带侧挡板

履带挡尘板和履带侧挡板属于车身结构附属装置,分别如图 7-40、图 7-41 所示。其主要作用是防止智能平仓车在粉尘纷飞的工作环境下因粉尘或者细小的粮食碎渣掉落到履带主动轴和底盘连接处等重要位置而导致损失功率增加,甚至破坏平仓车的传动功能。其中,履带挡尘板主要阻挡履带上方的异物掉落,而履带侧挡板则主要防止履带周边的异物进入履带内部。履带挡尘板和履带侧挡板的功能与车身底架尾部的曲形薄板一样,都是防止粉尘或者细小碎渣掉落到部件之间连接的关键位置。

从履带挡尘板和履带侧挡板的防护功能出发,履带挡尘板需要覆盖履带与底盘连接处,履带侧挡板需要达到履带侧面没有留空的效果。在符合履带形状的基础上,履带挡尘板的尺寸设计为 530 mm×210 mm×5 mm(长×宽×高)。

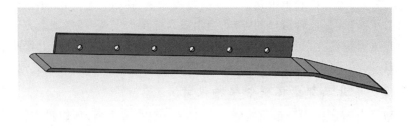

图 7-40 履带挡尘板

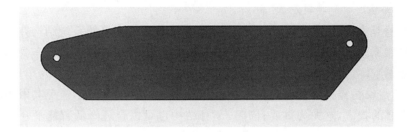

图 7-41 履带侧挡板

3. 视觉传感器架构设计

（1）双目视觉传感器选型。

双目立体视觉传感器配备有两个摄像机进行信息收集，工作原理是利用三角测量原理获得场景信息。双目立体视觉系统工作时需要获得两个摄像机之间精准的相对空间位置关系，同时两个摄像机还需要获得同一场景下不同角度的图像并进行匹配，这样可以获得周边环境的三维信息，如形状和位置。这样双目立体视觉系统获得的周围场景的三维信息才可以保证其精准度。其在智能平仓车上的作用就像是人的眼睛，可以分辨平仓车周边的环境。这种能力可以使智能平仓车在移动工作状态下实现定位导航、避障和地图构建的功能。所设计的智能平仓车选用的双目视觉传感器是中科慧眼 ADAS 产品"Smarter Eye S1CG"，如图 7-42 所示。

（2）红外视觉传感器选型。

夜间可见光成像的信噪比较低，导致基于可见光的视觉传感器夜间成像的难度增大，而远红外系统在这个时候就能发挥其自身独特的优势。红外夜视系统是视觉传感器一个独特的分支，图像处理算法在处理远红外夜视图像过程中依然能够发挥作用，因此红外夜视系统能够像可见光摄像头一样获取环境中的目标大小和距离等信息。在光照不足条件下，它是对基于可见光的视觉传感器的一种有效补充。所设计的智能平仓车的红外视觉传感器选用的是格物优信的"Yoseen X"系列产品，如图 7-43 所示。

（3）视觉传感器集成式支架设计。

视觉传感器支架与尘刷器是车身结构的附属装置。设计传感器集成式支架是为了给双目视觉传感器和红外视觉传感器提供一个合适的安装位置，保证视觉传感器拥有开阔的视野。设计尘刷器是为了防止空气中的粉尘黏附在视觉传感器的摄像头等部位而导致其信息收集效率降低。尘刷器在需要的时候可以及时对视觉传感器进行清理。视觉传感器集成式支架如图 7-44 所示。

图 7-42 双目视觉传感器

图 7-43 红外视觉传感器

4．雷达架构设计

(1) 激光雷达选型及安装台座设计。

为使智能平仓车在工作时能全面地、准确地、高效地感知周边环境，除了依靠视觉传感器之外，雷达也是必不可少的。一般用于定位、自适应巡航、预测碰撞等功能的汽车雷达技术已经广泛地应用在各大汽车品牌公司的产品上了。超声波雷达、摄像头等设备协调配合可使汽车具有良好的环境感知能力，令其在工作时保持稳定性和对周边环境的正确理解。目前市场上车用雷达大多是超声波雷达和激光雷达。两种不同类型的雷达各自具有优点和局限。所设计的智能平仓车激光雷达选用的是速腾聚创的混合固态激光雷达"RS-LiDAR-32"，如图 7-45 所示。

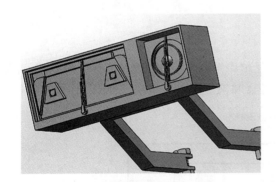
图 7-44 视觉传感器集成式支架

图 7-45 激光雷达

激光雷达工作需要一个四周空旷的环境，故将其设计安置在整个车身的上方，从而需要为激光雷达台座提供一个合适的位置。另外，由于激光雷达的工作特性是朝四周发射激光，为防止激光雷达的表面黏附灰尘而影响工作精度，设置一个可做圆周运动的尘刷器，即在激光雷达台座上加装可以做圆周运动的除尘装置，保证激光雷达在工作时保持表面洁净，以免其测量精度降低。除尘装置由有齿机架和一个与其内啮合的行星轮组成，由行星轮上的电机提供动力使行星轮绕激光雷达做圆周运动。同时，行星轮上装配的除尘刷进行除尘。台座（支架除外）高 40 mm，截面圆半径为 48 mm。下端支架尺寸为 30 mm×4 mm×150 mm(长×宽×高)。激光雷达台座如图 7-46 所示。

(2) 超声波雷达。

目前市场上智能移动设备系统大部分含有超声波雷达,其价格低廉,并且测量精度较高,可以保证在 0.1~4 m 范围精度达到 3 cm 以内。按工作频率分类,超声波雷达可以分为 40 kHz、48 kHz 和 58 kHz 三种,频率越高,灵敏度越高,探测角度越小。所设计的智能平仓车的超声波雷达选用的是敏视 STONKAM 品牌的中段距离可视超声波探测雷达,如图 7-47 所示,安装于车身底架尾部预留的安装孔中。

图 7-46 激光雷达台座

图 7-47 超声波雷达

7.2　智能粮库平仓车专用控制系统设计

7.2.1　智能控制系统架构设计

利用 ROS 2 的 Nav 2 导航框架搭建智能粮库平仓车控制系统,如图 7-48 所示,主要由导航行为树服务器、规划服务器、控制服务器和恢复服务器组成。Nav 2 使用行为树调

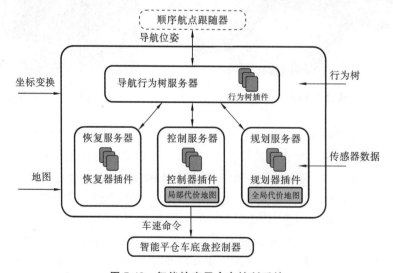

图 7-48 智能粮库平仓车控制系统

用模块化服务器完成动作,动作可以是路径计算、控制计算、恢复或任何其他与导航相关的操作。其中,规划服务器的任务是计算全局路径,输出一条仓内平粮完整覆盖路径;控制服务器涵盖跟随全局路径并完成局部任务的算法,包括局部路径规划算法与轨迹跟踪控制算法;恢复服务器应对系统的未知或故障状况并自主处理,如感知系统故障导致环境表达充满假障碍物时,触发恢复代价地图,以允许平仓车移动;而导航行为树服务器涵盖待完成任务的树形结构,并组织和调用上述三个服务器模块。

7.2.2　智能粮食平仓车控制技术

7.2.2.1　智能平仓车仓内感知技术

1. 仓内环境数据采集

仓内环境地图数据通过激光雷达和视觉传感器扫描获得,激光雷达将室内环境的距离信息根据坐标转换关系转换成世界地图上点向量的集合。而智能平仓车在位置环境中缺失的信息(如室内温度、物品对象信息等),则通过 ZigBee 无线传感网络获取,作为其智能决策的依据。环境感知传感系统主要由机器视觉识别系统、雷达系统、超声波传感器和红外线传感器组成。智能平仓车在进入一个陌生粮库环境时,为完成导航目的,首先要将环境扫描一遍,通过传感器获取室内的距离信息,再通过里程计将里程信息转换成位姿信息,然后通过基于粒子滤波的 SLAM 算法获取室内地图信息。

2. 平仓车环境检测及其反馈调控

中控系统通过基于 ZigBee 的无线传感网络对仓内环境进行监控,由远程智能监控平台与主协调器通信,接收传感器感知数据并上传至服务器集群数据库,经过云服务层处理,将监测数据和室内环境数据在 Web 应用服务系统实时显示,并通过远程智能监控平台实施远程终端设备控制。智能平仓车检测组件的环境信息和粮情信息传感器将检测的仓内环境信息发送给数据处理器,数据处理器将接收的信息转化为数字信息后发送给控制器,控制器通过无线发送接收器将数字信息发送给粮仓管理中心。

7.2.2.2　智能平仓车仓内定位技术

1. 仓内定位算法

目前定位算法从原理上来说,大体上可以分为以下三种。

(1) 邻近信息法:利用信号作用的有限范围来确定待测点是否在某个参考点的附近,这一方法只能提供模糊定位信息。

(2) 场景分析法:测量接收信号的强度,与实现测量的、存于数据库的该位置的信号强度对比。

(3) 几何特征法:利用几何原理进行定位的算法,具体又分为三边定位法、三角定位法以及双曲线定位法,如图 7-49 所示。

室内定位主要流程为,首先在室内环境设置固定位置的辅助节点;然后测量待测节点到辅助节点的距离。目前通用的定位技术需借助辅助节点进行定位,通过不同的测距方式计算出待测节点相对于辅助节点的位置,然后与数据库中事先收集的数据进行对比,从而确定当前位置。测距定位通常需要一对发射和接收设备,发射机和接收机的位置大体可以分为两种情况:一种是发射机位于待测节点,接收机位于辅助节点,例如红外线、超声波和射频识别(RFID);另一种是发射机位于辅助节点,接收机位于待测节点,例如 Wi-Fi、

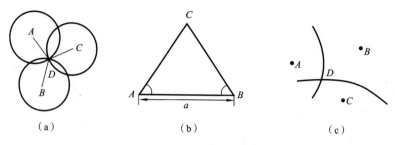

图 7-49 几何特征法分类

(a) 三边定位法；(b) 三角定位法；(c) 双曲线定位法

超宽带(UWB)、ZigBee。

2. 仓内定位技术

常用室内定位技术如表 7-4 所示，具体对比如下。

表 7-4 常用室内定位技术

定位技术	精度/mm	特点
UWB	60～100	精度高，穿透力强；造价高
超声波	10～100	精度较高，结构简单；信号衰减明显，受温度影响，造价较高
红外线	5000～10000	精度较高；受光线影响
惯性	2000～4000	不依赖外部环境；存在累计误差
RFID	50～5000	体积小，成本低；定位距离短
Wi-Fi	2000～50000	成本低；易受其他信号干扰
ZigBee	1000～2000	成本低，功耗小；稳定性差，易受环境干扰

① Wi-Fi 定位技术，定位方法是场景分析法，其定位精度因覆盖范围的不同，可以达到 2～50 m。其优点是易安装，系统总精度相对较高，缺点是易受其他信号干扰。

② 射频识别(RFID)定位技术，定位方法是临近信息法，其定位精度在 5 cm～5 m。其优点是精度较高、造价低、标识体积小，缺点是定位距离短，不便于整合。

③ ZigBee 定位技术，定位方法是临近信息法，定位精度在 1～2 m。其优点是功耗低、成本低，缺点是稳定性低，易受环境干扰。

④ 红外线定位技术，定位方法是临近信息法，定位精度在 5～10 m。其优点是定位精度较高，缺点是造价高，功耗大，易受光线影响。

⑤ 超宽带(UWB)定位技术，定位方法是三边定位法，定位精度在 6～10 cm。其优点是穿透性强、精度较高、功耗低，缺点是造价较高。

⑥ 超声波定位技术，定位方法是三边定位法，定位精度在 1～10 cm。其优点是精度较高、结构简单，缺点是存在多径效应，易受环境温度影响，信号衰减明显。

⑦ 惯性定位技术，利用惯性传感器采集运动数据，如用加速度传感器、陀螺仪等测量物体运动速度、运动方向、加速度等信息，利用积分定位方法或者航位推测法，得到物体的位置信息。其优点是不依赖外界环境，缺点是随着行走时间的增加，惯性导航定位存在累计误差，一般与其他传感器数据融合使用。

⑧ NOKOV室内定位技术，主要用于实时准确测量、记录物体在真实三维空间中的运动轨迹或姿态。其光学动作捕捉系统利用多个高速相机，从不同角度监视和跟踪待捕捉目标上的标志点，根据计算机视觉原理，可以从多个高速摄像机的连续图像序列里，确定某个点在空间中的位置和运动轨迹。NOKOV动作捕捉系统可以获取目标物的位置、姿态以及速度、加速度等信息，具备技术成熟度高、精度高、采样频率高等优点，适用于有高精度定位需求的应用场景。

综合比较，所设计的智能粮库平仓车仓内定位技术选择UWB技术，其精度高、穿透力强，比较适用于仓内精准平粮作业并能有效应对恶劣环境、干扰因素较多等不利条件。

7.2.2.3 智能平仓车仓内规划与控制技术

决策规划控制系统的任务，就是在感知到周边物体的预测轨迹的基础上，结合平仓车的当前位置，对车辆做出最合理的决策和控制。狭义上的决策规划控制（decision, planning and control），包含了平仓车行为决策（behavior decision）、动作规划（motion planning）2个模块。行为决策模块接收路由寻径的结果，同时也接收感知预测和地图信息。综合这些输入信息后，行为决策模块在宏观上决定平仓车行驶路径，在静态环境中搜索路径的过程，选择一条从起点A到终点B的最为合理、无碰撞的全局路径。动作规划模块解决的是具体的智能平仓车动作的规划问题，即在全局路径已知的条件下，根据传感器反馈得到的信息，实时进行动态路径规划，可以在跟随全局路径的同时做到自主避障，以便轨迹跟踪控制模块输出到达每个路径点时平仓车的速度、方向、加速度等运动学控制结果。局部路径规划是在全局路径规划模块下，结合避障信息重新生成局部路径的模块，上层的全局路径规划确定了从A到B的一个全局路径，轨迹跟踪控制模块实际进行跟踪的一般不是这个直接生成的全局路径，因为系统实际工作时可能会有其他情况（如动态障碍物）出现，轨迹跟踪控制模块实际跟踪的是结合障碍物信息的局部路径。

常用的全局路径规划算法有Dijkstra算法、A*算法和RRT算法。Dijkstra算法的基本思路是由起点向外层扩展，直至扩展到终点。Dijkstra算法的本质是贪心算法，因此Dijkstra算法得到的路径有时不一定是最优解，并且当环境地图较大时，Dijkstra算法的速度将会下降。相比于Dijkstra算法，A*算法加入了当前节点的距离函数，从根本上减少节点的搜索数量，大大降低了算法的计算量，节约运行时间。A*算法可以搜索到局部最优和全局最优路径，但搜索出的路径难以执行。RRT算法是基于随机采样的路径规划算法，相比其他算法，它的一个优势在于可以有效地将非完整约束考虑在算法内部，从而避免考虑复杂的运动学约束，使得路径规划问题简单化，但最终生成的路径往往只是可行路径而不是最优路径。

当前最常用的地图表示方法是栅格法。栅格法的基本思想是将移动机器人的工作环境用一张栅格地图表示，栅格地图的灰度值表示占据概率。栅格地图为一张无向图，用图搜索的方式，得到一条从起点到终点的无碰撞路径。在智能平仓车仓内三维全局路径规划方面，三维地图的全局路径规划方法可细化为如下几个步骤：步骤1，将普通栅格地图改造为基于等高线原理的类三维地图；步骤2，初始规划，将移动机器人的起点A和终点B连成一条直线作为当前路径；步骤3，扫描当前路径穿过的栅格，若未扫描到障碍物，则转至步骤6，若扫描到障碍物，则根据障碍物类型转至步骤4或步骤5；步骤4，处理与边界接触的障碍物，更新当前路径，返回到步骤3；步骤5，处理不与边界接触的障碍物，更新当前路径,返回到步骤3;步骤6,输出当前路径,三维全局路径规划完成。

常用的局部路径规划算法有时间弹性带(TEB)算法、动态窗口(DWA)算法和人工势场(APF)法等。TEB算法考虑了时间的约束,尽量减少时间成本的花费,该算法规划出的路径以时间最优为目标(其他路径规划算法以路径最短为目标),可使智能平仓车花最短的时间到达目标点。DWA算法根据当前速度和加速度以及智能平仓车所受的物理约束、环境约束建立一个速度预选窗口,再通过优化目标函数(如航向角、障碍物距离和速度等)得到下一时刻的最优速度。该算法得到的轨迹比较平滑,适合智能平仓车的运行。APF法利用能量场思想将目标点抽象为引力源,将障碍物抽象为斥力源,考虑两者的共同作用得到机器运动指令。尽管人工势场法简单且易于实现,但是面对障碍物和嘈杂环境时,其极易陷入局部解。所以在局部路径规划方面,智能平仓车在获得三维全局路径后,使用DWA算法及其局部路径规划器,根据该全局路径及地图信息实时规划出智能平仓车局部的动态路径点,以及最优速度指令,控制智能平仓车底盘驱动系统。

7.2.2.4 智能平仓车云调度技术

面对散粮集中入库、粮仓高效平粮,以及粮库智慧化、信息化发展的需求,针对粮库内平粮效率和智慧粮库网联化问题瓶颈,依托云计算、车联网、人工智能等新一代高新技术,采用综合管理系统云控平台+仓内多智能平仓车的车云协同信息互联系统,实现智慧粮库云控平台(云层调度)→多智能平仓车自主平粮(车层规划)→仓内平粮任务完成的智能化平粮新模式,如图7-50所示。相较于平仓车单车智能,该系统可有效利用云计算和他

图7-50 智慧粮库高效平仓车云协同信息互联系统

车,实现算力的延伸和传感的延伸,特别是云端的"上帝视角"和全量感知、全库全局调度与规划能力,可进一步提升车队整体平粮效率和安全性。

智能平仓车云调度技术的核心是仓内车队任务指派模型。针对散粮集中入仓时有限的智能平仓车与繁重的平粮任务之间的矛盾,由于采用传统基于单一规则的指派方法存在响应较慢等问题,故采用较为适合动态环境决策问题求解的深度学习方法,应用基于强化学习的车队平粮任务指派方法,建立智慧粮库平粮车队任务云端指派模型——通过车云互联,可将任务分配给目标平仓车,由该车自主规划作业路径并完成平粮任务。

习　　题

1. 具体说明平仓车平粮作业流程。
2. 收集资料,描述典型平仓车及其结构和功能。
3. 查阅资料,比较各种平仓车常用底盘及行走机构的优缺点,谈一谈摆臂式履带底盘及行走机构的优势。
4. 举例说明常见的履带式底盘驱动系统的优劣。
5. 平仓车动力电池箱的设计要求有哪些?板式电池包有什么优点?
6. 平仓车一般采用哪种悬架系统?为什么?
7. 目前常见平粮系统有哪几种?各有什么优缺点?
8. 平仓车多功能推粮板有什么作用?
9. 智能平仓车硬件系统包括哪些模块?各有什么功能?
10. 查阅资料,简要说明电子机械制动系统的优缺点。
11. 智能平仓车所涉及的传感器主要有哪些?各有什么作用?
12. 智能平仓车的履带挡尘板是必需的吗?为什么?
13. 智能平仓车传感器上面的尘刷器是必需的吗?为什么?
14. 谈一谈你对智能平仓车未来的发展展望。

参考文献

[1] 中华人民共和国国家发展和改革委员会,中华人民共和国国家粮食局.粮食物流业"十三五"发展规划[EB/OL].(2017-03-03).http://www.gov.cn/xinwen/2017-03/10/5176120/files/6d1e09e27af4429abb950b24f6693819.pdf.

[2] 高嵩,梁玉洁.长江集装箱江海直达运输发展现状及策略[J].综合运输,2016,38(1):29-36.

[3] 张久纯.论散粮物流及铁路散粮车运输的现状及未来发展[J].科技创新与应用,2012(18):321.

[4] 魏祖国,伊国彬,邸坤,等.我国粮食物流运输损失评估及减损对策[J].粮油仓储科技通讯,2016,32(2):55-56.

[5] 吕辛,高兰.发达国家粮食物流现状及经验启示[J].粮食科技与经济,2015,40(6):7-10.

[6] 孙文刚.集装箱运输在粮食物流中的应用[J].铁道货运,2005(12):22-24.

[7] 王立家.浅析煤炭集运站的移动式装车系统[J].科技创新与生产力,2013(10):67-68,71.

[8] 姜永顺.散粮火车单溜管无驻车装车工艺要点[J].粮食与饲料工业,2020(4):21-26.

[9] 秦子君.港口矿石定量装(火)车工艺介绍[J].水运工程,2007(9):134-136.

[10] 蒋春平.火车装车带式输送机的选型设计及应用[J].新疆农机化,2012(6):15,18.

[11] 辛飞飞,王玉鹏,赵峰强,等.公铁车小曲线走行部结构设计及优化[J].铁道机车车辆,2019,39(4):120-123.

[12] 沈元浩,李晓飞,程永明,等.伸缩式集装箱吊具的现状与发展[C]//中国的经济建设与21世纪的物料搬运技术——中国机械工程学会物料搬运分会第五届学术年会论文集.北京:人民交通出版社,1996:462-467.

[13] JOCHEM T,POMERLEAU D,KUMAR B,et al. PANS:a portable navigation platform[C]//Proceedings of the Intelligent Vehicles'95 Symposium. New York:IEEE,1995:107-112.

[14] OAGANA A. A short history of mercedes-benz autonomous driving technology[N/OL].(2013-10-03).https://www.autoevolution.com/news/a-short-history-of-mercedes-benz-autonomous-driving-technology-68148.html.

[15] BERTOZZI M,BROGGI A,FASCIOLI A. Vision-based intelligent vehicles:state of the art and perspectives[J]. Robotics & Autonomous Systems,2000,32(1):1-16.

[16] BUEHLER M,IAGNEMMA K,SINGH S. The 2005 DARPA grand challenge:the great robot race[M]. Berlin:Springer,2007.

[17] ENGLUND C,CHEN L,PLOEG J,et al. The grand cooperative driving challenge

2016：boosting the introduction of cooperative automated vehicles[J]. IEEE Wireless Communications,2016,23(4):146-152.

[18] CHEN L,ENGLUND C. Cooperative ITS — EU standards to accelerate cooperative mobility[C]//Proceedings of 2014 International Conference on Connected Vehicles and Expo. New York:IEEE,2014:681-686.

[19] 余振刚,张婧,牟晴. 国内外无人驾驶汽车发展现状及我国发展对策建议[J/OL].(2016-05-19). http://www.paper.edu.cn/releasepaper/content/201605-673.

[20] 贾龙. 中国无人驾驶智能汽车高速公路上行114公里[N/OL].(2013-01-22)[2020-12-23]. http://www.chinanews.com.cn/mil/2013/01-22/4508816.shtml.

[21] 肖延胜. 为极速智能车保驾护航——记清华大学计算机系THMR课题组之智能汽车研究[J]. 中国发明与专利,2011(12):120-121.

[22] 何佳,戎辉,王文扬,等. 百度谷歌无人驾驶汽车发展综述[J]. 汽车电器,2017(12):19-21.

[23] FAN H Y,ZHU F,LIU C C,et al. Baidu Apollo EM motion planner[J/OL].(2018-07-20). https://doi.org/abs/1807.08048.

[24] 王震坡,孙逢春,刘鹏. 电动车辆动力电池系统及应用[M]. 2版. 北京:机械工业出版社,2017.

[25] 林程. 电动汽车工程手册. 第一卷:纯电动汽车整车设计[M]. 北京:机械工业出版社,2019.

[26] 章仁为. 卫星轨道姿态动力学与控制[M]. 北京:北京航空航天大学出版社,1998.

[27] 巴福特. 机器人学中的状态估计[M]. 高翔,谢晓佳,等译. 西安:西安交通大学出版社,2018.

[28] 特龙,比加尔,福克斯. 概率机器人[M]. 曹红玉,谭志,史晓霞,等译. 北京:机械工业出版社,2017.

[29] KALMAN R E. Contributions to the theory of optimal control[J/OL]. https://www.ee.iitb.ac.in/~belur/ee640/optimal-classic-paper.pdf.

[30] GOSHEN-MESKIN D,BAR-ITZHACK I Y. Observability analysis of piece-wise constant systems. Ⅰ. Theory[J]. IEEE Transactions on Aerospace and Electronic Systems,1992,28(4):1056-1067.

[31] ROTSTEIN H,REINER J,BEN-ISHAI A. Kalman filter mechanization in INS/seeker fusion and observability analysis[C]//AIAA Guidance, Navigation, and Control Conference and Exhibit,Montreal,2001.

[32] 钟秋海. 现代控制理论[M]. 北京:高等教育出版社,2004.

[33] LIU P T,FANG H,LI F,et al. State decoupling in estimation theory[C]//Proceedings of International Conference on Acoustics,Speech,and Signal. New York:IEEE,1995.

[34] HERMANN R,KRENER A. Nonlinear controllability and observability[J]. IEEE Transactions on Automatic Control,1977,22(5):728-740.

[35] RÖSMANN C, HOFFMANN F, BERTRAM T. Kinodynamic trajectory optimization and control for car-like robots[C]// 2017 IEEE/RSJ International Conference on Intelligent Robots and Systems (IROS). New York: IEEE, 2017.

[36] 高翔,张涛.视觉SLAM十四讲:从理论到实践[M].北京:电子工业出版社,2017.

[37] HESS W, KOHLER D, RAPP H, et al. Real-time loop closure in 2D LIDAR SLAM[C]// 2016 IEEE International Conference on Robotics and Automation (ICRA). New York: IEEE, 2016.

[38] 白国星,罗维东,刘立,等.矿用铰接式车辆路径跟踪控制研究现状与进展[J].工程科学学报,2021,43(2):193-204.

[39] 白阳,韩斌,欧阳光.基于移动互联网络的园区智能无人驾驶系统[J].中国电子科学研究院学报,2022,17(1):50-56,81.

[40] 陈磊,蔡铭,戴贇.面向实时路况的云端调度算法研究[J].计算机应用研究,2013,30(12):3629-3633,3637.

[41] SCHEDING S, DISSANAYAKE G, NEBOT E, et al. Slip modelling and aided inertial navigation of an LHD[C]//Proceedings of International Conference on Robotics and Automation. New York: IEEE, 1997.

[42] 文添砖.北京通州粮库工人查看粮仓 坠麦堆险被活埋[N/OL].(2011-03-09). http://news.sohu.com/20110309/n279736542.shtml.

[43] 尹强,曾艳红,简磊,等.一种桁架式平粮设备以及控制方法:2018108827858[P]. 2018-11-27.

[44] 尹强,童铭行,胡凹,等.复合式平粮机器人系统方案设计与关键技术研究[J].武汉轻工大学学报,2019,38(4):82-86.

[45] 董平.新型粮面机器人行走结构的设计与优化[D].长春:吉林大学,2021.

[46] 鲁鸣,沈文龙.电动农业车辆履带式底盘设计[J].汽车实用技术,2018(19):17-19,36.

[47] 刘盛循,张大平,邓小伟,等.六角端面六角头螺栓扭矩系数理论计算[J].大连理工大学学报,2020,60(3):262-266.

[48] 杨冀豫.履带式车辆主动轮信息获取技术研究[D].太原:中北大学,2018.

[49] 李姣.非公路自卸车货箱侧板顶部结构优化[J].工程机械,2021,52(9):59-63.

[50] 濮良贵,陈国定,吴立言.机械设计[M].9版.北京:高等教育出版社,2013.

[51] 潘鑫,孙保群,郝子瑞,等.内分流复合式双流传动系统研究与结构设计[J].农业装备与车辆工程,2019,57(3):43-48.

[52] 王望予.汽车设计[M].4版.北京:机械工业出版社,2004.

[53] 王阳,宁国宝,郑辉.集中电机驱动纯电动汽车电池包设计[J].汽车技术,2011(7):32-35,46.

[54] 姜子敬,杨文叶,宋杰,等.碳纤维增强复合材料的乘用车轻量化应用[J].时代汽车,2021(22):169-170.

[55] 荣祥涛.纯电动汽车动力电池箱总成布置分析及优化[D].哈尔滨:哈尔滨工业大

学,2014.

[56] 代健健,陈轶杰,毛明.履带车辆悬挂系统现状及趋势[J].车辆与动力技术,2019(1):1-7.

[57] 陈家瑞.汽车构造.下册[M].5版.北京:机械工业出版社,2000.

[58] 朱金权.桁架式机器人的机械设计与研究[J].中国新技术新产品,2014(17):18-21.

[59] 蒋林,金祖飞,刘晓磊,等.平粮机器人结构设计及运动仿真[J].农机化研究,2015,37(12):78-86.

[60] 于素华,申梦婷,申自辉.智能平仓机器人:CN201711419071.5[P].2018-05-18.

[61] 许东亮,张学习,安昱明,等.一种履带摆臂式的救援机器人运动底盘:CN201910892807.3[P].2020-02-28.

[62] 左斌.汽车电子机械制动(EMB)控制系统关键技术研究[D].杭州:浙江大学,2014.

[63] 邓美俊,孙仁云,潘湘芸,等.汽车电子机械制动系统技术发展分析[J].汽车零部件,2021(9):103-109.

[64] 王庆会,张振艳,王鹏飞,等.智能车辆的环境感知技术概述[J].科学与财富,2016,8(1):413.

[65] 朱福利.基于SLAM的移动机器人室内环境感知和地图构建研究[D].广州:广东工业大学,2016.

[66] 周佩光.基于ZigBee技术室内定位系统的研究与实现[D].杭州:杭州电子科技大学,2014.

[67] 高茹晗.基于UWB/IMU组合的室内定位技术研究[D].上海:上海师范大学,2019.

[68] 王耀南,周良,朱江,等.一种基于类三维地图的移动机器人全局路径规划方法:2010100220821[P].2012-04-25.

[69] 陈洋,赵新刚,韩建达.移动机器人3维路径规划方法综述[J].机器人,2010,32(4):568-576.

[70] 杨戈,赵鑫,黄静.面向云计算的任务调度算法综述[J].计算机系统应用,2020,29(3):11-19.

[71] 王治东.云计算环境下任务调度研究综述[J].中国新通信,2017,19(9):78.

[72] 刘永.云计算技术研究综述[J].软件导刊,2015,14(9):4-6.

[73] 马飞飞,梁满洪,曾建华.一种自动平粮机:2017218433942[P].2018-08-17.

[74] 王志远.粮食平仓机:CN201320122504.1[P].2013-09-18.

[75] 原富林,王斌兴,安晓鹏,等.粮仓平仓机:2016207054257[P].2016-12-07.

[76] 陈铁英.一种机器人室内视觉定位方法技术:2016100383116[P].2018-06-15.

[77] ZHANG J,SINGH S. LOAM:lidar odometry and mapping in real-time[C]// Robotics:Science and Systems Conference,2014.

[78] MUR-ARTAL R,MONTIEL J M M,TARDOS J D. ORB-SLAM:a versatile and accurate monocular SLAM system[J]. IEEE Transactions on Robotics,2015,31(5):1147-1163.

[79] ROSTEN E, DRUMMOND T. Machine learning for very high-speed corner detection[J/OL]. https://www.researchgate.net/publication/215458901_Machine_Learning_for_High_Speed_Corner_Detection.

[80] CALONDER M, LEPETIT V, STRECHA C, et al. BRIEF: binary robust independent elementary features[C]//DANIILIDAS K, MARAGOS P, PARAGIOS N. Computer Vision—ECCV 2010: 11th European Conference on Computer Vision. Berlin: Springer, 2010: 778-792.

[81] LOWE D G. Distinctive image features from scale-invariant keypoints[J]. International Journal of Computer Vision, 2004, 60(2): 91-110.

[82] FORSTER C, PIZZOLI M, SCARAMUZZA D. SVO: fast semi-direct monocular visual odometry[C]// 2014 IEEE International Conference on Robotics & Automation. New York: IEEE, 2014.